KB001864

한국의 교양을 읽는다

2

과
학
편

한국의 교양을 읽는다

2

과
학
편

김
보
일

지
음

휴머니스트

오늘 우리에게
한국적 교양은 무엇인가?

　《세계의 교양을 읽는다》가 프랑스의 바칼로레아를 통해 교양을 읽고자 했던 시도였다면, 《한국의 교양을 읽는다》는 한국의 '바칼로레아'를 통해 '한국의 교양'을 읽고자 하는 시도이다. 그러나 한국의 '바칼로레아', 즉 한국 대학의 '논술 문제'에서 한국의 교양을 읽을 수 있을지를 고민하기에 앞서 '한국적 교양은 있는가?', 즉 우리 모두가 합의할 수 있는 가치가 있는지, 있다면 그것이 무엇인지, 그것을 어떻게 찾아야 할지 고민스러웠다.

　이런 고민에도 불구하고 한국적 교양의 단서를 '대학 논술 문제'에서 찾아보려고 한 이유는 대학이 그 시대와 사회에서 진보적인 곳이며, 현실에 뿌리를 두고 과거의 해석을 통해서 미래 지향적 표준을 제시하는 곳이라는 믿음 때문이다. 교양을 다른 말로 하면 '무엇을 묻고, 어떻게 답하는가?'이다. 즉 물음의 내용과 답변의 방식에서 우리는 시대와 그 사회의 가치를 읽을 수 있고, 표준을 감지할 수 있다고 믿었다. 그래서 논술 기출 문제를 분석하여 오늘 이 시점에서 시대와 사회가 우리에게 던지고 있는 질문을 가려 뽑고 그 물음에 답해 보려 노력했다.

책을 만들고 나서 우리는 '과연 한국적 교양이란 무엇이고, 한국적 교양은 있는가?'라는 질문 앞에 다시 놓였다. 오천 년이 넘는 유구한 역사 위에서, 동아시아 한 편에서 세계 속의 한국인으로 살아가기 위해서, 인류 보편적 가치관을 지닌 "남을 이해하고 마음이 풍요로운" 교양인으로 거듭나기 위해서, 나아가 모두가 행복해지는 그런 지구촌을 만들기 위해서, 오늘 우리가 추구해야 할 한국적 교양은 무엇인가?

많은 질문을 하고 수많은 답안을 작성하는 연습을 통해 성장했다는 《세계의 교양을 읽는다》를 엮은 최영주 교수의 경험에 비추어 한국의 젊은이들이 이 책을 읽은 후 "이 질문들을 모르고 그냥 지나쳤더라면 나의 삶은 완전히 다른 모습이었을 것"이라고 생각할 수 있다면 다행이겠다. 부끄럽지만 용기 있게도 감히 '한국의 교양'이라는 제목을 단 책을 내놓으면서 독자들이 한국의 교양을 읽고 나름대로 수많은 답안을 작성해 보길 바란다. 나아가 그 수많은 답안들이 모두가 공유할 수 있는 한국의 교양을 만들어 가는 데 작지만 소중한 밑거름이 되길 또한 기대한다.

기획위원 – 강호영, 김보일, 우한기, 이상준

인문학의 시각으로
과학의 낯섦을 끌어안으며

1

조르쥬 깡길렘은 《정상적인 것과 병리적인 것》의 서문에서 "철학은 하나의 반성인데, 그 반성의 재료는 철학에게는 낯선 것이 좋으며, 좋은 반성의 재료는 반드시 철학에게 낯설어야 한다."라고 말하면서 그가 철학을 가르치면서 동시에 의학 공부를 시작한 이유를 밝힌다. 그는 의학의 방법과 성과들을 철학적 사색에 통합함으로써 규범과 정상적인 것과의 관계가 보다 정확한 입장을 견지할 수 있다고 생각한 것이다.

인문학을 전공한 필자에게 과학은 분명 낯선 영역이다. 분수를 넘어 왜 낯선 영역을 넘보느냐는 지인들의 가벼운 꾸지람을 그저 웃고 넘겼지만 내심 조르쥬 깡길렘이 자신의 책의 서문에 썼던 저 구절을 지인들에게 들려주고 싶었는지도 모른다. 과학은 인문학도에게 낯선 것이지만, 바로 그 낯섦으로 해서 과학은 인문학의 좋은 반성의 재료라는 것, 인문학이 그 낯섦을 끌어안음으로써 인간의 사유를 보다 유연하게 확장시켜 줄 수 있다는 것이 필자가 조르쥬 깡길렘의 독서를 통해 얻은 교훈이다.

2

흥미가 있다 싶으면 이 책 저 책 가리지 않고 읽는 쾌락적 독서, 즉 남독(濫讀)이야말로 최고의 독서라고 생각했던 터라 장르를 불문하고 다양한 책을 읽으면서 낯선 영역들을 하나의 관점으로 묶을 수 있겠구나 하는 생각이 들었다. 가령, 사물의 가치란 한갓 인간이 부여한 질서에 불과하며 사물은 그 형상과 본질에 아랑곳없이 평등하다는 장자의 제물론(齊物論)과 기생충의 생태학적 가치를 역설하고 있는 칼 짐머의 《기생충 제국》을 한자리에 만나게 하는 것은 어떨까? 장자의 제물론과 동물 해방을 역설하는 피터 싱어의 윤리학과 잡초가 생태계에서 얼마나 소중한 존재인가를 역설하고 있는 조셉 코케이너의 《대지의 수호자 잡초》, 늑대는 탐욕스런 존재라는 견해가 터무니없는 인간들의 선입견에 불과하다는 것을 말하고 있는 팔리 모왓의 《울지 않는 늑대》, 한낱 미물로만 알고 있던 지렁이가 얼마나 대지를 건강하게 만들어 주는지를 말하고 있는 에이미 스튜어트의 《지렁이, 소리 없이 땅을 일구는 일꾼》 등을 한자리에서 만나게 하는 것은 어떨까? 제물론이나 세계 윤리와 같은 인문학적 명제들이 우리들의 상식이 얼마나 근거 없는 편견의 산물인가를 밝혀 주는 풍부한 자연과학적 사실들과 만날 때, 인문학은 더 이상 형이상학적 사변에 그치기를 거부하고 당대의 문제를 해결하는 데 실마리를 던져줄 수 있는 대안 철학으로 거듭날 수 있다고 필자는 생각한다.

스티븐 제이 굴드는 《생명, 그 경이로움에 대하여》라는 책에서 만일 지구 생명의 역사를 담은 영화를 찍는다고 할 때 마지막 장면에 인간이 다시 등장할 확률은 거의 완벽하게 제로라고 주장한다. 다시 말해 인간이 진화의 정점에 서 있다는 것은 완벽한 착각에 불과하다는 주장이다. 제이 굴드는 "진화는 진보가 아니라 다양성의 가치를 보여 주는 것"이라고 말한다. 인간만이 세계의 주인이라는 종(種) 이기주의에 대한 비판적 담론들이 제이 굴드의 과학과 만날 때, 보다 구체적인 현실성을 가지게 되는 것은 아닐까. 필자의 독서는 바로 그런 질문에 대한 답을 구해 가는 과정 속에 있었다.

3

필자가 읽은 책과 책들을 어떤 개념으로 하나로 꿸 수 있을까를 고민해 보면서 필자는 스스로를 '링커'라고 생각한 바 있다. 고통의 존재론적이고 형이상학적 가치를 말하고 있는 손봉호의 《고통받는 인간》과 진화의 역사에서 고통은 일종의 개체 보호 시스템임을 역설하고 있는 랜덜프 네스의 《인간은 왜 병에 걸리는가》를 연결해 준다면 필자가 가르치는 학생들에게 고통에 대해서 보다 산뜻하고 깊이 있는 이해의 지평이 열리겠구나 하는 것이 평소 필자의 소신이었다.

학문이 얕고 들은 것을 제대로 새기지 못하고 남들에게 전한다는 부끄러움이 있지만, 이리저리 뛰며 부지런히 공격과 수비의 맥을 잇는 링커로서의 역할을 다하는 것이 필자의 분수가 아닌가 하는 생각에서 용감하게 세상에 책을 내놓는다. 책을 엮는 데 도움이 컸던 강봉구 편집장에게 먼저 고마움을 전한다. 비전공 분야의 책으로 가계부와 책장을 어지럽혔어도 침묵으로 지켜보아 주었던 가족들에게도 고마움을 전한다. 그러나 교학상장(教學相長)이라 했던가. 가르침이 없었다면 배움도 있을 수 없었을 것이다. 가르치기 위해서는 배워야 한다는 사실을 늘 일깨워 주었던 학생들이야말로 나를 가르치는 변함없는 선생이다. 그 선생들에 대한 고마움을 빠뜨릴 수는 없겠다.

2006년 10월
김보일

차례

일러두기

- 〈세계의 교양을 읽는다〉 시리즈가 프랑스의 대입 자격 시험인 '바칼로레아'를 통해 세계의 교양을 읽고자 하는 문제 의식이 있었다면, 〈한국의 교양을 읽는다〉 2, 3, 4, 5권은 '21세기에 세계를 살아갈 한국인의 눈으로 한국의 교양을 읽는다.'라는 문제 의식을 가지고 한국적 교양의 담론을 담아내기 위해 1990년대 중후반부터 우리나라의 각 대학에서 실시된 논술 기출 문제를 기초 자료로 삼았다.

- 우리나라의 논술 문제는 여러 가지 제시문을 이해한 후에 제시된 두세 가지의 제시문을 연결하여 자신의 의견을 서술하는 형식으로 출제되고 있다. 앞으로의 논술 문제는 '통합 교과적' 성격을 띠게 될 것이나 제시문의 독해(이해)를 전제로 자신의 생각을 서술하는 기본 형식을 여전히 유지할 것이다. 기출 문제는 각 논제 뒷부분에 있는 '기출문제 둘러보기'에서 확인할 수 있다.

- 논제는 시대의 흐름을 반영할 수밖에 없다. 따라서 네 명의 기획위원과 편집자가 모여 1990년대 중후반 이후부터 최근까지의 각 대학 논술 기출 문제를 분석하고, 그 중에서 세계 속의 한국인으로서 살아갈 우리가 지금 가져야 할 교양을 대표할 수 있는 논제를 고르고, 그것을 다시 네 분야―과학, 문화, 사회, 인문―로 나누었다. 그리고 필자의 관심 영역과 전문 분야를 고려하여 한 분야씩 맡아 집필하였다.

- 논제에 대한 답변은 각 분야의 필자가 비교적 모범 답안을 작성하기 위해 노력하였으나 구성과 편집에 있어 저자의 주관이 개입되었다.

- 지면의 한계 상 많은 논제를 다룰 수 없으므로, 대표 논제와 연관하여 더 생각해 볼 논제나 논제와 연관한 배경 지식 등을 '더 생각해 봅시다'라는 코너로 두었다.

01

과학적 진리는

공익을 위해

은폐되어도

좋은가?

형이상학과는 달리

주관적 왜곡으로부터 벗어나

엄격한 객관적 진리를 발견하는

엄밀성의 학문이라고 알려진

과학의 세계에서도 어쩔 수 없이

오류는 발견된다.

도구가 발전하고 통찰력이 증대되면서

오류는 차츰 극복된다.

과학사는 오류 극복의 역사라고 해도

과언이 아니다.

그러나 독일의 수의학 박사이자

인간 유전학 박사인

하인리히 찬클 교수의 저서

《과학의 사기꾼》은 주관적 의도를

배제해야 할 과학에 과학자의

불순한 의도가 개입되었던

과학사의 수많은 사례들을

보여 준다.

과학사의 사기꾼들

1866년 헤켈(E. H. Haeckel)은 인간을 포함한 모든 생물은 발생 초기 단계에서 아가미 구멍이나 꼬리의 흔적 같은 공통된 특징을 지닌다는 '배아의 발생 반복설'을 주장했다. "개체 발생은 계통 발생을 되풀이 한다."는 유명한 명제로 요약되는 이 생물학 법칙은 다윈의 진화론을 뒷받침하는 증거로 높이 평가됐다. 또 이 배아의 발생 반복설은 생물학이나 의과 대학 학생들에게 여러 세대 동안 사실로서 제시되어 왔을 뿐만 아니라, 낙태를 정당화하기 위해서도 사용되었다. 낙태 시술자는 낙태 시술을 받고 있는 아직 태어나지 않은 아이를, 물고기나 원숭이 단계, 즉 아직 인간이 되기 전의 단계라고 주장했다.

배아의 발생 반복설을 발표할 당시 헤켈은 그의 견해를 지지해 줄 증거가 없었다. 헤켈은 자신의 이론을 증명하기 위해 조작과 위조를 행했다. 그는 인간 배아의 초기 단계 모습이 올챙이처럼 보이도록 꼬리뼈를 줄이거나 늘리는 방식으로 여러 장의 사진을 조작했다. 심지어 그는 인간과 개의 배아(胚芽) 사이에 유사점은 부각시키고 다른 점은 감추는 방식으로 다른 과학자들이 그려 놓은 그림을 교묘하게 조작하기도 하였다. 그러나 헤켈의 법칙은 당시의 논란에도 불구하고 학계에서 받아들여졌다가 130년이 지난 1997년, 〈사이언스〉 9월호에 생물학에서 가장 위대한 위조로 최종 판명되었다.

뉴욕 메모리얼 슬로언 케터링 암 센터의 윌리엄 서머린 박사는 1974년 면역 체계의 이종 조직에 대한 반응 실험의 결과를 위조한 것을 시인한 뒤 연구소를 사직했다. 서머린 박사는 1971년 흰색 생쥐에 검은색 사인펜 칠을 해 검은색 생쥐의 조직을 성공적으로 이식한 것처럼 허위 논문을 발표했다. 서머린이 내놓은 생쥐는 그럴 듯했다. 피부가 하얀 생쥐의 일정 부분에 검은 반점이 박힌 생쥐의 피부를 이식한 것이 확연히 보였기 때문이다. 그러나 얼마 안 가서 생쥐 사육사에 의해 검은 반점은 서머린이 사인펜으로 그려 넣은 것이라는 사실이 밝혀졌다.

《과학의 사기꾼》의 저자 하인리히 찬클(Heinrich Zankl) 교수는 자연과학과 심리학, 의학과 인문학에 이르기까지 세계를 뒤흔든 50여 명의 지적 사기꾼들을 고발한다. 저자는 객관을 전제로 한 학문인 과학에 얼마나 다양한 위조와 속임수의 가능성이 존재하는지, 그리고 그와 같은 것들이 실제로 어떻게 이루어졌는지 이야기한다. 가짜를 만드는 '위조(forging)', 미리 정해 놓은 답에 맞춰 측정값을 조작하는 '다듬기(trimming)', 입맛에 맞는 자료만 선택하는 '요리하기(cooking)', '표절' 등이 사기꾼들의 대표적인 수법이다.

학술적 사기 중 가장 심각한 것으로 실험이나 관찰의 결과들을 임의로 만들거나 조작하는 행위인 '위조'를 꼽을 수 있다. 위조보다 훨씬 만연되었던 사기 형태가 '요리하기'이다. 자신의 가설에 들어맞지 않는 값들을 아예 빼 버려서 '입맛에 맞게' 실험이나 계산의 결과를 조작하는 것이 '요리하기'이다.

저자는 '위조'와 '다듬기'를 한 '사기꾼'에 대해선 단호히 비판하지만 '요리하기'의 경우엔 자료 조작에도 불구하고 아인슈타인이나 멘델처럼 과학적으로 중요한 지식을 만드는 경우가 있음을 빼놓지 않는다. 엄청난 자료의 홍수 속에서 쓸모없는 것들을 버리고 어떤 값들이 의미 있는 것인지 알아차리는 것이야말로 천재적인 과학자의 역할이라고 그들을 옹호한다.

'요리하기'보다 더 위험한 사기 행위는 처음부터 자신이 설정한 값이 나오도록 측정값을 계속해서 조작하는 '다듬기'다. 다듬기의 예로 저자는 아이작 뉴턴(Isaac Newton)의 '조작 인수'를 들어 설명한다. 관찰 값이 자신의 이론에 맞지 않으면 이론에 맞는 값이 나올 때까지 다른 변수를 조작하면서 실험을 되풀이하는 것이 다듬기의 수법이다. 천동설을 완성한 2세기 이집트의 천문학자 프톨레마이오스(K. Ptolemaeos)는 그리스의 천문학자 히파르코스(Hipparchos)의 관찰 결과를 가져다 썼다. 명백히 표절인 셈이다.

2005년 황우석 교수의 논문 조작 사건

CNN 방송은 2006년 1월 황우석 교수의 논문 조작 혐의가 드러나 검찰이 수사에 착수했다는 보도를 했다. 황우석 박사의 주도로 2004년과 2005년 사이언스 논문은 조작됐고, 맞춤형 줄기세포도

전혀 존재하지 않았던 것으로 드러났다고 CNN 방송은 보도했다.

사기극의 전모가 거의 밝혀졌지만 황우석 교수를 지지하던 측에서는 황우석 교수에게 원천 기술이 있다면 황우석 교수에게 재기의 기회를 주자고 했다. 난자를 매매하였고, 연구원들의 난자를 비윤리적으로 채취하였고, 1,000개가 넘는 천문학적인 난자를 사용했으며, 데이터와 사진을 조작해서 논문을 냈다는 사실을 묻어 두자는 주장을 하는 사람들도 있었다. 그들의 주장 뒤에는 국익이라는 명분이 있었다. 어떤 근거로 산출된 액수인지는 모르겠지만 줄기세포 원천 기술이 33조 원을 벌어 줄 가능성이 있기 때문에 이번 사태로 불거진 수많은 윤리 문제와 조작을 덮어 두자는 주장이다. 과학적 진실보다는 국가의 이익이 우선이라는 논리다. 이에 저명한 과학 잡지 〈네이처〉는 2005년 12월 1일자의 '줄기세포 연구에 대한 철저한 조사가 필요하다'는 사설을 통해 한국의 '황우석 애국주의'에 대해 강한 우려를 표명했다.

과학사회학을 전공한 이충웅의 저서 《과학은 열광이 아니라 성찰을 필요로 한다》는 황우석 박사 문제에서 드러난 것처럼, 논리와 성찰을 잃어버리고 애국주의와 결부된 과학담론의 문제점을 지적하고 해법을 모색한다.

광우병 안 걸리는 소에서부터 배아 줄기세포 연구까지 이뤄 낸 황우석 박사는 명실상부한 대한민국의 스타였고, 국민들은 그의 신화에 환호했다. 배아 세포가 정확히 무엇인지, 어떤 윤리적인 문제가 있는지 언론은 침묵했다. 다만 언론은 그의 연구가 난치병 환자를 구원하고, 경제를 일으키고, 국위를 선양할 것이라는 무한한 믿음만을 심어 주었다는 것이 이충웅의 주장이다.

국익이 진리보다 우위에 있을 수 없다

《과학은 열광이 아니라 성찰을 필요로 한다》의 저자 이충웅은
지난 2003년 '황우석 신드롬'의 서막을 알린 광우병 안 걸리는 소
가 등장했을 당시 언론은 인체와 환경 안정성에 대한 검증도 하지
않았을 뿐더러 그 소가 광우병에 걸리지 않는다는 것을 어떻게 입
증할 수 있는지에 대해서도 침묵했다고 말한다. 독자들 또한 세계
축산 시장 장악과 함께 광우병 정복은 생명 공학의 쾌거라는 언론
보도에 열광하느라 바빴다. 당시 황우석 신드롬에는 이성은 없었
고, 오직 대한민국의 국익에만 초점이 모아졌다.

이충웅은 언론이 과학 뉴스를 다룰 때 경제성만을 강조해 희망
을 부풀리거나 황우석 교수의 경우에서와 같이 영웅 만들기에 주
력할 뿐이라고 비판한다. 정작 중요한 과학의 모습과 주요 과정 전
달은 빠뜨리는 경우가 허다하다는 것이다.

황우석 교수의 '광우병 안 걸리는 소' 연구 결과가 나왔을 때 광
우병의 원인이 되는 프리온(prion, 광우병을 유발하는 인자)의 실체
조차 밝혀지지 않은 상황에서 언론은 문제 제기 한 번 없이 광우병
이 걸리지 않는 소의 탄생을 가능하게 했다는 황 교수의 말을 그대
로 전했다. 검증이 필요한 대목이었지만 누구도 이에 대해서 이의
를 제기하지 않았다. 언론의 기능은 감시와 견제에 있지만 언론은

제 본연의 임무를 저버렸다. 이에 대해 저자는 이러한 분석을 덧붙인다.

배아 줄기세포 연구 지지자들의 주장은 현대 사회에 깊숙이 자리잡은 끊임없이 진보하는 과학, 인류에게 희망을 가져다 주는 과학의 이미지와 쉽게 결합한다. 그리고 그러한 결합으로부터 지지자들을 확산시키는 데 이미 성공하고 있다. 한국에서는 여기에 국가주의적 응원이 덧붙는다. 한국인에게 지난 백 년의 역사는, 스스로의 눈으로 자기 자신을 바라보기 어렵게 만들고야 말았다. 외국에서 대단하다고 평가 받는 일이야말로 지고한 가치를 지니는 일이다.

황우석 교수의 연구 결과가 대한민국에 막대한 이익을 가져다 줄 것이며 불치병을 치료할 것이라는 환상은 대중들 스스로가 만든 것이 아니라 언론이 만들어 낸 것이다. 대중들은 언론이 내보내는 과학 기사를 통하여 과학에 대한 의견을 구성한다. '광우병 안걸리는 소' 연구 결과가 나왔을 때도 신문들은 앞을 다투어 "세계 축산 시장 장악과 함께 광우병 정복이라는 생명 공학의 쾌거"를 말했지만, 황우석 교수의 연구 방법대로 만들어진 소의 '인체 및 환경 안정성 검증'의 문제를 차분하게 말하는 신문은 없었다.

그렇다면 왜 언론은 과학 기사를 경제적 유용성이라는 관점에서 다루기를 좋아하는 것일까? 이에 대해서 저자는 연구자가 자신의 연구가 지닌 가치와 그 쓰임새를 적극적으로 홍보하는 경향이 점점 더 강해지고 있다는 점을 들어 이를 설명한다. 적극적으로 자신의 연구 성과를 홍보해야 연구에 대한 투자가 이루어질 것이라는 판단도 여기에 일조한다. 연구비에 대한 압박 때문에 연구자들은 연구 대상의 유용성과 경제성을 홍보하게 된다는 것이다. 이는 언론의 보도 태도와 맞물려 꿈과 희망을 주는 뉴스로 만들어지며, 연구자는 자신의 연구에 대한 대중의 지지를 확보함으로써 여러 가지 이득을 기대할 수 있게 되는데, 그 대표적인 예가 황우석 교수라는 지적이다.

황우석 교수의 성공은 난자를 법적인 문제 없이 얻을 수 있는 국내 환경에 힘입은 것이지만, 난자 기증 과정에 문제를 제기하는 외국의 시각에 대해 납득할 수 없어 하는 우리의 분위기는 문제가 있다고 필자는 지적한다. '남이 하면 스캔들이요, 내가 하면 로맨스'라는 식의 세태에 대한 따끔한 일침이다.

저자의 비판은 계속된다. 배아 줄기세포 연구를 반대하는 논리가, 가톨릭 교회에만 있지 않고 각 분야에 다양하게 존재하고 있지만, 엄청난 치료 효과나 엄청난 경제적 효과라는 찬사에 가려졌으며, 윤리적 논란은 차치하고 치료 효과조차 미지의 가능성 수준임에도 불구하고 이에 대해 냉정하게 묻는 작업에는 소홀했다. 과학이 범세계적 성격을 띠었다면, 우리의 특정 과학에 대한 연구 성과도 범세계적 차원을 고려해야 하지만 그저 국가주의나 민족주의의 편협한 가치만 난무한다는 것이다.

천동설에서 지동설로의 전환에서 볼 수 있듯이 과학의 역사는 전복(顚覆)의 역사였다. 과학사의 관점에서 볼 때, 과학은 언제나 잠정적이고 모색적인 것이었지 결코 난공불락의 절대성을 갖는 것은 아니었다. 그러므로 과학적인 태도는 이론을 받아들이지 않는 독선의 태도가 아니라 늘 열려 있는 겸손한 태도일 수밖에 없다. 과학 자체가 불변의 진리가 아니며, 반박의 가능성이 없는 것은 과학이 아니다. 2005년 여름, 대한민국에 과학은 없었다. 황우석에 대한 열광은 차라리 종교였지 과학이 아니었다.

다음과 같은 저자의 지적을 아프게 새기며 우리 과학이 갈 길을 생각해 보자.

황우석 신드롬은 한국 사회가 진실보다는 꿈이 더 필요한 사회임을 가슴 아프게 보여 주고 있다. 황우석 생가를 복원하고 명소로 꾸민다는 보도에 이르러서, 신드롬을 넘어 신화의 탄생을 목격한다. 차라리 그로테스크(grotesque, 괴기한 것이나 극도로 부자연스러운 것 등을 형용하는 말)한 표현이 어울릴 듯한 상황이다. 과학을 건강하게 하는 것은 열광이 아니라 성찰이라고 이야기하는 사람은 너무나도 적었다.

1999년 고려대 |

제시문에 나타난 사제와 갈릴레이의 견해를 밝히고, 이러한 견해
가 현대 사회에서 어떤 의미를 지니는가에 대해 자신의 생각을 논
술하시오.

＊ 제시문에 등장하는 사제는 과학적 진리가 땀 흘리며 일하는 사람들이 힘
  을 얻는 데 전혀 도움이 되지 않는다고 주장하며 비록 진리가 은폐되더라
  도 불행한 자들의 평안을 위해서는 우리가 침묵하는 수밖에 없다고 역설
  한다. 갈릴레이는 이에 반대하는 입장이다. 미덕이라는 미명하에 과학적
  진리가 은폐되는 것은 결코 불행한 자들에게 평안을 주지 못하고 오히려
  교황청에 포도주를 제공하기 위해서 더욱 땀을 흘려야 할 것이라고 믿고
  있다.

제시문　　사제 : 만일 제가 민중들이 서 있는 곳은 허공에서 다른 별 주
위를 끊임없이 돌고 있는 한낱 작은 돌덩이 위라고, 수많은 별
들 중의 하나, 실로 아무 것도 아닌 별 위라고 말한다면, 저의
가족들은 뭐라고 할까요? '그러니까 우리를 굽어보는 눈길은
없구나'하고 그들은 말하겠지요. 우리는 무식하고 늙고 착취당
한, 있는 그대로의 모습을 인정해야 한다는 말인가! 주위를 도
는 별을 갖지도 못하고 전혀 홀로 서 있지 못한 작은 별 위에서
비참하고 세속적인 일 외에는 아무도 우리에게 어떤 역할을 부
과하지 않았단 말인가! '우리의 곤궁에는 아무런 의미도 없다'
이렇게 말하겠지요?

갈릴레이 : 무성한 포도원 사이에서, 밀밭을 바로 옆에 두고서!
자비심 깊은 예수님의 대리인이 스페인과 독일에서 벌이고 있

는 전쟁 비용은 당신의 캄파냐 농부들이 치르고 있습니다. 왜 그 대리인이 지구를 우주의 중심점에다 갖다 놓을까요? 베드로의 교권이 지구의 중심에 있도록 하기 위해서죠. 문제는 베드로의 교권이오. 역시 당신 말도 옳아요. 문제는 별들이 아니라 캄파냐의 농부들이니까. 그런데 당신은 시대가 모금해 놓은 그럴 듯한 현상을 들고 내게 온 것이오.

과학은 정치와 무관한가?

1936년, 소련의 과학 기술계에서는 특별한 논문이 발표되었다. 모스크바의 레닌 농학 아카데미에서 발표된 〈유전학에서의 두 경향〉이라는 논문에서 리센코(T. D. Lysenko)는 환경적 조작과 접목에 의해 유전이 변형될 수 있다고 주장한 것이다.

리센코는 작물의 개화를 유도하기 위하여 생육 기간 중의 일정 시기에 저온 처리를 하는 이른바 '춘화 처리(春化處理)'를 통하여 밀의 종자 개량에 성공하였다고 발표하였다. 즉, 겨울에 파종하는 밀의 종자를 봄에도 파종하여 결실을 맺을 수 있는 방식을 알아냈다는 것인데, 이렇게 개량된 종자는 형질이 완전히 변하여 후대의 종자도 봄 파종용 밀이 된다는 것이었다.

아버지가 아무리 근력 강화 훈련으로 다리를 튼튼하게 한다 해도 튼튼한 다리는 획득형질(獲得形質, 생물이 일생 동안 외부의 영향에 의해 받은 변화)일 뿐이지 유전이 되지 않는다는 것이 학계의 정설이었기 때문에 리센코의 의견은 학계의 의견을 뒤집는 충격적인 것이었다. 따라서 리센코와 그의 추종자들은 유전학자들과 격렬한 논쟁을 벌였다. 리센코는 이 논쟁의 와중에 자신의 이론이야말로 소련의 공식철학인 변증법적 유물론의 이념에도 부합하는 것이라고 주장하였다. 즉, 획득형질의 유전은 '새로운 공산주의적

인간의 창조'라는 당의 정치적 입장과도 일치하는 것이라고 강변한 것이었다.

　이 획득형질의 유전 개념은 라마르크(C. de. Lamarck)의 학설로부터 비롯된 것이다. 라마르크의 진화론은 이른바 '용불용설(用不用說)'설로 설명된다. 환경에 대처하기 위해서 널리 사용되는 신체의 부위는 갈수록 커지고 강해지는 반면, 사용되지 않는 부위는 갈수록 약화한다는 것이다. 키가 큰 나무의 잎을 먹으려는 기린의 목이 길어졌다는 것이 용불용설을 설명하는 대표적인 예다.

　리센코의 발표는 과학 기술계의 논쟁으로 끝나지 않았다. 1948년에 개최된 같은 회의에서 우크라이나 농부의 아들인 리센코를 지지하는 과학자들은 멘델의 과학을 "반동적이면서 퇴폐적이다."라고 규정하고 그들의 과학을 추종하는 자를 "소비에트 인민의 적이다."라고 공격하며 자신들의 학설을 사회주의 생물학 중 하나로 당이 공식적으로 채택해 줄 것을 요구했다. 당은 이를 승인함으로써 과학 기술계의 논쟁은 일단락되었지만 정치적 비극은 이제부터가 시작이었다.

　결국 획득형질의 유전이라는 애매모호한 법칙을 주장한 리센코의 이론은 1948년 10월 당의 공식적 이론으로 채택되었다. 이로 인하여 기존의 유전학, 식물학, 산림학 등은 반동적인 '부르주아 과학'으로 비판 받았고 수많은 유능한 과학자들이 소련 과학 아카데미에서 쫓겨났다. 이 일로 해서 유전학 과목은 폐강되고 관련 연구소는 폐쇄되었다. 과학 기술자 중 자신의 잘못을 인정하지 않거나 당의 결정을 따르지 않는 사람은 강제 수용소로 보내졌다.

그러나 스탈린 시대에 학문적인 주류를 이루었던 리센코의 학설도 분자 생물학의 발전으로 인해 사라지는 운명에 봉착하게 된다. 마르크스주의 내에서도 리센코 학설은 마르크스주의와 상치되거나 과학적 특성이 없는 것으로 평가 절하되었다.

리센코주의가 득세할 수 있었던 맥락이란 우선 앞서 잠깐 언급했던 농업 생산력을 증대시켜야 할 스탈린 시대의 경제적 절박성과 이에 대한 하나의 해결책으로 제시되었던 '춘화 처리(春化處理)'를 들 수 있다.

리센코는 식물이 왕성하게 생장하고 있는 시기의 길이, 즉 영양 생장기(營養生長期)의 길이는 품종의 유전적 성질과 그것을 생육할 때의 '외적 환경 조건에 의해 결정되는 것'이라 생각하고 추파 품종(秋播品種, 씨앗을 가을에 뿌려서 겨울의 저온 기간을 경과하지 않으면 개화·결실하지 않는 식물의 성질을 가진 품종)을 봄에 뿌리면 이삭이 잘 맺지 않는 원인이 파종 후의 온도 조건이 너무 높기 때문이므로, 종자를 미리 일정 기간 저온에 두었다가 뿌리면 춘파 품종(꽃눈을 형성하기 위해서 겨울의 저온을 필요로 하는 성질을 가진 겨울 작물)과 똑같이 순조롭게 이삭이 맺는다는 것을 확인했다. 이와 같이 추파 품종의 종자를 봄에 뿌릴 수 있도록 처리하는 방법을 춘화 처리라고 한다.

춘화 처리 이론에서 식물이 '외적 환경 조건에 의해 결정되는 것'이라는 대목은 환경을 개조해 부르주아적 인간형을 청산하여 새로운 사회주의적 인간형을 획득하고, 그 새롭게 획득된 인간형을 계속 유전시켜야 한다는 스탈린 시대의 사회주의자들의 소망과 일치했다.

　'획득된 형질은 유전되지 않는다.'는 라마르크의 '용불용설'은 스탈린 사회주의자와는 무관할지 몰라도 리센코의 '춘화 처리' 이론은 명백히 스탈린 시대의 이념을 반영한 것으로 볼 수 있다. 리센코는 정치 이데올로기를 과학 이론에 개입시켜 큰 혼란을 몰고 온 과학자로 '춘화 처리' 이론과 함께 과학사에 남아 있다.

　과학은 주관성을 배제하고 객관적인 엄밀성을 추구하는 학문이라는 것이 과학에 대한 일반인들의 상식이지만 오늘날의 과학은 국가 권력과 긴밀한 관계를 맺고 있다. 특히 오늘날 대부분의 나라에서는 과학 기술을 국가 경제 발전의 중요한 동력으로 인식하고 있는 추세다. 이런 현실 속에서 과학과 정치는 그 어떤 때보다 긴밀하게 상호 영향력을 행사할 것이 분명하다.

　존 캐리가 《지식의 원전》의 서두에서 말하고 있듯이 과학은 사실의 영역이요, 정치는 당위와 주장의 영역이다. 과학은 지식의 범주에 있지만 정치는 견해의 범주에 속한다. 또 정치는 갈등을 기반으로 존재하고 적대 세력을 가지고 있어야 하지만 과학은 대립이 아닌 상호 협조의 운명을 지니고 있다.

　과학사 또한 지독한 논쟁으로 점철되어 있지만 정치 논쟁에서처럼 힘으로 제압하려는 것이 아니라 과학자들은 항상 더 합리적인 의견으로 자신의 이론을 관철하려 든다. 존 캐리의 말처럼 열역학 제2법칙과 같은 진리를 규명하기 위해 전쟁을 한다면 얼마나 우스운 일이겠는가?

02 동물은

본능적이고,

인간만이

이성적인가?

제인 구달(J. Goodall)은

1956년 26세 때 아프리카로 여행을 떠난다.

그 곳에서 만난 인류학자 루이스 리키 박사는

제인에게 침팬지 연구를 제안하게 된다.

어느 날 그녀는

'데이비드 그레이비어드' 란 이름을 붙인

침팬지가 흰개미 둥지에

긴 식물 줄기를 밀어 넣고

몇 분 뒤, 그 줄기를 꺼내 그 끝에 달린

흰개미를 입 속에 넣는 것을 목격하게 된다.

침팬지들도 인간처럼 도구를 사용한다는

사실이 관찰되는 순간이었다.

이 소식이 루이스 리키 박사에게 전해졌을 때,

그는 역사에 남을 유명한 발언을 하게 된다.

"오! 우리는 이제 인간을 재정의하든지

도구를 재정의하든지 해야 한다.

그렇지 않으면 침팬지를

인간으로 받아들여야 한다."

인간만이 도구를 사용하는 유일한 동물인가?

제인 구달의 발견은 동물과 인간의 차이가 도구 사용의 유무에 있다는 통념에 대한 수정을 요구하게 되었다. 제인 구달 이후에도 인간만이 도구를 사용할 줄 아는 존재라는 사실을 뒤흔드는 수많은 사례들이 발견된다.

우리들은 흔히 기억력이 나쁜 사람들의 두뇌를 새의 그것에 비유한다. 그러나 이러한 견해가 자연의 실상을 그대로 반영하는 것인지에 대해서는 좀 더 세심한 관찰이 요구된다.

옥스퍼드 대학의 동물 행동학자들은 뉴칼레도니아 섬에서 잡은 까마귀 '베티'에게 먹이가 들어 있는 좁은 통과 긴 철사를 주었다. 그랬더니 까마귀는 철사를 갈고리처럼 구부려 통 속의 먹이를 낚아 올렸다. 혹시 우연이 아닐까 해서 실험을 10번이나 반복했지만 베티는 이 중 아홉 번이나 철사를 구부려서 먹이를 낚았다. 야생의 까마귀는 돌이나 나무 틈 사이의 먹이를 사냥하기 위해 나뭇가지를 사용한다. 그런데 야생의 까마귀에게서 나뭇가지를 빼앗고 철사를 주자, 야생 까마귀는 나뭇가지 대신 이것을 가공하여 먹이를 사냥한 것이다.

굶주린 이집트 대머리독수리는 부리로 돌을 집어던져 두터운

타조 알을 깨 먹는다. 갈라파고스 섬의 핀치(Galapagos finch) 새는 선인장 가시를 입에 물고 나뭇가지 속에 박혀 있는 벌레를 빼먹는다. 검은댕기해오라기는 물에 작은 물체를 던져 이것이 먹이인 줄 알고 몰려온 물고기를 덮친다. 인간처럼 핀치 새 또한 미끼를 이용해 낚시를 하는 셈이다. 이는 인간만이 도구를 사용한다는 견해가 인간의 편의적 해석일 수도 있음을 보여 주는 사례다.

흔히 협동은 인간만이 가진 고도의 기술이라고들 한다. 그러나 동물 사회에서도 고도의 협동 전략들이 존재하고 있음을 보여 주는 사례들은 풍부하다. 진화 생물학자인 리 듀거킨의 저서 《동물들의 사회 생활》은 동물 세계에서도 다양한 사회적 협동이 이루어지고 있음을 보여 준다.

48~60시간 사이에 피를 먹지 못하면 죽는 흡혈박쥐는 굶주려 죽어 가고 있는 동료에게 자신의 피를 토해서 나눠 준다. 물론 아무런 대가 없이 이런 이타적 행동을 하는 것은 아니다. 예전에 자기도 이런 도움을 받았거나 같은 동굴에서 살면서 안면이 있는 박쥐들 사이에서만 이런 상호 호혜(互惠)가 이뤄진다. 공짜는 없다. '받은 만큼 준다.'는 논리가 개입되는 셈이다.

홉스(T. Hobbes)는 한정된 자원을 놓고 서로 경쟁하는 자연 상태 아래에서는 정의와 불의의 관념이 존재하지 않고, 오직 살아남겠다는 본능적 투쟁 의지만이 있을 뿐이라고 말한다. 홉스는 자연 상태의 동물의 세계가 힘에 의해 지배된다고 본 것이다. 그러나 독일의 동물학자 겸 심리학자 비투스 드뢰셔는 《휴머니즘의 동물학》을 통해 이에 이의를 제기한다.

과학에 스며들어 있는 남성 중심의 가부장적 문화

드뢰셔는 가장 강한 존재만이 살아남는다는 동물 행동학의 힘의 이론이야말로 남성적 생물학의 가부장주의적 선입견이 짙게 밴 잘못된 이론이며, 동물 사회의 보편적 생존 전략은 대결과 갈등이라기보다는 '평화주의'와 '이타주의'에 기초한 연대와 협력임을 입증해 보인다.

사바나개코원숭이 사회를 보자. 한 마리의 우두머리나 소수의 수컷들이 결성한 동맹체가 무리의 지배층을 이루고, 암컷과 새끼들이 무질서한 피지배층을 구성하며, 특히 암컷들이 수컷 지배자의 성적 노예 노릇을 한다는 것이 기존의 동물학자들의 설명이었다. 그러나 최근의 연구는 사바나개코원숭이 사회가 결코 남성적 힘에 지배되는 사회가 아님을 보여 준다. 이 원숭이들의 사회는 수컷의 완력이 지배하는 사회가 아니라 지혜를 지닌 암컷이 지배하는 모권 사회라는 것이다. 이 원숭이 사회에서 가장 공격적인 수컷은 무리에 아무런 영향력도 행사하지 못하는 패배자들이다. 또 암컷들은 수컷들의 폭력이나 횡포를 절대로 그냥 두지 않고 그들을 훈련시켜 올바르게 행동하도록 바로잡는다. 공동체를 평화적으로 지키는 전략이나 우정이 힘에 의한 질서를 대신하고 있다는 것이다.

그렇다면 연구 결과가 이렇게 정반대로 뒤집힌 것은 왜일까? 성공적인 동물의 생존 전략에는 연대와 협력이 보다 일반적임에도 양육강식이 강조되었던 데에는 남성 생물학자의 책임이 크다는 것이 드뢰셔의 주장이다. 그의 주장에 따르면 초기에 이 원숭이들을 연구한 사람들은 모두 남성이었는데, 그들의 현장 관찰은 매우 단기적이었고, 그것도 수컷에게만 배타적인 관심을 쏟았으며 수컷의 행동에 자신들의 남성적 세계상을 투사해 해석했다는 것이다. 가령, 공격성을 인간을 포함한 동물의 본성으로 본 것은 남성 지배자들이 자신들의 공격적 행태를 합리화하기 위해 동물 세계를 왜곡한 결과라는 것이다. 지은이는 오히려 인류의 유전자에는 세련된 평화 전력을 타고난 사바나개코원숭이의 모습이 새겨져 있다고 말한다.

동물의 공격적인 성향을 강조해 온 남성 과학자들과 달리 여성 학자들 이를테면, 제인 구달과 다이앤 포시, 셜리 스트럼 등 여성 연구자들은 수십 년간 자연 속의 동물 공동체를 관찰해 남성학자들의 주장이 오류임을 입증했다.

《휴머니즘의 동물학》은 동물들의 행동 양식에 대한 우리의 고정 관념을 깨뜨리는 풍부한 사례들을 보여 준다. 책에 의하면 동물들도 도구를 사용하고 언어를 습득하며, 새끼들을 교육시키고 수치심을 느낀다. 또 동물들도 무리의 질서를 민주적으로 운영하고 공동체를 위해 자기를 희생하는 이타적 행동을 할 줄 안다. 물론 동물의 세계라고 해서 힘의 논리가 배제되는 것은 아니지만 힘의 논리로만 동물의 세계를 바라보아서는 안 된다는 것이 저자의 지적이다.

'음탕한 호색가'라는 별명이 붙은 '보노보'는 인간과 유전자를 98%나 공유하고 있는 영장류다. 인간의 관점에서 볼 때 보노보는 무분별한 성행위를 하는 '비도덕적' 동물이었다. 그러나 프란스 드왈의 《보노보》에는 보노보가 암수 간, 집단 간의 긴장과 갈등을 섹스로 해결하고 있는 사례들을 보여 준다. 먹이를 사이에 둔 긴장 상황이나 싸움 후 화해할 때 보노보는 섹스를 이용한다. 보노보에게 성행위는 지배나 욕망의 수단이 아니라 화해와 협력을 위한 수단이다. 이들에게 짝짓기는 단지 번식을 위한 수단이 아니라 서로의 관계를 부드럽게 만드는 수단으로 활용된다. 드왈은 보노보의 존재가 좀 더 일찍 알려졌더라면 인류 진화를 재구성하는 과정에서 전쟁을 위한 사냥 도구의 제작과 활용 등의 남성적 장점 대신, 성적인 관계, 수컷과 암컷 간의 평등 등이 더 강조됐을 것이라고 주장한다.

이상을 종합할 때, '동물은 도구를 사용하지 않는다.', '동물은 협동하지 않으며 동물은 호전적이다.', '동물은 힘의 논리에 의해 지배된다.', '동물은 유전자에 의해 지배되며 동물에게는 문화가 없다.' 등의 견해가 동물에 대한 세심한 관찰의 결과가 아님을 알 수 있다. 또한 이런 통념에는 감성보다는 이성을 중시하고 힘의 논리를 정당화하는 남성 중심적 가부장적 문화가 개입되어 있음을 확인할 수 있다.

2002년 이화여대

다음의 두 글은 인간과 동물의 본래적 지위에 관해 상반되는 입장을 보여 주고 있다. 두 제시문을 비판적으로 검토하면서, 오늘날 우리 사회가 추구해야 할 인간과 동물의 바람직한 관계에 대해 자신의 견해를 논술하시오.

제시문 ❶ 동물은 인간이 가진 능력을 결여하고 있다. 그렇다고 해서 우리는 그들이 존재의 본래적 가치와 존중 받을 권리를 다른 사람보다 덜 갖는다고 말하지 않으며, 또 그렇게 말해서도 안 된다. 여기서 중요한 것은 인간 사이의 차이가 아니라 유사성이다. 참으로 중요하면서도 기본적인 유사성은 우리 각각이 삶의 경험적 주체라는 점이며, 타자에게 유용하건 않건 간에 각자의 안녕을 도모하는 의식적 존재라는 점이다. 또 동물이 어떤 근거에서 인간보다 본래적 가치를 덜 지닌다고 주장할 수 있는가? 자율성, 이성 혹은 지성이 결핍되었다는 이유로? 이런 이유가 성립하려면 이를 결여한 인간에 대해서도 동일한 주장을 해야만 할 것이다.

제시문 ❷ 처음에 인간은 모든 동물처럼 신의 목소리라 할 수 있는 본능에 따랐다. 본능은 그에게 어떤 것을 음식으로 먹게 하고 또 어떤 것은 먹지 못하게 했다. 그러나 곧 동물과 달리 인간만이 가지고 있는 이성이 활동을 개시했다. 이성은 본능과는 다른 감각 기관을 이용하여 본능을 넘어서까지 음식물에 대한 지식을 확장시켰다. 음식물에 대한 본능 다음으로 두드러진 것은 성적 본능이다. 동물의 경우 성적 흥분은 대부분 일시적이고 주기적인 충동에 근거한다. 그러나 인간의 경우에는 상상력을 통해 그러한 흥분을 더 지속시킬 수 있었고 증가시킬 수도 있었다. 이성이 이룩한 세 번째 진보는 인간이 미래에 대한 의식적인 기대를 갖게 되었다는 것이다. 이것은 현재의 순간적 삶에 만족하지 않고 다가올 먼 시기를 현재화하는 능력으로서, 인간의 결정적인 장점이다. 이성의 마지막 진보는, 인간이 본래 자연의 목적이고, 이 점에서 지상의 어떤 동물도 자신과 견줄 수 없다는 점을 인간 스스로 파악했다는 데 있다.

동물에게도 문화가 있는가?

아이들은 부모를 따라하며 걷기를 배우고, 말하기를 배운다. 그러나 누구에게 배우지 않아도 아이들은 하품을 하고 기침을 한다. 기침과 하품은 자연적인 것이다. 매우면 눈물이 난다거나 모기에게 물리면 긁는 행위도 역시 자연적인 것이다. 누구에게 배우지 않아도, 누가 시키지 않아도 저절로 하는 행위라는 것이다.

그러나 말하기는 다르다. 아이들은 부모를 따라함으로써 언어를 배운다. 부모가 특정한 발음을 할 때, 입술과 이의 모양, 턱의 위치들을 관찰하고 모방함으로써 아이들은 발음을 익히고, 복잡한 문법 구조들을 점차로 익혀 나간다. 뿐만 아니라 아이들은 따라하기, 즉 모방을 통해서 문자를 배우고, 놀이를 배우며, 예술이나 예절과 같은 복잡한 삶의 양식들을 하나하나 체득해 간다. 만약 인간이 모방을 할 수 없는 존재라면 인간의 삶은 동물적인 삶에서 그치고 만다. 아리스토텔레스가 인간이 다른 동물보다 우월한 이유는 모방을 통해 배우기 때문이라고 말한 것도 이런 이유에서다.

많은 철학자들은 모방을 인간과 동물을 구별 짓는 중요한 요인으로 인식해 왔다. 토머스 제퍼슨은 "인간은 모방적인 동물이다. 이 특질은 인간의 모든 교육의 근원이다. 요람에서 무덤까지 인간은 남이 하는 것을 보고 그대로 하기를 배운다."라는 말로 모방의 역할이 인간의 문화에서 가지는 중요성을 강조한 바 있다.

그러나 미국의 루이빌 대학의 생물학 교수인 리 듀거킨은《동물에게도 문화가 있다》라는 책을 통해 동물의 진화가 유전자뿐 아니라 모방을 통한 문화적 전달에 의해 영향을 받는다는 주장을 하고 있다. 그는, 문화는 물고기에서부터 인간 이외의 영장류에 이르는 온갖 동물들의 모든 유형의 행동 속에서 그 영향력을 드러내고 있다고 주장한다.

작은 물고기들을 10여 년간 관찰한 저자는 뇌가 거의 없다시피 한 물고기마저도 모방을 통해 문화를 전파하고 있고, 이런 모방은 동물의 진화에 유전인자 못지않은 영향을 행사한다는 사실을 보여준다. 이는 우리 모두가 유전자의 지배를 받는 로봇에 불과하다는 리처드 도킨스의 '이기적인 유전자' 개념에 수정을 요구하는 도전적 개념이라고 할 수 있다. 동물의 짝짓기와 같은 상황에서도 유전자와 문화가 예기치 않은 방향으로 상호 작용을 한다는 것이 그의 주장이다. 유전자가 동물의 모든 특성을 결정한다는 유전자 결정론을 반박하고 있는 셈이다.

리 듀거킨의 책이 소개하는 아마존몰리와 세일핀몰리라는 물고기를 보자. 아마존몰리는 암컷뿐이다. 그리고 아마존몰리는 '자성발생(雌性發生)'을 한다. 쉽게 말해 수정 후에 정자핵의 유전자는 배제되고 수컷의 도움이 없이 난핵만으로 발생이 진행되는 것이다. 그래서 아마존몰리에게는 난자를 자극할 다른 종의 수컷 정자가 필요하다. 이때 세일핀몰리라는 물고기의 수컷이 아마존몰리의 난자를 자극하는 역할을 맡는다. 그런데 세일핀몰리의 암컷은 다른 암컷과 짝짓기를 하는 세일핀몰리의 수컷에 매력을 느낀다. 이때 세일핀몰리의 짝 선택은 자신과는 다른 종, 즉 아마존몰리의 짝 선택을 모방한 것이라고 한다.

다른 사례를 보자. 몸 길이가 2cm에 불과한 물고기인 거피 종의 암컷은 선천적으로 몸에 오렌지색이 많은 수컷을 좋아한다. 그런데 수컷들의 오렌지색 양에 큰 차이가 없을 경우 암컷들은 항상 오렌지색이 덜한 쪽을 선택했다. 그들은 그런 수컷 곁에 있는 암컷의 선택을 모방했다. 여기서는 짝 선택을 모방하는 경향이 오렌지색이 많은 수컷을 선호하는 유전적 성향보다 우세했다. 즉 짝 선택에 있어 문화적 성향이 유전적 성향보다 우월하게 작용한 것이다. 그러나 수컷들의 오렌지색 양이 크게 다를 때는 암컷들은 칙칙한 쪽을 무시하고 오렌지색이 많은 수컷을 선택했다. 여기서는 유전적 성향이 문화적 성향을 가린 셈이다. 이런 점에서 본다면 짝의 선택에도 문화적 성향과 유전적 성향이 복합적으로 작용한다고 할 수 있다.

오래전 일본의 '이모'라는 마카쿠 원숭이는 사람들이 던져 준 고구마를 개울물에 씻어 먹어 주위를 깜짝 놀라게 했다. 그리고 몇 년 뒤 사람들이 모래 바닥에 밀을 던져 주자 이 원숭이는 더 큰 꾀를 부렸다. 모래가 섞인 밀을 물속으로 던졌던 것이다. 그러자 모래는 가라앉고 밀만 물에 떴다. 그러고 나서 약간의 세월이 흐르자 그 지혜는 마카쿠 원숭이 사회에 쫙 퍼져 나갔다. 이는 원숭이도 인간처럼 모방을 통해 타인의 경험을 배운다는 강력한 증거였다.

각기 다른 유전적 특성과 노래 습관 등을 지닌 사우스타코타와 인디애나의 탁란 찌르레기를 놓고 실험한 결과도 동물의 모방 능력을 보여 준다. 인디애나 새끼들을 인디애나와 사우스타코타 어른 새들에게 나눠 키운 결과, 새끼들은 유전적 특성과 무관하게 양육자의 노래 습관을 따라하는 것으로 나타났다. 젖먹이 때 미국으로 입양된 아기가 자신을 낳아 준 혈연적인 부모의 언어보다는 자신을 길러 주는 양부모가 속해 있는 문화권의 언어를 사용하는 사례와 다름이 없다.

여기서 중요한 것은 일본의 마카쿠 원숭이의 예에서 보듯 단 하나의 개체가 무리 전체의 미래에 결정적 영향을 미칠 수 있다는 것이다. 그 이유에 대해 리 듀거킨은 모든 동물이 모방의 고수이기 때문이라고 설명한다. 리 듀거킨의 주장은 문화적 전달이 동물의 행동에 영향을 미친다는 데서 끝나지 않는다. 유전자와 성공적으로 상호 작용한 문화는 유전자에 각인돼 다음 세대에 전달된다고 그는 설명한다.

물론 동물과 달리 인간은 모방을 통해 학습을 하며, 교육을 통해 복잡한 상징 체계를 후대에 전달한다는 점에서 단순한 모방에 그치고마는 동물과 비교할 때 모방의 정도와 깊이에서 훨씬 더 세련되고 정교하다고 말할 수 있다. 그러나 모방이 문화 습득과 전달의 전제가 된다는 사실을 인정할 수밖에 없는 한, 인간만이 문화를 소유한다고는 할 수 없다. 모방은 동물에게도 존재하기 때문이다.

03

과학에서

이상적 모델은

왜

필요한가?

냄비의 물은 100°C에서 끓는다.

물에 아무리 열을 가해도

온도는 100°C에서 더 올라가지 않는다.

물론 기압이 낮아지면

물은 100°C보다 낮은 온도에서 끓는다.

만약 압력솥에 물을 끓이면 어떤가.

압력이 상승함에 따라

물의 비등점도 높아진다.

따라서 조리하는 온도가 높아져

음식을 익히는 데 필요한 시간이 단축된다.

보통 압력 밥솥은 내면의

$1cm^3$당 1kg의 압력을 받는데,

이는 보통 기압의 두 배에 가깝다.

따라서 물은 122°C에서 끓게 된다.

그렇다면 물은 100°C에서 끓는다는

말은 수정되어야 한다. 물이 끓는 데

영향을 주는 압력과 부피라는

또 다른 변수가 있기 때문이다.

실험에 영향을 끼치는 모든 변수를 파악할 수 있는가?

실험을 할 때는 가급적이면 외부의 변수를 줄여 가야 한다. 실험을 하는 용액에 불순물이 가라앉으면 곤란하다. 실험에서의 외부적 변수를 줄여 가기 위해서 실험자들은 흰 가운을 입는다. 침이라도 튈까 두려워 마스크를 착용하는 실험자들도 있다. 고성능 먼지 집진기를 설치한 실험실도 있다. 완벽하게 습기를 제거하면 정전기 문제가 발생할 수도 있다. 실험실 창 밖에서 굴착기의 소음이라도 들려오면 곤란하다. 완벽한 방음 시설을 갖춘다 할지라도 실험자의 숨소리는 어찌할 것인가. 게다가 실험실 위로 고압선이라도 지나간다면 문제가 심각하다. 이래저래 실험실은 외부의 변수가 적은 외딴 곳에 설치될 수밖에 없다. 변수들로부터 완벽하게 자유로운 실험실을 지었다고 해도 예기치 않는 변수들은 반드시 있기 마련이다. 완벽하게 변수들을 제거하기란 사실상 불가능하다.

변수가 달라지면 실험의 결과도 달라진다. A에서 실험한 결과가 B라는 곳에서의 결과와 다르다면 A란 곳에서 타당한 것이 B라는 곳에서도 타당하다고 할 수 없다. 언제나 변수에 따르는 오차는 존재한다는 것이다. '과학은 객관적이다.' '과학은 완벽하다.'는 환상은 사실 이런 오차를 모르는 데서 오는 헛된 믿음인지도 모른다.

초대형 돌개바람 토네이도가 어느 쪽으로 진행될 것인가를 예측하고, 그 예측된 결과를 사람들에게 알려 토네이도의 피해를 최소화하자는 것이 영화 〈트위스터〉에서 주인공 과학자 '조'의 의도다. '조'는 토네이도 안에 '도로시'라고 하는 센서를 투입하여 이 센서가 보내오는 전파 신호를 수신하고 분석하여, 토네이도가 진행하는 방향을 예측한다. 그러나 분석 결과로 얻어진 토네이도의 예측 방향은 현실의 토네이도가 진행하는 방향을 대략적으로만 예측할 수 있을 뿐이다. 프로그램을 통해 얻어진 토네이도의 예측 방향은 현실의 토네이도의 진행 방향과 100% 일치한다고 볼 수는 없다. 토네이도의 앞길에는 무수히 많은 변수가 있고, 아무리 엄청난 능력을 자랑하는 슈퍼컴퓨터를 동원한다 할지라도 인간은 존재하는 모든 변수를 알 수 없기 때문이다.

설령 자연계에 존재하는 모든 변수를 예측할 수 있다고 할지라도 현실의 모든 변수를 고려해서 예측 시스템을 만들기까지는 너무도 많은 시간과 노동력이 투입되어야 한다. 그러나 토네이도로 인한 막대한 피해가 보고되고 있는 긴박한 상황을 눈앞에 두고 정확한 예측 시스템을 만들기 위해서 한가하게 시간만 보낼 수는 없는 일이다. 토네이도의 진행 방향에 영향을 주는 현실의 모든 변수를 고려하여 만든 예측 시스템이 아닐지라도, 대충의 진행 방향이라도 알 수 있는 시스템을 구축하는 것이 급할 때, 선택되어지는 것이 이른바 '이상화(idealization)'의 방법이다.

이상화와 고립화를 통한 현실의 추상화

《시앤티아》의 저자 최종덕은 '이상화'를 설명하기 위해 만유인력(萬有引力)의 법칙을 예로 든다. 그 대강을 정리해 보자.

뉴턴은 두 개의 물체가 서로 끌어당기고 미는 힘의 관계를 제대로 기술하기 위하여 변수로 취해야 할 외부의 인과적 요인이 너무 많다는 것을 알게 되었다. 지구와 달의 관계 방정식을 제대로 만들려면 지구와 달에 미치는 모든 별의 힘들을 상정해야만 했다. 그러나 그러한 상정은 신이라면 몰라도 인간의 이성으로서는 절대 불가능한 일이었다. 물체가 두 개보다 많을 경우, 그들 상호 간의 관계를 결정론적 방식으로는 결코 풀 수 없기 때문이다. 그래서 뉴턴은 문제를 풀고자 하는 방정식에 관련된 두 개의 물체만을 고려하고 나머지 물체는 없는 것으로 간주할 수밖에 없었다. 이와 같은 가정을 물리학에서는 '고립화의 상정' 또는 '이상화'라고 말한다. 고립화의 상정 또는 이상화는 자연계의 원래의 모습에서 벗어나는 일이지만, 고립화가 있었기 때문에 근대 자연과학 혁명은 가능하였다.

19세기에 들어오면서 그동안 과학자들 사이에서 가장 큰 논란거리였던 온도의 실체가 무엇인가 하는 문제가 다시 제기되었다. 19세기 이전에도 이미 많은 이론이 등장했으나, 그 어느 것도 온도를 설명하는 충분한 해답이 되지 못했다. 그러다가 마침내 온도를 설명하기 위하여 분자의 충돌에 의한 압력이라는 새로운 생각이 대두하였다.

그러나 생각은 훌륭하지만 세 개 이상의 물체들이 충돌할 때의 상관 관계를 수학적으로 푼다는 것은 아예 엄두도 못 낼 일이었다. 당구대의 공이 두 개일 경우와 아홉 개일 경우는 그 예측도에 있어서 비교할 수 없는 차이가 있는 것과 같다. 하물며 23제곱승 개의 분자 수를 가진 분자 간의 충돌 운동을 결정론적 방정식으로 예측한다는 것이 가당키나 하겠는가. 그래서 열역학이 등장했으며 열역학은 이들 사이의 운동을 결정론적 방정식이 아니라 통계적 방식으로 기술하였다.

화학에서 말하는 '이상 기체(Ideal Gas)'는 현실에 존재하지 않는다. 그것은 관념에 존재하는 기체다. 현실에는 기체의 운동에 영향을 끼치는 무수한 변수가 존재한다. 그러한 변수들을 고려해서는 기체들의 운동을 완벽하게 예측하는 방정식을 만들어 낼 수가 없다. 이 때 현실에 존재하는 무수한 변수들을 없는 것으로 가정하여 만들어진 것이 이른바 '이상 기체 상태 방정식'이다. 이 방정식은 영화 〈트위스터〉에서의 토네이도 '예측 방향 시스템'과 같은 방식으로 만들어졌다고 할 수 있다. 현실에 실제로 존재하는 무수한 변수들을 제거해서 만들었기 때문이다.

그렇기 때문에 변수들을 제거해서 만들어진 토네이도 예측 방향 시스템은 현실의 토네이도의 진행 방향을 정확하게 가르쳐 주지는 않는다. 또한 이상 기체 상태 방정식도 현실에서의 기체의 운동과 정확하게는 일치하지 않는다. (이상 기체는 실재 기체와 달리 원칙적으로 한 점으로 압축될 수 있다. 이러한 기체의 분자는 부피를 갖고 있지 않다고 생각되기 때문이다. 이상 기체는 기체의 부피와 압력의 의존 관계를 밝힌 '보일-마리오트(Boyle-Mariotte)의 법칙'이 엄밀하게 적용된다.) 따라서 이상 기체 상태 방정식은 기체들의 운동을 확률적으로 설명해 줄 뿐이다. 기체들의 운동을 확률적으로밖에는 설명할 수 없다는 것은 기체의 운동에 관한 이론적인 설명에 오차가 존재할 수 있음을 뜻한다.

과학은 이렇게 오차의 가능성 안에 존재하는 것이지 현실과 정확하게 일치하는 절대적 정합성 안에 존재하는 것이 아니다. 그럼에도 불구하고 과학은 현실을 빈틈없이 설명해 주는 객관적인 체계라고 하는 것이 과학에 대한 우리들의 편견이다.

그러나 세계는 고정되어 있지 않다. 세계는 끊임없이 움직이고 변화한다. 과학적 연구가 지닌 특징은 움직이고 변화하는 세계를 고정시켜 움직이거나 변화하지 않는 죽어 있는 세계로 환원시켜야만 설명이 가능하다는 것이다. 변화하는 세계를 고정시키는 작업이 바로 고립화 작업, 이상화(idealization) 작업이다. 철학에서는 이를 추상화 작업이라고 말하는데, 과학의 자연 관찰은 결국 이렇게 추상화의 과정을 통해서 이루어질 수밖에 없다.

신제품을 출시할 때, 앞으로 수요가 얼마나 될지에 대한 신제품 예측 수요에 대한 모델을 만들 수도 있고, 앞으로 주가가 어떻게 변할지에 대한 주가 변동 예측 모델도 만들어 볼 수 있다. 그러나 이런 모델들은 언제 어떤 변수가 발생될지 모른다는 점에서 현실을 완벽하게 설명해 줄 수 없다. 예를 들어 주가 변동에 있어서도 정확한 예측 모델을 만들기가 쉽지 않다. 주식 전문가들은 과거의 자료를 바탕으로 주가 변동 예측 모델을 만들겠지만, 누구도 어떤 일이 미래에 일어날지 장담할 수 없다. 전쟁이 일어날지도 모르고, 천재지변이 일어날지도 모른다. 더구나 현대 세계에 있어서 한 국가의 경제는 고립적으로 진단할 수 있는 것이 아니어서 다른 나라의 정치적 상황이 한 국가에 끼치는 경제적 영향도 무시할 수 없다. 그러나 무슨 수로 다른 나라의 정치적 상황을 정확히 예측할 수 있다는 말인가. 결국 인간이 만들어 내는 예측 모델이란 확률적으로 '한번 믿어 볼 수 있는 것'이지, 결코 '절대적으로 신뢰할 수 있는 것'은 아니다. 그렇다고 해서 우리는 과학을 무시할 수만도 없다. 100% 정확한 예측력을 가지지 못한다 하더라도 과학은 미래가 어떠하리라는 대강의 밑그림을 만들어 주기 때문이다. 이렇게 미래를 예측하는 과학 덕분에 우리는 기상 예보를 듣고 외출 시에 우산을 준비하기도 한다.

그러나 이상화가 과학적 가치를 갖는 것은 이상화된 객체가 실재와 어느 정도 유사할 경우에 한정된다. 예컨대 책상은 정밀한 직사각형이 아닌 데도 우리는 책상의 면적을 내기 위해 직사각형의 면적을 내는 공식을 활용하고 있다. 책상을 정밀한 직사각형으로 이상화하여 계산된 책상의 면적은 실재와 어느 정도의 유사성을 갖는다고 할 수 있으며, 이렇게 해서 얻어진 책상의 면적은 나름대로의 객관적 유용성을 갖는다고 할 수 있다.

어쨌든 시시각각 변화를 거듭하고 있는 현실의 매우 다양한 변수를 고려하여 만들어지지 않고, 고립화와 이상화의 과정을 통해 만들어진 과학은 우리가 생각하는 것처럼 객관적이고 절대적인 지식의 체계라고 할 수는 없다. 과학 기술이 우리의 생활에 가져다 준 이점들을 향유하되 과학의 논리에 전적으로 끌려가서는 안되는 이유가 여기에 있다.

1997년 고려대학교 ┃

아래 제시문을 참고하고 다음을 논제로 삼아 논술하시오.

＊ 실제 적용에의 한계에도 불구하고 이상화된 모델과 그에 따른 이론은 왜
  필요한가.

제시문　　　복잡하고 다양한 자연 현상을 간단하고 일반적인 이론으로 설
　　　　　　명할 수 있는 것이 자연과학의 힘이라고 한다. 물체의 충돌 과
　　　　　　정을 생각해 보자. 두 개의 당구공이든 두 개의 행성이든 공통
　　　　　　적으로 적용되는 충돌 이론이 있고 그 이론에 따라 운동을 정
　　　　　　확히 이해할 수 있다고 한다.
　　　　　　화학에서도 산소인가 질소인가에 관계없이 모든 기체의 상태
　　　　　　를 일반적으로 설명할 수 있는 이상 기체(Ideal Gas)의 상태
　　　　　　방정식이 있다. 그러나 이상과 현실 사이에 괴리가 있듯이 이
　　　　　　러한 이론들을 실제 현상에 적용하여 정략적으로 설명하려고
　　　　　　하면 곧 한계가 드러나게 된다.
　　　　　　예컨대 두 개의 당구공이 충돌할 때 일어나는 현상은 교과서적
　　　　　　인 이론으로는 충분히 설명하기 어렵다. 당구공에 회전을 주어
　　　　　　충돌시키면 이상화된 상황에서만 성립하는 충돌 이론에서 벗
　　　　　　어나는 모습을 볼 수 있다. 더욱이 바닥면과의 마찰을 고려하
　　　　　　면 문제는 한층 복잡해진다. 기체의 상태를 비교적 잘 설명해
　　　　　　주는 이상 기체 상태 방정식도 기체의 밀도가 큰 상황에서는
　　　　　　수정을 필요로 한다.
　　　　　　이상 기체란 실제로 존재하지 않는 이상화된 모델에 불과함을
　　　　　　생각할 때, 이러한 한계는 당연한 것이다. 이와 같은 이상화된
　　　　　　모델과 이론에 내재하는 문제점은 사회과학의 경우에도 나타난
　　　　　　다. 우리는 흔히 주식 시장이나 경기 변동에 대한 경제학자들의

예측이 크게 빗나가는 것을 본다. 이는 예기치 못했던 돌발 사태 때문일 수도 있지만 많은 경우에는 사용된 모델이 실제로 존재하는 여러 중요한 변수들을 고려하지 않았기 때문이다.

실험에서 타당한 것이 현실에서도 타당하다고 할 수 있는가?

파스퇴르(L. Pasteur)는 닭 콜레라를 연구하던 중 공기 중에 오래 방치했던 닭 콜레라 균을 주사 맞은 닭이 닭 콜레라를 가볍게 앓고는 곧 회복되는 것을 관찰하였다. 파스퇴르는 이러한 발견을 토대로 탄저병 백신을 개발하였다. 그러나 많은 사람들은 이 백신의 효과에 대해 의문을 갖고 파스퇴르에게 "탄저병 백신은 탄저병을 예방하는 효과가 있는가?"라는 문제를 입증해 보라는 압력을 가하였다. 이에 파스퇴르는 다음과 같이 가설을 설정하였다. "탄저병 백신을 양에게 주사하면 탄저병 예방의 효과가 있다."

이 가설을 증명하기 위해 파스퇴르는 다음과 같이 실험을 설계하였다. 첫째, 건강한 양 50마리 중에서 25마리(집단 A)를 택하여 탄저병 백신을 주사하고, 나머지 25마리(집단 B)에는 탄저병 백신을 주사하지 않는다. 둘째, 집단 A의 양이 모두 가벼운 탄저병 증상을 보이고 회복된 후, 50마리 모두에게 맹독성 탄저병균의 배양액을 주사한다. 셋째, 집단 A와 집단 B의 탄저병 발병률에 차이가 나는지 조사한다.

위와 같이 실험을 한 결과, 집단 A는 모두 건강하였으나 집단 B는 맹독성 탄저병 균을 주사한 지 2일 만에 모두 죽었다. 이러한 실험 결과를 바탕으로 파스퇴르는 "탄저병 백신은 양의 탄저병을 예방하는 데 효과가 있다."는 결론을 도출했다.

파스퇴르의 이 유명한 실험은 탄저병 백신을 닭에게 주입해서 나타난 현상이 양에게 동일한 백신을 주입했을 때도 똑같이 나타날 것이라는 믿음을 전제로 하고 있다. 이러한 믿음을 '유추'라고 한다. 유추란 '유비 추리(類比推理)'의 준말로, 이미 알고 있는 부분적인 유사물에 근거하여 다른 유사한 것을 결론으로 얻는 추리의 한 방법이다. 과학적 설명에 있어서 유비 추리는 매우 적절하게 사용된다.

하비(W. Harvey)는 혈액 순환에 있어서 심장의 역할을 설명하기 위하여, 기계 펌프와의 유비 추리를 이용한다. 그는 펌프에서 파이프를 따라 액체가 펌프질되듯이, 심방과 심실에서 나오고 들어가는 혈액이 신체의 동맥과 정맥을 따라서 순환하는 것이라고 설명하였다. 또한 화학자들은 원자의 운동을 설명하는 데에 태양계의 운동 모델을 이용한다. 심장과 기계 펌프, 원자의 운동과 태양계의 운동에는 어떤 유사성이 있다는 믿음이 없이는 이런 과학적 추론은 불가능하다.

유비 추리의 구조는 대략 다음과 같다.

① 'A'는 'a, b, c'의 성질을 가진다. 'B'도 'a, b, c'의 성질을 가진다.

② 그런데 'A'에 'd'의 성질이 발견된다.

③ 그러므로 'B'에도 'd'의 성질이 발견될 것이다.

이 때 '유비 추리'의 타당성 여부는, 비교되는 두 대상 사이의 '유사성'에 달려 있다고 할 수 있다. 이때 유사성이라는 것이 단순히 속성 간의 표면적인 유사성이 아니라 구조와 구조 간의 혹은 관계와 관계 간의 심층적인 유사성이어야 유용한 유비 추리가 된다. 즉 유사성은 본질적이고도 적절한 것이어야 한다. 그렇지 않은 상태에서 유비 추리에 의해 결론을 이끌어 내면, 그것은 개연성이 거의 없고, 잘못된 결론이 될 수도 있기 때문이다. 예를 들어서, 태양계와 원자모델 간의 유비적인 설명은 그것이 태양과 행성, 그리고 원자와 전자 간의 관계를 적절히 파악하고 수행한 것이기 때문에 설명력이 있는 유비 추리이지만, 같은 태양계 모형을 시계와 유비추리한다는 것은 적절하지 못하다. 시계는 중심이 있고 시계 바늘이 돌아간다는 표면적인 모습만으로 태양계의 운동과 비교한다는 것은 시계의 작동 원리를 모르는 사람에게나 발생할 수 있는 오용의 사례라고 할 수 있다.

동물 실험에서도 이런 사례는 종종 발견된다. 예를 들어 페니실린은 인간에게는 안전하지만 기니피그에는 독성을 나타낸다. 쥐에게는 비타민 C의 섭취가 필요하지 않지만 인간에게는 필요하다. 그러므로 동물 실험의 사례를 인간에게 무한 적용시키는 것은 '성급한 일반화의 오류'를 범하는 것이라고 할 수 있다.

유비 추론은 어디까지나 하나의 추정에 불과하므로 유비 추론의 대상이 실재와 절대적으로 부합한다고는 할 수 없다. 그러나 이미 확정된 사실을 바탕으로 새로운 사실을 미루어 알아내는 데 유비추론은 매우 효과적인 인식의 도구인 셈이다.

유비 추론은 기존의 지식으로 새로운 상황을 다룰 수 있게 한다. 가령 뾰족한 것에 찔렸을 때 고통을 느낀 사람은 다음에는 뾰족한 것에 접근하기를 꺼릴 것이다. 뾰족한 것에 찔렸을 때 고통을 느꼈던 경험이 새로운 상황에 적절하게 긴장감을 부여하는 것이다. 그러나 주지하다시피 뾰족한 것에 찔린다고 해서 항상 고통을 느끼는 것은 아니다. 뾰족하고 단단한 것에 찔려야만 인간은 고통을 느낀다는 것이다. 이때 뾰족한 물건을 형태적이고 형식적으로만 인식한 사람과 밀도와 강도까지를 계산한 사람의 유비 추리의 양상은 다르게 나타난다. 이때 앞의 사람은 표면적 유사성에 주목을 했다고 할 수 있고, 뒤의 사람은 본질적 유사성에 주목을 했다고 할 수 있다.

인간은 하나의 상황을 일회적인 것으로 경험하는 데서 그치지 않는다. 인간은 그 상황을 기억해 두고, 과거의 상황에 대한 기억을 바탕으로 새로운 문제적 상황을 해결한다. 성장이란 체험을 통하여 경험을 증가시키는 것이고, 이 축적된 경험을 바탕으로 미지의 세계에 대한 인식의 능력을 확장시키는 것이다. 반복된 실험을 통해 경험을 증가시키고 이 증가된 경험을 바탕으로 새로운 문제 상황을 유비 추리함으로써 인간은 감각적 경험에 국한된 인식의 지평을 미시적 차원과 우주적 차원까지 확대해 간다.

04

유전자

조작 식품,

무엇이

문제인가?

19세기 영국의 맬서스(T.R. Malthus)는

인구는 기하급수적으로

증가하는데 반해

식량은 산술급수적으로

증가한다는

《인구론》을 발표했다.

식량의 증가 속도가

인구의 증가 속도를

따라 잡을 수 없으므로

인류가 가난에서

벗어나기 힘들 것이라는

어두운 전망에

희망을 준 것은

1950년대와 1960년대를 통한

품종 개량과 비료 개발을 통한

식량 증산이었다.

이른바

'녹색 혁명'이 그것이다.

인류의 식량 불안을 해결해 줄 유전자 조작 생물

그러나 녹색 혁명에도 불구하고 인류의 식량에 대한 우려는 사라지지 않고 있다. 농지 면적이 감소하고 있는 데다 인구는 매년 8천 5백만 명씩 불어나고 있는 상황에서 인구 증가를 감당할 만한 농작물의 획기적인 증가는 어려울 것이라고 비관적 미래를 점치고 있다. 그러나 일부 과학자들은 '제2의 녹색 혁명'이라고 불리는 유전자 조작 농산물이 식량 불안을 해소시켜 줄 것이라는 낙관적 전망을 내놓는다.

넙치가 찬물에서도 잘 자란다면, 찬물에서 잘 자라도록 해 주는 유전자가 존재할 것이다. 그 유전자를 추출하여 다른 물고기에 이식하면 다른 물고기들도 찬물에서 잘 자라지 않겠는가. 이런 발상으로 만들어진 것이 이른바 '유전자 조작 생물'이다. 첨단 과학자들은 여기서 한걸음 더 나간다. 만약 찬물에서도 얼지 않는 부동(不凍) 유전자를 토마토에 이식하면 추운 지방에서도 얼지 않고 잘 자랄 수 있는 토마토를 만들 수 있지 않을까 하는 과학자들의 발상은 이미 현실화되기에 이르렀다. 자연계에서 나타날 수 없는 새로운 생물체를 인간 스스로 창조하기에 이른 것이다. 가히 유전자 혁명이라 할 수 있다.

추운 지방에서도 재배가 가능한 토마토, 보통 딸기보다 1만 배나 단 딸기, 보통 젖소보다 3배 이상의 젖을 짜낼 수 있는 젖소, 잘 썩지 않는 토마토, 주먹만한 밤이 열리는 나무 등을 상상하는 것만으로도 가히 인류의 식량에 대한 불안을 일소하고도 남음이 있다. 더구나 바닷물 속의 염분을 이겨낼 수 있는 벼를 개발한다면 어떨까. 농업 용수로 쓸 수 있는 바닷물은 거의 무한에 가까우니 가뭄을 걱정하지 않아도 될 것이다. 이런 날이 온다면 강우량에 따라 식량 자원이 들쭉날쭉해지는 법도 없을 것이다. 이쯤 되면 유전자 조작 농산물이 식량 불안을 말끔히 해결하리라는 한껏 부풀려진 희망이 근거 없는 것도 아니다. 그러나 유전자 공학이 식량 문제를 말끔히 해결해 줄 수 있을까? 이에 대해 많은 과학자들은 부정적인 답을 내놓는다.

유전자 조작 생물, 무엇이 문제인가?

부정적인 답을 내놓는 이들은 첫째, 유전자 조작 생물이 절대로 안전하지 않다는 점을 지적한다. 유전자는 단독으로 움직이는 것이 아니라 유전자 전체가 하나의 시스템으로서 움직이고 있다. 식물의 잎에서는 잎의 형성과 활동, 줄기에서는 줄기의 형성과 활동에 필요한 유전자가 각각 움직이고 있으며, 움직이지 않는 유전자는 잠자고 있다. 또 성장 과정에서 움직이는 유전자가 변화하기도 한다. 이러한 복잡한 네트워크 속에 다른 종류의 유전자가 들어가게 되면 시스템이 변화되고 생물의 기능과 구조에도 변화가 일어난다. 예를 들면 얼지 않는 부동(不凍)의 유전자를 이식 받은 토마토의 구조에 예기치 않은 변화가 일어날 수도 있다는 말이다. 물론 이는 하나의 가정에 불과하지만, 그런 가능성이 현실화되지 않으리라는 보장이 없다는 점에서 유전자 조작 식품의 위해성이 제기되기도 한다.

1998년 영국 로웨트 연구소의 푸스츠타이 교수는 유전자 조작 생물의 안전성에 의문점을 제기했다. 이 연구소에서는 유전자가 조작된 감자로 쥐를 사육했는데, 이 쥐의 주요 장기가 정상이 아니었고 면역 기능이 약화되었으며 심지어 뇌가 정상보다 작아졌다고 발표했다. 그러나 로웨트 연구소의 푸스츠타이 교수는 해로움이 입증된 렉틴 성분을 먹인 생쥐의 결과와 혼동해서 일어난 해프닝이라고 공식적인 성명을 내게 되었다. 결국 유전자 조작 식품의 위해성은 가능성으로만 남게 되었다.

또한 코넬 대학의 한 연구팀은 유전자 조작 옥수수의 꽃가루를 제왕나비의 애벌레에게 먹였더니 제왕나비의 성장이 현저하게 억제되었다는 보고서를 제출한 바 있다. 그러나 제왕나비 애벌레가 자연 상태에서 실험실에서와 같이 많은 양의 꽃가루를 먹는지는 의문이라는 점에서 코넬 대학의 연구 결과를 반박하는 학자들도 있다. 실제로 2001년 10월에 미국립과학원회보(PNAS)에 발표된 연구 결과에 의하면 유전자 조작 옥수수의 꽃가루가 제왕나비 애벌레의 성장에 미치는 효과는 자연계에서는 거의 무시할 수 있을 정도라고 한다.

미국 의회의 한 위원회는 유전자 조작 식품이 기존의 작물보다 오히려 더 안전할 수 있다며 유전자 조작 식품의 신뢰도를 무너뜨리고 있는 유럽의 활동가들을 비난하기도 했다. 그러나 미국 의회의 발언은 믿을 수 없다는 의견이 제시되기도 한다. 미국은 유전자 조작 산업에 천문학적 금액을 이미 투자한 상태이므로 유전자 조작 농산물 사업을 통한 미국의 이익을 우선적으로 생각하는 의회의 발언은 객관적일 수 없다는 지적이다. 실제로 미국은 1994년 의회에서 유전자 조작 식품을 일반 식품으로 인정하여 따로 유전자 조작 식품으로 표시하지 않아도 된다는 법안을 통과시켰다. 유전자 조작 표시가 일반인들에게 심리적 거부감을 주어 판매에 지장을 초래할 것이며, 이 같은 상황이 21세기 전략 산업으로 규정한 유전 공학 기술 발전에 장애 요인이 될 것으로 판단한 의원들의 국익 우선주의가 법안 통과의 심리적 배경이었을 것이라는 지적이다.

전통적인 육종의 경우 재배종과 야생종 사이의 교배를 통해 야생종의 유용한 유전자를 재배종으로 도입하는 과정을 거친다. 이때 교배 과정에서 원하는 유전자만 재배종으로 유입되는 것은 아니고 다른 유전자 또한 함께 유입될 가능성이 있다. 바로 이 과정에서 유해 물질을 만들어 내는 유전자가 함께 유입될 수 있다. 실제로 전통 육종을 통해 생산된 셀러리와 감자에서 유해 성분이 검출되면서 생산이 중단된 사례가 과거에 실제로 일어나기도 하였다. 이와 달리 유전자 조작 생물을 생산하는 유전 공학 기법으로는 오직 자신이 원하는 유전자만이 도입되므로 유전자 조작 생물이 전통 육종에 의해 생산된 신품종보다 더 안전하다고 해야 한다는 주장도 있다. 정치·경제적 이해 관계를 떠난 합리적인 주장이므로 이에 대한 차분한 검토가 필요하다고 하겠다.

환경 단체들은 유전자 조작 생물의 위해성으로 생태계 교란이라는 환경 문제를 들고 있다. 가령, 유전자 조작 생물의 유전자가 다른 잡초로 유입됨으로써 슈퍼 잡초가 나타날 수 있다는 것이다. 즉 유전자 조작 생물로부터 제초제 저항성 유전자가 잡초로 전이됨으로써 제초제를 처리해도 죽지 않는 강력한 잡초가 나타날 수 있으며, 곤충이 먹으면 죽게 되는 이른바 '제충성 유전자'를 가진 식물을 만들어 냄으로써 생태계의 균형이 깨지게 된다고 일부 환경주의자들은 주장한다.

그러나 곤충들에게 독성을 가진 제충성 유전자를 가진 식물은 특별한 한 종의 곤충에 대해서만 제충성을 가진다고 한다. 예를 들어 'BT toxin'을 가진 유전자 조작 옥수수는 나방목 한 종류의 곤충에 대해서만 제충성을 가진다는 것이다. 그러나 일반 옥수수를 재배할 경우 병충해 방제를 위해서 농약을 처리하면 나방목뿐만 아니라 주변의 거의 모든 곤충을 함께 박멸하게 되므로 살충제를 사용하며 키우는 일반 옥수수가 오히려 생태계 파괴에 치명적이라는 반론도 있다.

환경론자들은 현재 인류가 겪고 있는 식량 문제는 분배의 문제이지 생산의 문제가 아니라는 주장을 펼치고 있다. 이 주장은 상당히 타당성이 있다.

《굶주리는 세계》의 저자 프란시스 라페는 "오늘날 전 세계는 지구상의 모든 사람들에게 하루에 3,500kcal를 공급할 수 있을 만큼의 곡물을 생산한다. 이는 거의 모든 사람을 비만으로 만들고도 남을 정도이다. 게다가 이 추정치는 채소, 콩, 견과류, 뿌리 작물, 과일, 초식 가축과 생선 같은 다른 식량 자원을 합산하지 않은 것이다. 이 모든 것을 합산하면 한 사람이 매일 적어도 2kg의 식량을 공급받을 수 있다." 라고 말한다. 그럼에도 불구하고 수많은 사람들이 굶주리는 것은 어떤 이유에서인가?

이 책은 굶주림에 대한 우리의 잘못된 고정 관념의 허구성(식량이 충분하지 않다, 자연 탓이다, 인구가 너무 많다, 미국의 원조가 기아를 해결한다, 녹색 혁명이 해결책이다 등등)을 폭로한다. 결국 배고픔은 식량의 문제가 아니라 인간의 문제, 즉 분배의 문제라는 것이다. 일한 만큼 보상 받고, 식량을 공정하게 배분하는 민주적인 사회 구조가 선행되지 않는다면 기근은 해결될 수 없다는 것이다.

결국 유전자 조작 생물의 위해성 여부는 정확하게 가려지지 않고 있다. 그러나 유전자 조작에는 도덕적, 윤리적 문제들이 따른다는 점에서 여전히 논란의 소지가 있다.

유전자 조작에 따르는 윤리적·도덕적 문제들

반다나 시바는 《자연과 지식의 약탈자》라는 책에서 지난 천 년이 석유 등 물리적 자원을 둘러싼 갈등의 시대였다면 새 천 년에는 유전 자원과 생물 다양성을 둘러싼 이해 관계가 분쟁의 원인이 될 것이라고 주장한다. 그는 제1세계의 초국적 자본이 제3세계 국가의 생명 자원을 마음대로 변형, 이용하면서 생태계를 파괴하고 이들 나라를 빈곤에 빠뜨릴 것이라고 우려한다. 과거의 농촌 공동체에서는 자연의 다양성을 존중하고 보호하며 개발하는 반면 다국적 기업은 이윤을 좇아 마구잡이로 유전자를 조작하고 생물 자원을 약탈한다.

예를 들어 과거 아시아에는 쌀의 변종이 14만 종이나 있었다. 그러나 다국적 기업들은 그중 다섯 내지 여섯 개 변종들에 대해서만 유전자를 조작하여 쌀을 주로 재배하는 지역에 집중 재배하는 모델로 강요했다. 아시아 국가에서는 이 대여섯 가지 변종 쌀들이 전체 논의 60~70%에서 재배된다고 한다. 미국식 패스트푸드가 각국 고유의 음식을 몰아내듯 다국적 기업에 의해서 유전자 조작된 종자들이 각국의 고유한 종자들을 몰아내고 있는 것이다. 고유한 종자들은 수천 년 동안 토착민들이 개량해 온 결과물로서 인체의 무해성이 입증되었지만, 유전자가 조작된 종자들은 그 무해성이 입증이 되지 않았다. 또한 유전자 조작된 종자들은 환경의 급격한 변화에 적응할지의 여부도 불투명하다. 그럼에도 수익성이 좋다는 이유로 유전자 조작 종자들이 토착종을 몰아낸다는 것이 문제라는 지적이다. 또 토착민들이 오랜 시간 동안 개량해 온 토착종들을 아무런 대가 없이 이용하여 새로운 종자를 만들어 생명 특허를 내어 돈벌이를 하는 것은 '생물 해적질(Biopiracy)'이라고 반다나 시바는 성토한다. 토착적인 공동체에서 농민들의 공동 자산이었던 종자를 다국적 기업이 개량하여 사유화하고 독점하여 엄청난 이익을 올린다는 것이다.

《바이오테크 시대》의 저자 제레미 리프킨은 다국적 기업이 유전자를 통해 어떻게 자신의 이익을 극대화시키고 있는가를 보여 주는 사례를 제시한다. 세계 최대의 종자(種子)회사인 미국의 몬산토 사가 개발한 '터미네이터'라는 유전자가 그 사례의 주인공이다.

이 유전자가 이식된 씨앗은 파종을 하여 수확을 할 수는 있지만 그 씨앗은 다시 얻을 수 없다. 말 그대로 '끝내 주는' 유전자인 셈이다. 결국 이듬해에 파종을 하려면 고가의 비용을 지불하고 그 씨앗을 몬산토 사에서 다시 구입할 수밖에 없다. 이 '터미네이터' 유전자는 어떤 종에도 이식이 가능하다. 가령 잘 썩지 않는 토마토나 잘 얼지 않는 토마토에도 이식이 가능하다는 이야기다. 과연 이 유전자 연구는 누구에게 이익이 되는가. 소비자에게도 농민에게도 이익이 돌아가지 않는다는 것이 제레미 리프킨의 대답이다.

2000년 1월 29일, 유럽을 중심으로 한 50개국이 유전자 변형 작물의 국제적 이동을 규제하는 '카르타헤나 의정서(The Cartagena Protocol on Biosafety to the Convention on Biological Diversity)'에 비준함으로써 유전자 변형 작물을 둘러싼 국제 사회의 논쟁이 일고 있다. 그러나 많은 과학자들이 유전자 변형 작물이 신의 축복인지 재앙인지를 판단하기에는 아직 이르다고 말하고 있다. 유전자 조작 생물의 위해성 여부는 반드시 신중하게 가려져야 할 일이다. 여기에 자국의 정치·경제적 이해 관계가 작용해서는 안 된다.

제시문 (가), (나), (다)를 읽고, 이를 바탕으로 GMO(Genetically Modified Organism: 유전자 변형 유기체)에 대한 자신의 견해를 논술하시오.

제시문 (가)　UN의 예측에 따르면 세계 인구는 끊임없이 증가하여 2070년에는 100억에 이를 것으로 추정된다. 한편, 인구 증가에 따라 세계의 식량 수요도 계속 증가하여 왔다. 지금까지는 식량 증산을 위하여 경지 면적을 확대하고, 화학 비료와 농약을 사용하며, 통일벼와 같은 다수확 품종을 재배하는 방법 등을 이용해 왔다. 그러나 이용할 수 있는 농지 면적은 한정되어 있으며, 잔류 농약 등에 의한 안전성 문제로 인해 화학 비료나 농약 사용에 의한 식량 증산에는 한계가 있다. 또한 소비자의 식품 기호에 대한 욕구도 증가하여, 식량 자원의 품종 개량에 대한 중요성과 필요성이 증가했다. 이에 육종학자들은 새로운 품종을 효율적으로 개발하기 위하여 유전자 재조합 기술을 이용하게 되었다. (「식품의약품안전청」 자료)

제시문 (나)　"Delay (on accepting GMOs) is deadly in this. If they delay long, people are going to die in their countries because there are going to be huge gaps in the (food) pipeline", he said. (Reuters Daily World Environment News, July 29, 2002)

제시문 (다)　These genetically modified foods pose several very real dangers because they have been engineered to create novel proteins that retard spoilage, produce their own pesticides against insects, or allow plants to tolerate larger and larger doses of weed killers. Despite claims that these food products are based on "sound science," in truth, neither manufacturers nor the government has studied the effects of these genetically altered organisms or their new proteins on people—especially babies, the elderly, and the sick.

(Chicago Tribune, September 3, 2000)

우리의 음식 문화, 무엇이 문제인가?

2006년 7월 1일부터 감귤을 왁스로 코팅함에 있어 그 사용량이 최소화되고, 점차적으로 왁스 코팅은 금지될 전망이다. 사람이 먹는 감귤에 왁스 코팅이라니……. 하지만 이는 부인할 수 없는 사실이다. 그뿐이 아니다. 제주도의 많은 감귤 농장들이 귤을 강제로 착색을 하기까지 한다. 노랗게 잘 익은 귤처럼 보이게 하기 위해서 지금까지는 감귤에 에틸렌 가스를 4~7일간 쏘아 강제로 노란색을 입혔고, 또 식용 왁스를 칠하고 섭씨 100도가 넘는 열풍을 쏘아 감귤 표면에 윤기가 흐르게 했다. 그러나 인공 처리 과정에서 품질 저하라는 문제가 생겼다. 강제 착색을 할 때 감귤 꼭지가 갈색으로 변하면서 말라비틀어지고, 신선도도 눈에 띄게 떨어져, 통상 20일 정도까지 보관할 수 있는 감귤이 일주일이 지나면 썩기 시작했다. 그렇다면 사람의 몸에 좋지 않은 줄 알면서도 왜 굳이 감귤을 강제로 착색하고 인공 코팅을 하는 것일까? 바로 상품성을 높이자는 상업적 의도 때문이다.

백미, 정제된 밀가루, 흰 설탕은 보기에는 좋을지 몰라도 건강에 좋지 않다는 것은 이제 알 만한 사람은 다 아는 상식이다. 백미는 섬유질 또는 껍질을 여러 번 도정(원래의 곡식 알갱이의 표면을 기계로 깎아 내는 작업)하여 특유의 부드러움으로 위장 내의 소화 흡수율이 높지만 현미에 비해 영양소가 현저하게 부족하다. 섬유질이 빠진 정제된 곡식류는 당분의 빠른 소화·흡수를 가능하게 하지만 혈당을 급속히 상승시켜 체내 인슐린을 더 많이 소모하게 만든다. 인슐린 소모로 지친 췌장이 더 이상 인슐린을 못 만들어 낼 때 걸리는 병이 당뇨병이다. 그럼에도 불구하고 제과업자들은 보기 좋은 상품을 만들기 위해서 백미와 정제된 밀가루와 흰 설탕 쓰기를 주저하지 않는다.

아이들이 먹는 과자에도 문제는 많다. 공장에서 제조되는 과자는 원가를 절감하기 위해 싼 수입 밀가루를 사용한다. 수입 밀가루는 장기간의 저장을 위해 다량의 살충제를 쓰고 있으며 농약, 화학 비료를 사용한 것이 많다. 또한 우리나라에서 만들어지는 과자에는 '아황산계 표백제'와 같은 첨가물이 무려 348종이나 쓰인다. 첨가물은 과자를 만드는 천연 물질 외에 보존성을 높이고 맛, 향, 외관 등을 개선하기 위해 첨가하는 물질이다. 이러한 화학 첨가물로 인해 면역 저하, 발육 장애, 비만 등의 부작용이 유발될 수 있다.

사람들의 식습관이 육식으로 기울어지면서 소, 닭, 돼지 농가는 최대한 이들을 빨리 키우고 도살해 출하 시간을 줄여야 했다. 그 결과 한우는 평균 28개월, 돼지고기는 180일, 닭은 60일 안팎 무렵에 도살되어 인간의 식탁에 오르고 있다. 비좁은 공간에서 한 마리라도 더 기르기 위해 축사장은 가축들로 빼곡하다. 또 빠른 시간 안에 상품으로 만들기 위해 축산물들에게는 엄청난 양의 성장 호르몬제가 투여된다. 이렇게 길러지는 가축들은 스트레스 때문에 질병에 취약해진다. 이 때 질병을 막기 위해서 엄청난 양의 항생제가 가축들에게 투여된다.

2006년 4월 박용호 서울대 수의대 교수의 연구 결과에 따르면 한국의 소·돼지·닭 개체 당 사료 첨가용 항생제 사용량은 축산 선진국 덴마크보다 많게는 7배까지 높은 것으로 나타났다. 돼지의 경우 우리나라에서는 1마리당 항생제 35mg을 사용해 온 반면 덴마크는 5mg도 사용하지 않았다. 이 엄청난 항생제는 병원균에 대한 내성을 길러 줬다. 이런 고기를 먹는 인간의 건강이 온전할 리가 있겠는가?

에릭 슐로서는《패스트푸드의 제국》이라는 책을 통해 햄버거와 프렌치프라이로 대표되는 패스트푸드 세계의 이면을 적나라하게 파헤친다.

1993년 햄버거를 먹고 복통을 호소하던 700여 명 중 4명이 숨진 '잭 인 더 박스' 사건 이후 50만여 명의 미국인들이 치명적인 이콜리 균 때문에 고생했고 수백 명이 사망했다고 한다. 햄버거에 들어가는 고기 덩어리인 '패티' 한 조각은 수십, 수백 마리의 소로부터 모은 쇠고기로 만들어지는데, 이콜리 균에 감염된 소 한 마리는 3만 2천 파운드의 다진 쇠고기를 오염시킨다고 슐로서는 주장한다. 또한 패스트푸드에 포함된 지방질과 고칼로리, 그리고 이들과 불가분의 소비 관계를 가진 콜라에 포함된 과다한 칼로리가 비만 등 상당한 건강상의 불균형을 초래한다고 한다.

그런데도 정육업계는 문제가 된 육류에 대해 제대로 리콜을 실시하지 않고 있으며, 미국 농림부는 이에 대한 금전적 제재조차 가할 수 없다고 저자는 지적한다. 거대 패스트푸드 업계와 정치권 간의 '끈끈한' 관계 때문이라는 것이다.

이렇게 패스트푸드의 문제점이 사회적 이슈로 떠오르면서 한 환경 단체는 패스트푸드에 반대한다는 '안티 패스트푸드' 운동 출범식을 열어, 전통 발효 식품 등 안전하고 건강한 먹을거리를 되찾는 시민운동을 시작했다. 이는 이른바 '슬로푸드 운동'의 일환으로, 각국의 전통 소농과 기업들을 무너뜨리고 고유의 문화까지도 파괴하고 있는 미국 주도의 신자유주의적 세계화에 반대하고 지구를 살리자는 운동이다. 슬로푸드는 말 그대로 햄버거로 대표되는 패스트푸드(fast food)에 반대해 생겨난 개념으로, 자연의 속도에 맞춰 생산한 제철 식품을 천천히 조리해 자연의 맛을 낸 음식을 가리킨다. 슬로푸드 운동은, 1986년 이탈리아 로마에 맥도널드가 진출하자 맛을 단일화시키고 전통 음식을 소멸시키는 패스트푸드에 대항해 식사의 즐거움, 전통 음식 보존 등의 기치를 내걸고 시작됐다. 슬로푸드 운동의 이념은 1989년 11월 9일 프랑스 파리에서 채택된 슬로푸드 선언문에 잘 나타나 있다.

산업화로 전개된 현대 문명으로 기계가 발명되면서 사람도 기계화되어 가고 있다. 우리는 자본의 독점을 위한 기계적 효율성만을 중시하는 속도의 노예가 되어 우리의 소중한 습관과 가치관을 망가뜨리고 있다. 가정과 사생활을 침해하고, 우리로 하여금 패스트푸드를 먹도록 만드는 빠른 생활이 우리 모두를 중독시키고 있다. 지나친 과소비로 사람과 자연을 멸종의 위험으로 몰고 가는 빠른 속도로부터 벗어나는 유일한 방법은 물질적 무한 소유욕의 유혹으로부터 벗어나는 것이다. 우리는 지역마다 전통 요리의 맛과 향을 다시 찾아 내고, 품위를 낮추는 패스트푸드를 추방해야 한다.

사실 우리에게 슬로푸드는 전혀 낯선 것이 아니다. 몇 달씩 발효시켜 먹어야 하는 고추장과 된장, 청국장, 젓갈, 김치 등이 다름 아닌 슬로푸드이기 때문이다. 프랑스 인들이 슬로푸드 운동을 통해 자국의 와인 문화를 보존하고 있지만 우리는 아직도 우리의 전통 음식에 대한 인식이 부족해 보인다. 김치와 된장과 같은 발효 음식은 과학적으로도 식품으로서의 우수성이 입증되었지만 대규모 공장에서 만드는 김치와 된장에는 여러 가지 인공적 첨가물이 들어가기 때문에 진정한 슬로푸드라고 보기는 힘들다.

《슬로푸드 슬로라이프》의 저자인 김종덕 경남대 사회과학부 교수는 먹거리 선택의 문제는 개인적인 취향의 차원을 넘어서 환경과 농업, 공동체에 영향을 미치는 사회적이고 경제적인 행위이기 때문이라면서 슬로푸드 운동은 속도를 맹신하는 현대 문명에 대항해 음식뿐만이 아니라 생활 전반에서 자연의 속도와 자연의 리듬을 중시하는 자연 친화적인 생활 양식을 옹호하고 있다고 강조한다. 따라서 현재의 슬로푸드 운동은 세계 각국의 지역 음식과 민족 음식 문화를 보호하자는 캠페인부터 학생들을 대상으로 하는 미각 교육, 자동차 대신 자전거를 타고 많이 걷자는 환경 운동, WTO에 맞서 소규모 농업과 지역 농업 지지하기, 유전자 조작 반대, 멸종 위기에 처한 식품과 동식물 보존 운동, 여유와 느림의 미학을 추구하는 '슬로라이프' 운동으로까지 폭넓게 이어지고 있다.

05 _____ 과학적 지식은

대체

누구를 위한

것인가?

세계 최대의

종자(種子)회사인

미국의 몬산토 사가 개발한

'터미네이터'라는 유전자는

말 그대로 '끝내 주는' 유전자.

이 유전자가 이식된

씨앗은 파종을 하여

수확을 할 수는 있지만

성장한 작물에는

씨앗이 달리지 않는다.

결국 이듬해에

파종을 하려면

고가의 비용을 지불하고

그 씨앗을 몬산토 사에서

다시 구입할 수밖에 없다.

이 '터미네이터' 유전자는

어떤 씨앗에도

이식이 가능하단다.

유전자 연구의 허와 실

과연 이 유전자 연구는 누구에게 이익이 될까? 생각해 보라. 한 줄기에 보통 작물의 열 배의 이삭이 열리는 작물을 개발한 뒤 터미네이터 유전자를 이식하면 그 이익은 누구에게 돌아가겠는가. 결국 이 유전자는 자본가에게만 이익을 줄 뿐, 소비자에게도 농민에게도 이익이 되지 않는다는 것이 《바이오테크 시대》의 저자 제레미 리프킨의 대답이다. 《바이오테크 시대》는 생명 공학 기술이 만들어 내는 놀라울 만큼 다양한 성공적 사례와 그로 인한 문제점 그리고 이에 대한 저자의 섬뜩한 경고를 말해 준다.

과학자들은 나무를 고체화하는 유기 물질인 리그닌(lignin)이라는 목질소(木質素)를 파괴할 수 있도록 유전자를 조작한 효소를 만드는 가능성을 생각하고 있다. 과학자들은 이 유전자 조작된 효소를 이용하여 제지 공장에서 흘러나오는 폐수를 정화하거나 생물 재료를 분해시켜 에너지를 얻는다면, 이 효소가 상업적으로 큰 이익을 가져다 줄 것이라고 믿고 있다. 그러나 만약 그 효소를 가진 박테리아가 다른 장소로 이주하여 숲 속에 널리 퍼지게 된다면, 그 박테리아가 나무를 고체화하는 리그닌 물질을 파먹어 들어가 수백만 에이커의 숲을 파괴하는 결과를 가져올 수도 있다.

유전자를 조작하여 해충을 먹이로 하는 육식성 곤충을 만들어 방출하고, 물고기가 더 빨리 더 크게 자라고 차가운 해역에서도 견딜 수 있도록 그 물고기의 유전 암호 속에 성장 호르몬 유전자와 넙치류에서 추출한 부동(不凍) 유전자를 삽입하여 방출할 경우, 만약 이 유전자가 조작된 물고기가 한정된 수역을 벗어난다면, 그 물고기는 그 지역의 다른 토종 물고기보다 더 월등한 경쟁력을 갖게 되어 결국 생태계를 파괴할 수도 있다.

유전자 이식 농작물은 또 다른 방법으로 세계의 유전자 자원을 서서히 고갈시킬 위험이 있다. 종래의 품종 개량 방법이 오랜 기간에 걸쳐서 식물이 저항력을 갖게 하고, 때때로 수백 개의 유전자가 그 저항 형질에 관련되는 데 반해, 유전자 조작 방법은 어떤 가능한 환경으로부터 공격을 피할 수 있도록 하기 위해 저항 형질을 갖는 단지 하나 또는 두 개의 유전자를 삽입하는 데 그친다. 모든 이식 유전자 삽입 방법은, 농작물이 적의 공격에 대해 훨씬 빨리 그리고 더 많은 독을 뿜어 반응하도록 하기 위한 일련의 해법이지만, 그 수명이 짧아 곧 바로 기술적인 난관에 봉착하게 된다. 즉, 유전학자들이 저항 형질을 가진 단지 '하나의 유전자'에 의존함으로써, 해충, 바이러스, 버섯균류는 매우 짧은 기간 내에 그 유전자를 무용지물로 만든다. 그 사이에, 병을 피하기 위해 다양한 방법으로 상호 작용하는 수백 개의 유전자를 가지고 있을지도 모르는 전통적인 변종은, 새로운 이식 유전자를 가진 슈퍼 식물에 길을 열어 주기 위해 포기되고, 결국은 멸종하게 된다.

누구를 위한 유전자 개발인가

하루에도 74종의 동식물이 멸종한다고 한다. 이것은 단순히 열악해진 환경 문제 탓만은 아니다. 다음 사례는 동식물의 멸종에도 정치·경제적 동기가 개입함을 보여 주고 있다.

아시아에는 쌀의 변종이 14만 종이나 있었다. 그러나 다국적 기업들은 그중 대여섯 개 변종들에 대해서만 유전자를 조작해 그것들을 집중 재배하는 모델을 강요했다. 아시아 국가에서는 이 대여섯 가지 변종 쌀들이 전체 논의 60~70%에서 재배된다고 한다.

미국식 패스트푸드가 각국의 고유한 음식을 몰아내듯 다국적 기업에 의해서 유전자 조작된 종자들이 각국의 고유한 종자들을 몰아내고 있다. 농민들은 단지 유전자 조작된 종자가 수익성, 환금성, 효율성이 뛰어나다는 이유로 토착 종자를 포기한다. 하지만 문제는 그렇게 간단하지가 않다. 유전자 조작된 식물들은 환경의 급격한 변화에 기민하게 적응할 수 없다는 것이 문제다. 그러나 환금성 가치에 눈이 어두운 자들은 결코 멀리 보려 하지 않는다. 나중 일이야 어찌 되든 말든 일단은 이익이 되는 종자를 심고 보자는 것이 그들의 생각이다.

유전자 조작 기술은 그 혜택을 만인에게 골고루 가져다 주지 않는다. 냉해로부터 보호하기 위해 넙치류에서 추출한 부동(不凍) 단백질 유전자를 받은 토마토, 감자의 질병에 대한 저항력을 높이기 위해 병아리 유전자가 삽입된 감자를 연구하는 프로젝트는 분명 대규모의 인력과 자금을 필요로 하는 사업이다. 이익이 없는 곳에 투자가 있을 수 없는 법. 점점 증가하는 세계 제초제 시장의 점유율을 높이기 위하여, 화학 회사들은 자기들이 판매하는 제초제에 대한 내성이 강한 유전자 이식 농산물을 개발했다. 특정 상표의 제초제에 대한 내성이 강한 식물을 개발하여 그 종자에 대한 특허를 취득한 후 그 종자를 농민에게 팔면, 종자 시장과 제초제 시장에서 모두 시장 점유율을 높일 수 있으니 일거양득인 셈이다. 제초제를 뿌리는 과정에서 농작물에 해를 끼칠 염려가 적어지면 잡초를 제거하기 위해 농부들은 마음 놓고 제초제를 뿌릴 수 있기 때문에 땅은 그만큼 죽어갈 수밖에 없다. 또한 제초제 사용량이 증가하게 되면 제초제에 대한 잡초의 저항력이 더 커져 어지간한 제초제에도 끄떡 않는 슈퍼 잡초가 생길 수도 있다. 문제는 기업가들이 사태를 멀리 내다보지 않는다는 점이다. 분명한 것은 기업가들이 농작물의 최종 소비자들과 농작물의 모태인 생태계의 건강에는 관심이 없다는 사실이다.

유전자 조작 기술은 정밀한 분석과 실험을 통한 과학적 방법론의 산물이다. 과학적 방법론은 관찰과 실험을 통해 자연 현상을 수량화해서 파악한다. '오늘은 날이 덥다.'가 일상의 언어라면 '오늘은 습도가 80%에 섭씨 31.6도다.'라는 것이 수량화된 과학적 방법론의 언어다. 과학적 방법론은 뭉뚱그려서 말하는 추상적 용어보다는 수학이나 물리·화학 용어와 같이 지시적인 언어를 통해 구체화된다.

오늘날 특허권을 얻기 위해서는 관찰과 실험에 바탕을 두고 추출된 수량화된 데이터를 제시해야만 한다. 특허권을 따내기 위해서는 과학적 문법과 언어에 충실해야 한다. '나뿐만 아니라 여러 사람들이 숲 속에 있는 산수유나무의 열매를 먹었더니 열이 떨어졌다.'는 식으로 해서는 해열제에 대한 특허권을 딸 수가 없다. 특허권을 따내기 위해서는 반드시 관찰과 분석과 실험이 동반된 과학적 방법론을 채택해야만 한다. 산수유나무 열매의 어떤 성분이 인간의 체온을 떨어뜨리는 기능을 하는지에 대한 엄밀한 실험과 분석이 선행되어야만 하며, 산수유 열매가 해열제로서의 부작용은 없는지, 그 안전성에 대해서도 엄밀한 분석이 있어야만 한다.

약탈되는 토착적 지식

이런 과학적 방법론에 바탕을 둔 지식 말고도 우리가 흔히 토착적 지식 혹은 전통적 지식이라고 부르는 지식이 있다. 예를 들어 필리핀의 이고로트 족은 관개 시설을 이용하여 산비탈에 벼농사를 짓고, 밭에서 고구마 등을 재배하며 사는 소수 부족이다. 그들은 다양한 환경과 지형 조건에 맞는 수많은 품종의 쌀을 개발해서, 기후와 토양 조건에 따라 심을 수 있는 쌀의 종자가 한 마을에만 십여 종에 달할 정도이다. 바로 이고로트 족이 쌀의 변종에 관해서 가지고 있는 나름대로의 지식이 토착적 지식 혹은 전통적 지식이다.

그런데 미국과 유럽 등에서 만들어지는 지식은 과학이라는 이름 아래 특허권의 보호를 받지만 이러한 토착적 지식은 아무런 보호를 받지 못한다. 세계 무역 기구의 무역 관련 지적 재산권에 관한 협정(TRIPs, Agreement on Trade Related Intellectual Property Rights)에는 전통적이고 자생적인 토착적 지식의 토대를 이루는 산물에 대해서는 특별한 규정이 없다. 그래서 미국이나 유럽의 다국적 기업, 농업 관련 기업, 생명 공학 기업은 아무런 제재도 없이, 한 푼의 로열티도 지불하지 않고 이러한 지식을 훔쳐갈 수 있다.

메릴 윈 데이비스가 지은 《증오 바이러스, 미국의 나르시시즘》이라는 책은 다국적 기업의 토착 지식 약탈을 소상하게 소개한다.

인도멀구슬나무는 인도에서 메뚜기, 벼멸구, 모기유충, 딱정벌레 등에 효과가 큰 살충제로 이용되었을 뿐만 아니라 궤양, 당뇨병, 피부질환, 변비 등을 치료하는 의약품으로 널리 쓰였다. 1985년 미국의 한 목재상이 인도멀구슬나무 추출물로 마고산이라는 살충제를 만들어 특허권을 얻은 후 그 특허권을 다국적 기업인 그레이스 사에 팔았다. 결국 한 나라의 토착 지식이 엉뚱한 사람들의 배만 불려 놓은 셈이 된 것이다.

다국적 기업의 연구원들은 토착민들의 오래된 지식과 지혜를 약탈하기 위한 조사를 진행하고 있다. 토착민들의 기술, 방법, 지식은 수천 년에 걸쳐 발달해 왔다. 그들은 식물을 타가 수분(他家受粉)하고, 야생 동물을 가축화하고, 약초를 개발하고, 요즘 우리가 생명 공학이라고 부르는 기술, 즉 살아있는 유기체나 유기체의 일부를 이용해 동식물을 개량하는 기술을 수백 년 동안 이용해 왔다.

동식물을 개량함에 있어서 토착민들의 관심은 상품으로서의 이익이 아니었다. 그들의 관심은 그것이 인간의 삶에 주는 편리와 유용성이었고 그런 생각의 중심에는 항상 인간이 있었다. 토착 지식에 있어서는 자본의 증식이 문제가 아니라 인간이 항상 문제였다. 토착적 지식 또한 무수한 시행착오의 결과다. 토착민들은 자신이 택한 방법이 인간에게 해로움을 준다면 과감히 그 방법을 도태시켰다. 이렇게 해서 토착민들에게 의해서 만들어진 방법론은 수백 년 동안의 검증을 통해서 그 안전성이 입증된 것이다. 이와 달리 제레미 리프킨은《바이오테크 시대》에서 유전 공학자들의 손에 의해서 만들어진 결과물들은 그 안전성이 입증되지 않은 것이 부지기수라고 말하고 있다.

많은 사람들이 과학은 객관적 지식의 체계라고 말하며, 이에 별다른 이의를 달지 않는다. 그러나 어떤 것이 객관적이기 위해서는 불편부당(不偏不黨)해서는 안 된다. 다시 말해 어느 한편의 이익 쪽으로 기울어서도 안 되고, 어느 한편의 이해 관계에 얽매어서도 안 된다는 말이다. 그러나 생명 조작의 특허권은 엄밀히 말해서 다국적 기업으로 대표되는 제1세계의 이익을 반영해 주는 지식의 체계이지 인도 국민들이나 태국의 소수 민족의 이익을 반영하는 지식의 체계는 아니라는 것이다. 이런 상황에서 우리는 과학이 대체 누구를 위한 것인가를 따져 물을 수밖에 없다.

과학은 명료한 언어로 자연 현상을 설명해 내는 지식 체계를 가진 사람들을 위한 것이고 그들의 경제상의 이익을 증진시켜 주는 수단이며 도구에 불과한 것일까? 토착 지식은 그것이 명료한 과학의 언어로 정립되지 못한 지식의 체계라는 이유로 폄하되어야만 하는가? 이 모든 질문에 진지한 성찰의 답을 마련하지 못하는 한

과학은 가진 자의 주머니를 부풀리는 도구에 불과하다는 오해를
피할 길이 없을 것이다.

1999년 부산대 2차 모의고사 |

현대 사회에서 미신으로 취급되고 있는 우리 전통 문화 가운데에도 합리성과 과학성을 갖추고 있는 예가 많다. 아래 제시문의 논지를 원용하여, 다른 예를 들면서 우리 전통 문화에 대한 올바른 이해와 계승의 방향을 논술하시오.

제시문 ❶　신생아가 태어났을 때 문간에 두르는 새끼줄을 금줄, 혹은 인줄, 검줄이라고 부른다. 빈부 격차, 신분 고하, 지방 차이를 막론하고 누구든지 출생과 더불어 금줄과 인연을 맺는다. "아들이요, 딸이요?" 하고 따져 물을 것도 없다. 대문에 내걸린 새끼줄이 말해 준다. 빨간 고추가 걸리면 아들, 소나무 가지만 걸리면 딸이었으니 금줄은 그야말로 탄생의 상징과 기호였다.

제시문 ❷　금줄의 역할은 무엇보다 잡인 출입 금하기다. 아기가 보고 싶은 친인척일지라도 삼칠일(21일) 안에는 집안으로 들어가지 못한다. 산모는 삼칠일 동안 미역국을 먹으면서 조신하게 몸조리를 하였고, 삼칠일이 지나야 비로소 해방되었다. 금줄은 '닫힘과 열림'의 경계선이었고, 산모와 아기는 닫힌 성역 속에서 그 안전을 보장받았던 셈이다.

토착적 지식은 비합리적인가?

　'과학사'라고 할 때, 우리는 흔히 탈레스(Thales)의 자연 철학을 시작으로 해서 갈릴레이와 뉴턴 등의 근대 과학을 거쳐 아인슈타인이나 하이젠베르그의 현대 과학에 이르기까지의 서양의 과학사를 떠올리게 된다. 하지만 이러한 서양 중심의 과학사 인식은 세계 역사의 발전에 비추어 볼 때 중대한 문제가 있다. 우선 17세기 무렵까지 인류 문명에서 과학과 기술이 가장 발달했던 곳은 서양이 아니라, 오히려 중국을 중심으로 한 동아시아였다는 사실이다.

　《수량화 혁명》의 저자 앨프리드 크로스비는 유럽이 근대 이전 시기에는 중동이나 아시아 국가보다 한참이나 뒤떨어져 있었다고 말한다. 그러면 어떻게 서양이 동양을 추월할 수 있었을까? 그 비결이 수량화 혁명에 있다는 것이 저자의 설명이다. 그에 따르면 실재라는 것을 수량화된 개념으로 정리하는 유럽 인들의 사고방식이 중세 13, 14세기에 이미 시작됐으며, 그것이 19세기 유럽 제국의 패권을 가져왔다고 말한다. 어쨌든 근대 이전까지만 해도 동양은 서양에 비해 훨씬 뛰어난 문물을 가졌던 것은 틀림이 없다. 특히 일찍부터 농경과 중앙 집권적인 국가 체제가 발달한 중국과 우리나라 등의 동아시아 국가들은 나름의 과학 기술 문명을 크게 발달시켜 왔다.

과학 사학자인 박성래 교수는 《한국인의 과학 정신》 등 일련의 저서를 통해 우리 역사와 전통 속에 살아있는 과학적 사유의 발자취를 추적해 왔다. 그에 따르면 우리가 쓰는 음력은 원래 태양 운동도 함께 감안한 '태음태양력'으로 서양의 양력보다 훨씬 과학적이라는 것이다. 또 피타고라스의 정리를 연상케 하는 '구고현(勾股弦)법'이 이미 삼국시대에 존재했다고 한다. 유학자와 실학자들의 사상에서도 투철한 과학 정신을 엿볼 수 있다.

삼각을 이루는 두 변의 길이가 a, b 이고 직각에 마주보는 대변의 길이가 c 일 때, 피타고라스의 정리에 의하면 $a^2 + b^2 = c^2$ 이다. 즉, 직각삼각형의 짧은 두 변을 길이로 하는 두 개의 정사각형 넓이를 합하면 긴 변을 길이로 하는 정사각형의 넓이와 같다는 의미이다. 우리나라에도 '구고현의 정리'라는 피타고라스 정리와 같은 것이 있었다. 구(勾)는 넓적다리, 고(股)는 정강이를 뜻하며 둘을 직각으로 한 후 엉덩이 아랫부분에서 발뒤꿈치까지가 현(弦)이다. 불국사의 백운교를 옆에서 보면 3 : 4 : 5의 직각삼각형으로 되어 있다. 구고현의 정리는 대규모 건축이나 토목 공사에서 이용되었다.

그러나 이런 일부의 사례를 들어 한국인의 과학적 정신을 말하는 것은 어쩐지 궁색하다는 생각이 든다. 차라리 "전통 과학과 근대 과학은 패러다임이 다릅니다. 우리의 과학 유산이 우수하냐 여부를 묻는 것은 수준 이하의 질문입니다. 시대가 어떤 과학을 원했는지, 그 시대의 과학적 원리는 무엇이었는지를 밝히는 것이 역사적으로 의미 있는 일이죠."라고 말하는 《우리역사 과학기행》의 저자 문중양 교수의 주장이 당당해 보인다. 서양의 과학을 보는 눈으로 동양의 과학을 보지 말아 달라는 주장이다. 우리의 전통 과학도 서양만큼 합리적이라는 주장을 하면서 전통 과학을 자랑거리로 생각하지 말라고 그는 말한다.

책에서 문중양 교수는 첨성대(瞻星臺)를 예로 든다. 첨성대는 신라 선덕여왕 때 만들어진 동양 최고의 천문대이며 우리 조상의 천문 관측 수준이 높았음을 알려 주는 구조물이다. 하지만 그는 첨성대가 불교의 우주관인 '수미산(須彌山)'을 나타내거나 토속 신앙의 제단(祭壇) 역할을 했다는 설(說)에 무게를 둔다. 첨성대는 '별(星)을 바라보는(瞻) 구조물(臺)'이라는 이름을 가졌지만 오늘날의 천문대와는 다르다는 것이다. 문중양 교수는 전통 시대 '천문(天文)'의 뜻이 오늘날과는 달리 별을 관측하는 천문대가 아니라 하늘의 뜻을 물어보는 천문대였다고 설명한다.

근대 과학의 개념과 범주를 통해서 과학을 이해하고, 그 이해를 바탕으로 전통 과학을 바라보지 말라면서 문중양 교수는 "전통 과학 패러다임과 서구 근대 과학의 패러다임이 다르다는 것. 전통 과학을 제대로 이해하려면 근대 과학이라는 필터를 제거하고 특정 시대의 사회문화적 배경을 들여다봐야 한다. 그러나 실제 현실은 그렇지 못하다. 대부분의 사람들은 전통 과학에서 현대 과학과 유사한 형태의 것만을 주목하고 찾으려 한다. 그리하여 현대 과학과 유사한 자연 지식이 많이 등장하는 시대를 전통 과학이 발전했던 때로 이해하며, 그것과 다른 자연 지식들은 반과학으로 여긴다."라고 말한다.

현대 과학과 유사한 자연 지식이 많이 등장하는 시대가 이른바 '조선의 르네상스'로 불리는 세종대왕 시절이다. 문중양 교수는 "세종대의 과학 기술이 찬란했고 그 이후에 잘 계승되지 못했다는 이해는, 현대 과학과 유사한 형태의 전문적인 자연 지식들이 세종대에 방대하게 나타났으며 그것들이 이후에 소멸하는 듯 보이기 때문인 것이다. 그러나 그것이 세종대의 전반적인 모습은 아니었다. 세종대 유학자들의 자연에 대한 자연 철학적 이해가 매우 초보적인 수준에 불과했다는 사실이 그것을 말해 준다. 또한 세계적 수준의 독자적인 역법 《칠정산내편(七政算內篇)》과 세계 최초의 계량적 강우량 측정기인 '측우기(測雨器)' 등은 비록 그 외형적인 모습이 현대 과학과 유사한 형태이지만 그것의 구성 요소인 문화적 배경은 현대 과학과는 판이하게 달랐던 것이다."라고 말한다.

신생아가 태어났을 때 문간에 새끼줄을 두르는 것은 '귀신'이 얼씬거리지 말라는 의미로 받아들인다면 전통 문화는 미신에 불과하다. 그러나 그 '귀신'을 '병균'이라는 의미로 받아들인다면 새끼줄은 '방역'의 의미를 지니게 된다. 오늘날에도 가축의 전염병인 구제역이 심하게 번진 지역에서는 방역줄을 치고 사람들의 출입을 통제하는 이치와 비슷하다. 또한 금줄은 신생아가 태어났으니 이 집 앞에서 크게 소리치지 말라, 함부로 드나들지 말라, 떠들썩한 행위를 하지 말라는 일종의 '요청'으로 이해할 수도 있다. 금줄은 산모와 아이를 보호하려는 배려에서 비롯된 것이지, 귀신과 같은 초월적 존재를 금기시하는 미신에서 비롯된 것은 아니다.

배앓이를 할 때, 전통적인 치료 방식은 아궁이의 그을음을 긁어 먹이는 것이었다고 한다. 훗날 현대 의학은 그을음의 활성탄 성분이 설사를 멈추게 하는 지사제와 같은 구실을 한다는 사실을 규명했다. 아궁이의 그을음의 어떤 성분이 작용하여 배앓이를 없앴는가를 인과적으로 규명한다면 전통적인 '그을음 처방'도 분명 과학이라고 할 수 있다. 어떤 인과적 원인 규명 없이도 그을음이 배앓이 치료에 효험이 있었고, 오랜 시간 동안 그런 처방이 유효했다면 '그을음 처방'도 얼마든지 정당한 생활의 지혜라고 할 수 있다. 인과적 원인 규명이 없었다는 이유만으로 '그을음 처방'을 근거 없는 미신이라고 몰아붙이는 것도 정당한 태도는 아니다.

앤드류 비티의 《자연은 알고 있다》는 토착적 지식을 근거 없는 미신이라고 볼 수 없는 수많은 사례를 소개하고 있어 흥미롭다. 그 중의 하나를 주목해 보자.

천적보다 무서운 질병에 대항하기 위해서 개미들은 몸 안에 항생제 성분을 분비하는 기관을 발달시켜 왔다. 이 분비 기관들은 개미의 뒷다리 바로 위에 있다. 이곳에서 분비되는 '메타플러린'이라는 화학 물질이 박테리아나 진균류의 접근을 막아 주는 강력한 살균 물질이다. 비유해서 말하자면 개미의 분비 기관들은 개미의 항생제 연구 개발에 약 600만 년 이상의 시간을 쏟아 부었다고 할 수 있다. 현대 과학자들은 바로 이 개미의 분비 기관을 연구하여 살균제로 특허를 낸다.

앤드류 비티는 여기에 흥미로운 에피소드를 덧붙인다. 개미의 항생 물질 이야기가 오스트레일리아의 한 국영 방송의 전파를 탔을 때의 일이다. 이 프로그램을 시청을 한 할머니가 개미 항생제 연구를 한 과학자에게 전화를 걸었다고 한다. 그 할머니는 자신이 어렸을 때, 상처가 나면 그녀의 어머니는 깨끗한 천을 가지고 가서 개미집 위에 올려놓고 나뭇가지로 개미집을 들쑤셨다고 한다. 그 천이 개미들로 새까맣게 뒤덮이면 나뭇가지로 천을 들어 올려 개미들이 떨어져 나갈 때까지 흔든 후, 천으로 그녀의 상처를 감싸주었다고 한다. 깨끗하게 상처가 치료되었음은 물론이다.

개미가 분비하는 '메타플러린'이라는 항생제의 이름을 몰랐다고 해서 할머니의 토착적 지식을 미신이라고 단정 짓는 것은 섣부른 판단이다. 현대 의학자들도 토착적 지식의 도움을 받는다고 한다. 구더기 치료법이 그 예다.

과거에 전쟁터에서 부상자들의 썩어 가는 상처에 구더기들이 생기고 나면 상처가 깨끗해지는 것이 목격되기도 했다. 효과적인 치료법이 등장하기 전에는 전쟁터에서 상처를 드러낸 채 쓰러진 병사들이 구더기들 덕분에 비교적 좋은 상태를 유지하는 모습을 자주 볼 수 있었다. 이는 구더기들이 죽은 조직과 상처 표면을 갉아먹고 박테리아들이 성장할 수 없도록 항생 물질을 내어 알칼리성 환경을 만들기 때문이라는 것이다. 바로 이런 민간 지식을 이용해 오늘날 현대적인 첨단 장비를 갖춘 병원에서도 상처에 치명적인 항생제 내성 박테리아가 침입하면, 의사들은 종종 최후 수단으로 구더기 치료법을 쓰기도 한다고 책은 소개하고 있다.

오랜 세월 동안 경험을 통해 그 안전성이 입증된 토착적 치료 방법과 현대 과학에 바탕을 둔 첨단의 치료 방법이지만 부작용을 야기할 위험이 있다면, 과연 어떤 방식을 선택하는 것이 바람직하다고 할 수 있을까. 토착적 지식을 미신이라고 몰아붙이지 말고 그것의 과학적 토대를 연구해야 하는 것이 과학자의 올바른 태도다. 아울러 과학이라고 해서 그것이 절대적이라고 생각하는 독선에서 벗어나 토착적 지식을 포용할 수 있는 보다 열린 태도가 필요하다고 하겠다.

06

생명은

과연

분석의 대상이

될 수 있는가?

도구란 어떤 목적 달성을 위한
기술을 의미한다.
옷은 체온을 유지하고 신체를
보호한다는 목적을 가지고,
냉장고는 음식물을 신선하게
보관한다는 목적을 가진다.
모든 도구는 이 목적을 위해 존재한다.
일정한 목적에 부합하지 않는다면
도구는 도구로서의 의미를 상실한다.
옷이 낡아 체온 유지와
신체 보호의 기능을
수행하지 못한다면 우린 그것을 잘라
걸레로 사용할 수 있다.
이렇게 되면 낡은 옷은 옷으로서의
도구적 기능은 상실하지만
'걸레' 라고 하는
새로운 도구로서의 기능을
새로 획득하게 된다.

도구란 대체 가능한 것이다

하나의 도구가 두 개의 기능을 수행할 수도 있고 그 이상의 기능을 수행할 수도 있다. 드럼통이 타악기로도 활용될 수 있듯이 톱은 물체를 자르는 절단 기능 이외에도 악기로서의 기능도 얼마든지 훌륭하게 수행할 수 있다. 컴퓨터는 텔레비전과 라디오와 신문과 잡지 등의 복합적인 기능을 수행한다는 점에서 '멀티미디어'라고 불리기도 한다. 카메라폰, MP3폰, DMB폰……. 기술이 발전하면 할수록 한 가지 도구가 여러 가지 기능을 수행할 수 있게 된다.

도구는 낡으면 대체가 가능하다. 차도 낡으면 새로운 기종으로 대체할 수 있다. 대체 비용이 높지만 않다면 누구나 새로운 도구를 갖기를 바란다. 낡아서 시간이 잘 맞지 않는 시계보다야 시간도 잘 맞고 고도(高度)나 혈압 수치까지 알려줄 수 있는 첨단 시계가 있다면 이를 마다할 사람은 없다.

그러나 낡은 시계를 고집하는 사람도 있다. 전광용의 소설 《꺼삐딴리》의 주인공 이인국 박사가 바로 그다. 그는 밤에 잘 때에도 시계를 머리맡에 풀어놓거나 호주머니에 넣은 채로 버려두지 않는다. 반드시 풀어서 등기 서류, 저금통장이 들어 있는 비상용 캐

비닛 속에 넣고서야 잠자리에 든다. 자신의 출세와 영달(榮達)에만 관심이 있는 이 이기주의자가 왜 이 낡은 시계를 애지중지할까? 거기에는 그럴 만한 이유가 있었다. 이 시계는 제국 대학을 졸업할 때 받은 명예로운 수상품이기 때문이다. 이 시계는 이인국 박사에게 자신이 수재라는 사실을 끊임없이 상기시켜 준다. 그러므로 이인국 박사에게 있어서 이 시계는 시간을 가리키는 도구로서의 시계가 아니라 자존심을 지켜 주는 도구로서의 시계인 셈이다. 시간을 가리키는 객관적 도구성 대신에 이 시계는 새로운 주관적 도구성을 획득하게 된 것이다.

만약에 그 시계가 시간을 재는 도구로서만 의미가 있다고 한다면 이인국 박사는 그 시계를 애지중지했을 까닭이 없다. 만약 그에게 더 좋은 시계, 더 값비싸고 세련되고 품위 있게 보이는 시계로 바꾸어 주겠다고 누군가가 제안했다면 이인국 박사는 이런 제안에 주저 없이 동의했을 것이다.

도구는 대체 가능한 것이다. 더 좋은 성능, 더 좋은 질의 시계나 컴퓨터를 갖는 것은 신나는 일이다. 지금 가지고 있는 MP3보다 음질도 뛰어나고 메모리의 양도 훨씬 많고, 게다가 디자인까지 끝내 주는 MP3를 갖는다는 것도 기분 좋은 일이다. 그러나 이인국 박사에게서처럼 시계가 단순한 도구 이상의 의미를 지닐 때는 문제가 달라진다. 그 시계가 친구가 우정의 정표로 내게 준 것이라면 그 시계를 함부로 할 수가 없다. 그 시계가 아버지께서 돌아가시면서 남겨 주신 유품이라면 더더욱 그렇다. 추억이 담긴 물건, 사연이 담긴 물건은 함부로 대체할 수 없다. 그것은 기능이나 효용을 떠난 존재, 돈으로 환원될 수 없는 성질의 것이다.

도구는 대체 가능한 것이지만 '존재'는 대체 불가능한 대상이다. 어머니가 교양이 없다고 해서 어머니를 바꿀 수 없고, 아들이 말을 안 듣는다고 해서 아들을 바꿀 수는 없다. 더 뛰어난 미모와 인간성을 가진 존재로 나의 애인을 바꾸고 싶다면 이미 그녀는 나의 애인이 아니다. 이 세상에 하나밖에 없는 유일무이한 존재로서 그녀를 받아들일 때 나는 그녀를 사랑한다고 할 수 있다.

물론 요리사는 요리를 더 잘하는 요리사로 대체가 가능하고, 스키 강사는 스키를 더 잘 타는 강사로 바꿀 수는 있다. 바로 이런 관계가 도구적 관계다. 도구적 관계는 계약으로 성립한다. 신문배달부, 운전사, 보험외판원 등 우리의 생활의 많은 부분은 도구적 관계에 의해서 지탱된다. 이 도구적 관계에 있어서 피고용인은 고용인에게 더 좋은 서비스를 제공하는 한 대체되지 않는다. 고용인과의 계약을 충실히 이행하지 못하고서 해고 통지를 받은 피고용인은 어디에 가서도 하소연할 수 없다. 도구적 관계는 냉정한 관계다. 계약의 내용은 철저하게 이행되지 않으면 안 된다.

그러나 어버이와 자식의 관계, 친구 사이의 관계, 연인 사이의 관계는 이와는 다르다. 그것은 차디찬 관계가 아니다. 그것은 신뢰와 사랑을 기반으로 한다. 약속을 지키지 못했다고 해서 만남을 냉정하게 청산할 수 있는 그런 관계가 아니다. 우리의 사회 생활은 도구적 관계에 의해서 지배될지 몰라도 우리의 사적인 생활은 어버이와 자식의 관계, 친구와 친구 사이의 관계, 연인 사이의 관계와 같은 '부드러운' 관계에 의해서 정서적 안정성을 확보하게 된다.

과학은 분석을 통해 사물을 바라본다

우리가 어떤 사물을 도구적 관점에서 바라본다는 것은 그 사물을 기능과 효용과 경제성의 관점에서 바라본다는 뜻이다. 어떻게 하면 이 물질을 유용하게 이용할 수 있을까, 어떻게 하면 좀 더 튼튼하고 값싼 건축 재료를 얻을 수 있을까, 어떻게 하면 이 기계의 성능을 향상시킬 수 있을까. 과학자나 기술자는 사물을 도구적 관점에서 바라본다. 과학자는 한 그루의 나무를 바라볼 때 대개는 그 나무의 효용과 쓰임에 관심을 가진다. 한 조각의 돌이라도 그것을 유용하게 사용하기 위해서는 그 돌의 성질을 알아야 한다. 돌의 성질을 알기 위한 일련의 과정이 분석(分析)이다.

'분(分)'은 나눈다는 의미이고 '석(析)'은 쪼갠다는 의미이다. 물은 산소(O)와 수소(H)로 쪼갤 수 있고, 소금은 나트륨(Na)과 염소(Cl)로 쪼갤 수 있다. 사물을 나누고 쪼개어 봄으로써 사물의 본질을 더 잘 이해할 수 있다는 것이 실험과 관찰을 선호하는 과학자들의 신념이다.

의학의 혁명은 보통 윌리엄 하비(William Harvey)가 혈액의 순환을 처음으로 발견한 사건을 시발점으로 삼는다. 그는 〈심장과 피의 운동에 대하여〉라는 논문을 발표하여 그 전까지 많은 사람들이 생각했던 것과는 달리 피가 심장에서 온몸으로 뿜어져 나갔다가 다시 심장으로 돌아온다는 사실을 처음으로 주장했다.

윌리엄 하비 이전까지는 피가 간에서 새어 나와 알려지지 않은 힘에 의해 몸속으로 이동한다고 믿었다. 그러나 하비는 양의 목 동맥을 잘라서 피가 솟아 나오는 모습을 보고 피가 간에서 '새어 나오는' 것이 아니라는 것을 알았다. 하비는 동물과 인간의 한시도 쉬지 않는 근육 덩어리, 즉 심장이 이 역할을 담당하는 것도 발견 했다. 하비는 죽은 사람의 심장을 해부해서 심장에 약 $3/4 dl$(작은 컵 한 잔 분량)의 피가 담길 수 있다는 것을 확인했다. 심장은 수축 할 때마다 $70 cm^3$의 피를 몸으로 밀어 보내며 1분에 보통 70번에 서 80번 박동한다. 이를 단순 계산법으로 적용하면 1분에 $5l$의 피, 1시간에 $300l$가 넘는 피를 내보낸다는 놀라운 결과를 얻을 수 있다. 이 수치는 성인 남자 몸무게의 2배에 해당하는 양으로 인간 의 몸이 이렇게 많은 피를 매일 생산한다는 것은 상상할 수 없는 일이었다. 이 사실을 근거로 하비는 피가 연속적으로 순환한다는 결론을 내렸다.

분석의 대상으로만 생명체를 바라볼 수는 없다

몸을 쪼개고 분석하는 해부학적인 작업을 통해서 하비는 피의 순환을 증명해 낸다. 이렇듯 분석적 방법은 과학자들에게는 대상 의 본질을 탐구하는 데에 커다란 도움을 준다. 그러나 쪼개는 것 만이 능사가 아니라는 교훈을 주는 이야기가 있다. 그 유명한 〈솔로몬의 재판〉 이야기가 그것이다.

　　B.C. 961년 경, 솔로몬 왕에게 여자 둘이 찾아왔다. 둘 다 같은 때에 아이를 낳았는데 한 아이가 죽었다. 그런데 두 엄마 모두 살아 있는 아이가 자기 아이라며 판결을 내려 달라고 했다. 백성들은 이제 막 왕이 된 20대 청년의 판결을 관심 있게 지켜보았다. 솔로몬은 엄마가 둘이니 아이를 반으로 나누라고 했다. 그러자 진짜 엄마는 자기 아이가 죽는 게 슬퍼서 다른 엄마에게 양보를 했다. 가짜 엄마는 어차피 할 수 없으니 나누라고 했다. 진짜 엄마가 밝혀졌다.

　　아이를 반으로 나누자고 한 사람은 가짜 엄마였다. 그러나 그럴 수 없다고 한 사람은 진짜 엄마였다. 아이의 진짜 엄마가 아이를 반으로 나누는 것을 반대한 이유는 분명하다. 나눔은 곧 아이의 죽음을 의미하기 때문이다.

　　인간은 쪼갤 수 있는 대상이 아니다. 사람을 구성하고 있는 일부인 손톱이나 머리카락은 사람이라고 할 수 없다. 사람은 쪼갤 수 없는 전체다. 그러나 나눔과 쪼갬의 대상이 아이가 아니라 돌멩이라면 문제는 다르다. 커다란 돌멩이는 쪼개어도 돌멩이다. 철광석의 일부를 떼어 낸다 해도 여전히 철광석이다. 그렇다면 생명이 있는 생명체는 어떨까. 호랑이의 일부를 호랑이라고 할 수 있으며, 강아지의 일부를 강아지라고 할 수 있을까. 그렇지 않다. 생명이 있는 유기체는 쪼개거나 나눌 수 없는 전체이기 때문이다.

　　솔로몬의 재판에서 아이의 진짜 엄마는 아이를 쪼갤 수 없는 하나의 전체로 보고 있지만 가짜 엄마는 쪼개어도 무방하다고 보고 있다. 바로 두 엄마의 차이가 사물을 대하는 과학과 종교의 차이라고 할 수 있다.

사물에 대한 종교적 관점을 잘 보여 주는 것은 수꾸아미 족의 한 인디언 추장이 1855년 플랭클린 피어슨 대통령에게 보낸 것이라고 알려진 편지다. 이 편지에서 인디언 추장은 이렇게 말하고 있다.

어떻게 당신은 하늘을, 땅의 체온을 사고팔 수 있다고 생각하십니까? 그러한 생각은 우리에게는 매우 생소합니다. 우리는 신선한 공기나 반짝이는 물을 소유하고 있지 않습니다. 그런데 어떻게 당신이 그것들을 우리에게서 살 수 있겠습니까? (중략) 이땅의 구석구석은 우리 인디언들에게는 신성합니다. 빛나는 솔잎들이며, 해변의 모래톱이며, 어둠침침한 숲 속의 안개며, 노래하는 온갖 벌레들은 우리 인디언들의 기억과 경험 속에서 성스런 것들입니다.

이 편지에서 인디언 추장은 사물을 대체할 수 있는 것, 쪼갤 수 있는 것, 즉 도구로서 바라보지 않는다. 그에게 있어서 사물은 신령스러움을 간직한 그 무엇이다. 마치 아버지가 아들에게 유품으로 남겨 준 시계처럼 그것은 단순한 사물 이상의 존재다. 아버지께서 주신 유품을 팔아치우는 것이 아버지에 대해 불경스런 행동이듯이 하늘과 땅과 물을 팔아 버릴 수 없다는 것이 인디언 추장의 생각이다.

그러나 과학자나 기술자의 생각은 이와 다르다. 사물의 본질을 잘 이해하여 그것을 인간에게 유용한 도구로 변환하자는 것이 그들의 생각이다. 과학자나 기술자의 생각이 틀렸다고는 할 수 없다. 과학 기술을 통하여 인류의 삶을 풍족하게 만들겠다는 그들의 생각은 그 자체만으로는 숭고하다. 하지만 세상에 존재하는 모든 사물들이 쪼개고 분석할 수 있는 도구적인 대상만은 아니라는 사실에 대해서도 깊은 성찰이 요구된다.

1999년 이화여대 |

분자생물학 등 현대 자연 과학의 발달이 전통적 인간관에 영향을
미친다는 주장이 있다. 아래의 제시문 (가)와 (나)의 견해에 대한
자신의 입장을 밝히되, 글 (다)를 참조하여 논술하시오.

제시문 (가)　　분자 생물학자들은 모든 생명체의 기초는 유전자라고 한다. 일
부 학자들은 생명체들의 모든 특징이나 기질은 물론, 인간의
행위 방식, 심지어 성품까지도 유전자에 의해 결정된다고 주장
한다. 실제로 동물들의 유전자를 분석해 보면, 길이 1mm밖에
안 되는 미물인 선충(線蟲)과 인간 간의 유전자적 동일성은
40%에 이른다. 인간과 오랑우탄 간의 유전자적 동일성은
96.4%나 된다. 나아가 인간과 침팬지 간의 유전자적 동일성은
98.4%에 이르며, 양자간의 차이는 겨우 1.6%에 불과하다. 다
시 말해서, 유전자적 관점에서 보면 인간은 거의 침팬지와 같
은 존재라는 말이다.

제시문 (나)　　맹자께서 말씀하셨다. "사람들은 살기를 원하지만, 삶보다 더
간절히 바라는 것이 있으므로 구차하게 삶을 얻으려 하지 않는
다. 사람들은 죽기를 싫어하지만, 죽음보다 심하게 싫어하는
것이 있으므로, 죽음을 가져오는 환난을 피하려 하지 않는다.
만약 사람이 삶보다 더 간절히 원하는 것이 없다면, 살기 위해
서는 무슨 일이라도 할 것이 아니겠는가? 사람에게 죽음보다
싫어하는 것이 없다면, 죽음을 피하기 위해서는 무슨 일이라도
할 것이 아니겠는가?"

제시문 (다) 알프스 영양(羚羊)들이 당신들을 잘 피할 수 있었던 것은 아마도 그들이 사람들처럼 생각을 하거나 말을 할 수 없었기 때문일 것입니다. 그들의 모든 기능은 산악 지대에서 어떠한 공격을 만나도 몸을 안전하게 피할 수 있도록 특수화되어 있습니다. 어떤 동물종(動物種)은 자연도태의 결과로 어떤 특정한 육체적 기능을 거의 완벽에 가까울 정도로 발달시키고 있습니다. 그럼으로써 동물종은 생존 경쟁에서 살아남기 위하여 바로 이러한 특수화된 기능에 의존하고 있는 것입니다. 그런 까닭에 외계의 조건이 심하게 변하면 이들은 변화된 환경에 순응하지 못하고 죽고 맙니다.

생명을 과학적으로 규명할 수 있는가?

나무를 분석해서 나무껍질의 구성 요소를 밝히고, 나무가 하늘을 향해 뻗어 가고, 뿌리가 땅 속으로 뿌리를 내리는 원리를 발견했다고 하자. 또 왜 가을에는 잎이 지고, 봄에는 꽃이 피는지, 그 원리를 분명하게 규명했다고 하자. 그러나 그런 분석만으로도 풀리지 않는 수수께끼가 있다. 왜 나무가 이 세상에 존재하는지, 물과 햇빛과 공기라는 공통의 질료만을 가지고도 어떻게 해서 나무들은 저마다의 색깔과 형상을 가진 열매를 맺는지. 진화론은 생명에 관련하여 많은 사실을 알려 주지만 생명이 보여 주는 다채로운 현상들을 설명하기에는 역부족이다.

박성룡의 시 〈과목(果木)〉을 보자.

> 과목에 과물(果物)들이 무르익어 있는 사태처럼
> 나를 경악케 하는 것은 없다.
> 뿌리는 박질 붉은 황토에
> 가지는 한낱 비바람들 속에 뻗어 출렁거렸으나
> 모든 것이 멸렬(滅裂)하는 가을을 가려 그는 홀로
> 황홀한 빛깔과 무게의 은총을 지니게 되는
> 과목에 과물들이 무르익어 있는 사태처럼

나를 경악케 하는 것은 없다.(하략)

   과일나무에 과일이 달리는 것은 상식이다. 너무도 상식적인 일이라서 사람들은 나무에 과일이 달리는 것을 의심을 가지고 바라보지 않는다. 나무에 과일이 달리는 것을 보고 경악하는 일은 없다. 그러나 과학자는 그 당연한 상식을 의심하고 어째서 과일나무에 과일이 달리는가를 탐구한다. 성분을 밝히고, 근원을 추적하면서 과학자들은 하나의 현상 뒤에 감추어져 있는 배후를 탐색한다. 이런 과학자들의 지적인 호기심이 수많은 발견과 발명을 가능하게 하는 인식의 힘이다.

   그러나 과학자들과는 다른 방식으로 시인 또한 하나의 나무에 의심을 품는다. 왜 꽃이 지면서 과일이 열리는 것일까. 대체 나무에 과일을 열리게 하는 힘은 무엇일까. 무〔無〕에서 어떻게 있음〔有〕이 가능한 것일까. 어떤 나무에는 사과가 달리는데 어떤 나무에는 감이 달리는 것은 무슨 이유일까. 과학적 탐구만으로는 풀 수 없는 것들에 접근하기 위해서 시인들은 상상력을 동원한다. 그 상상력이 〈과목〉과 같은 한 편의 시를 완성한다. 그 시는 나무의 본질에 관련한 해답이 아니라 나무의 본질을 묻는 질문이다. 그 질문을 통해서 자연과 생명을 바라보는 우리들의 인식은 풍부함과 깊이를 획득한다.

   과학에서 말하는 생명의 정의는 대략 생리적 정의, 대사적(代謝的) 정의, 유전적 정의, 생화학적 정의, 열역학적 정의의 다섯 가지로 나누어 볼 수 있다.

   생명에 대한 생리적 정의에서는 먹고 배설하고 호흡하고 신진

대사를 하며, 자라고 움직이고 생식 작용을 하며 외부 자극에 대해 일정한 반응을 나타내는 것 등의 생리 활동을 지닌 대상을 생명체라고 규정한다. 이는 생명에 대한 상식적 규정이라고 할 수 있지만 생명의 본질 규명에는 미흡한 규정이라고 할 수 있다.

생명의 대사적 정의는 생명의 여러 특징들 가운데 생명의 신진대사가 가장 본질적인 것이라고 규정한다. 즉 생명체는 일정한 경계를 지니고 있는 체계로서 외부와 끊임없이 물질 교환을 수행해 나가는 존재라고 규정한다. 그러나 이런 정의에도 문제는 있다. 식물의 씨나 박테리아의 포자 등은 상당 기간 이러한 대사 작용이 없이 존재할 수 있기 때문이다.

생명의 유전적 정의에서는 생명의 본질적 특성을 한 개체가 자신과 닮은 또 하나의 개체를 만들어 내는 생식 작용의 특성을 지닌 것으로 규정한다. 이 정의는 생물의 진화 문제와 밀접히 관련됨으로써 생명의 본질적 이해에 한층 가까이 접근한 것이라고 말할 수 있다. 그러나 여기에도 예외가 존재한다. 노새와 같은 특정의 잡종들은 다른 모든 점에서는 생명체와 다름이 없지만 생식 능력만은 지니고 있지 않다.

생명의 생화학적 정의에서는 생명의 특성을 나타내는 가장 기본적인 물질 형태가 유전적 정보를 함축하고 있는 핵산 분자들, 즉 DNA 분자들과 생물체 내의 화학적 반응들을 조절하는 단백질 분자들이라고 보아, 이러한 물질들을 함유하고 있는 체계를 생명체라고 보는 입장을 취한다. 그런데 여기에도 예외가 있다. '스크라피(scrapie)' 병원균은 아무런 핵산 분자를 지니지 않으면서도 숙주의 핵산 분자들을 교묘하게 활용함으로써 스스로의 번식을 이루어 나간다.

생명에 대한 열역학적 정의는 생명을 자유 에너지의 출입이 가능한 하나의 열린 체계로 보고, 낮은 엔트로피, 즉 높은 질서를 지속적으로 유지해 나가는 특성을 지니는 것으로 규정한다. 그러나 이런 정의에도 문제는 있다. 만일 이러한 기능을 지닌 인위적 물질 체계가 형성되어 인간의 도움 없이 상당 기간 안정적인 기능을 유지해 간다면 이것 또한 생명으로 볼 것인가 하는 문제가 있다.

독일의 시인 휠덜린(J. C. F. Hölderlin)은 다음과 같이 지적한다.

하나의 풀포기를 그저 냄새 맡아서는 그것이 무엇인지를 모른다. 무슨 풀포기인지 알기 위해 그것을 뽑아 보는 사람도 역시 그것을 알 수 없다.

분석과 사색을 통해서 자연의 비밀과 자연의 신비에 도달할 수 없다는 이야기다. 그러나 과학은 끊임없이 자연의 신비를 벗겨 냈다. 이런 탈신비화를 통해서 사람들은 더 이상 달에는 토끼가 살지 않으며, 나무에는 초월적인 정령들이 깃들어 있지 않다고 생각한다.

과학의 시대에 자연에 대한 경외심이 설 자리는 좁아졌다. 하지만 첨단 과학의 시대에도 여전히 생명은 신비롭다. 눈물의 성분을 분석하여 눈물이 짠 이유를 분석적으로 규명할 수 있다고 할지라도 왜 슬픔이 눈물을 동반하는지, 왜 인간은 기쁠 때도 눈물을 흘리게 되는지를 과학으로 설명하기에는 아직은 역부족이다.

생명은 설명할 수 있는 것들과 설명할 수 없는 것들의 총체다. 과학적 세계관으로만 생명을 바라보는 데 한계가 있는 것도 이런 이유 때문이다.

07

과학적

탐구 활동에서

차지하는

수학의 역할은

무엇인가?

하나의 대상이
그것을 보는 자들에게 한결같은
형상으로 보일 수는 없다.
시장[허기]이 반찬이라고
배고픈 자에게 한 조각의 빵은
더없이 크게 보일 것이고,
짝짓기를 하고픈 욕망을 가진
수컷에게 암컷은 더욱
아름답게 보이기 마련이다.
듣고 보는 감각의 경험은
신체와 결부되어 있으며
개인에게 주어진 신체의 조건은
저마다 다르므로 감각이
제공하는 모습은 각양각색이다.
이렇듯 감각은 상대적이고
불완전한 것이어서 감각은
진리의 토대가 될 수 없다고
생각한 이는 플라톤이었다.

수학은 가장 순수하고 추상적인 학문

플라톤(Platon)은 진리는 감각을 떠난 곳에 있다고 생각했다. 그러나 우리가 살고 있는 세계는 보고 듣고 냄새 맡는 감각의 세계다. 감각의 세계에서 모든 사물은 생성과 소멸의 운명을 겪는다. 생성과 소멸의 세계는 곧 우리의 몸이 거주하는 시간의 세계, 형이하학의 세계다. 플라톤은 시간을 초월한 절대적인 영역이야말로 진리의 영역이라고 생각했다. 항상 존재할 뿐 절대로 형성과정에 있지 않은 것에 관심을 기울이라고 플라톤은 권했다. 시간을 초월하는 불변의 존재만이 진리가 될 자격이 있다는 것이 플라톤의 생각이었다. 그는 절대적 아름다움과 선과 정의, 그리고 오직 관념 속에서만 존재하는 완전한 원과 같은 비시간적이고 관념적인 것만이 진리의 영역에 들 수 있다고 보았다. (한 점에서 같은 거리에 있는 점의 집합으로 정의될 수 있는 원이 존재하는 곳은 머릿속이다. 완전무결함은 현실의 영역이 아니라 관념의 영역이다.)

수학은 실험이나 관찰 등 감각적인 작업을 전혀 하지 않는다는 점에서 가장 순수하고 추상적인 학문이다. 수학은 제로(0), 마이너스(-), 점, 무한(∞) 등 현실적으로 존재하지 않는 것들을 대상으로 할 수 있고, 이들에게 적극적인 의미를 부여한다. 수학의 세계는 숫자와 방정식, 공식의 세계로서 감각적인 현실 세계와 명확히 구분된다.

'2'라는 숫자마저도 현실에 존재하지 않는다. 현실에 존재하는 것은 두 권의 책과 두 개의 사과뿐이다. 두 권의 책과 두 개의 사과는 질적으로 엄청난 차이를 가진다. 수학적 사고는 그 '질'의 차이를 관념 속에서 배제한다. '2'는 결국 추상적인 '양'의 세계다. 감각적 현실보다는 관념을 중시한 플라톤은 그런 점에서 순수 수학을 진실한 존재를 포착하게 해 주는 철학의 일부분이라고 보았다.

수학은 현실과 밀접한 학문이다

수학이 추상적 실재와 관계하고 있다고 해서 경험의 세계와 동떨어져 있다고 생각하는 것은 속단이다. 아리스토텔레스(Aristoteles)는 "수학의 고상함은 아무것에도 봉사하지 않는다는 사실에서 발견된다."고 말했지만, 수학의 도움이 없이는 간단한 셈, 가계부 정리, 은행통장 정리 등 일상생활의 문제들을 해결하기 어렵다. 뿐만 아니라 인공위성의 궤도 추적은 물론 교역, 분배, 과세 등 인류의 사회생활의 필요한 모든 계산을 수학이 담당해 왔으며, 농경 생활에 필수적인 천문 관찰과 달력의 제정, 토지의 측량 등에 수학이 깊이 관여해 왔다는 점에서 수학은 현실과 매우 밀접한 관련을 가진 현실고착적인 학문이라 하지 않을 수 없다. 그러나 기하학의 탄생을 예를 들어 생각해 볼 때, 수학의 기능성,

즉 현실 고착성을 지나치게 강조하는 것은 수학의 본질과는 거리가 멀다고 하겠다.

고대 이집트 인은 홍수로 인한 나일 강의 범람 후에 토지를 적절하게 재분배하기 위해 측량이 필요하였다. 이와 같은 토지 측량에 의한 도형의 연구를 기하학의 기원(起源)이라고 보고 있다. 현재 기하학은 영어로 'geometry'라 하는데, 'geo-'는 토지를, '-metry'는 측량을 뜻한다. 이집트 인이 개발한 이와 같은 도형에 관한 지식은 지중해를 건너 그리스로 전파되었는데, 경험적이었던 이집트 인과는 대조적으로 추상적인 사고방식에 능했던 그리스 인은 도형에 대한 개념을 새로 만들고, 이것을 연역적(演繹的)으로 논하였다. 지나치게 기능성을 중시했던 이집트에서는 기하학이 발전하지 않았지만, 기능성을 떠나 사고할 수 있었던 그리스 인들은 도형에 대한 학문을 기하학으로 발전시킬 수 있었다. 이런 점에서 볼 때 학문은 현실고착적 태도의 소산이 아니라 현실 초월적 태도의 소산이라고 하지 않을 수 없다.

이탈리아의 철학자이자 수학자이며 물리학자였던 카르다노(G. Cardano)는 3차·4차 방정식의 근을 구하려고 노력했지만, 3차·4차 방정식의 근을 구한다 하더라도 당시에는 현실에 당장 적용할 일이 없었다. 그들의 수학적 연구는 고도의 지적 유희였다. 그러나 수학자가 원했건 원하지 않았건 수학은 현실에 일정한 영향을 미친다.

앨프리드 크로스비의 《수량화 혁명》은 수학이 현실에 얼마나 지대한 영향을 미치는가를 잘 보여 준다. 저자는 근대 이전 시기에 중동이나 아시아 국가보다 한참이나 뒤떨어져 있었던 유럽이 어떻게 성공할 수 있었는가를 다루고 있다. 그에 따르면 실재라는 것을 수량화된 개념으로 정리하는 유럽 인들의 사고방식이 중세 13, 14세기에 이미 시작됐으며, 그것이 19세기 유럽 제국의 패권을 가져왔다고 말한다. 그에 따르면, 서구 유럽 사회는 1250년부터 1600년 사이에 시·공간과 음악, 미술, 부기 등 인간 활동에서 질적 차이를 강조하던 '질의 세계관'에서 수량의 관계를 강조하는 '양의 세계관'으로 새로운 길을 개척했다.

아리스토텔레스는 수학자라면 지각 가능한 특성들, 즉 무거움과 가벼움, 단단함과 그 반대 성질, 뜨거움과 차가움 등등의 대조적 특징을 모조리 제거하고 나서 계측에 착수해야 한다고 보았다. 사물이 균질적이지 않다면 계측은 의미가 없다는 것이 아리스토텔레스의 논리였다. 우화적으로 말해서 어떤 아버지가 옥토와 박토를 구분하지 않고 땅을 균질적인 것으로 간주하여 형제들에게 토지를 산술 평균해서 분배했다고 하자. 과연 아버지는 아들들에게 공평한 분배를 했다고 할 수 있을까? 아버지가 토지의 질을 생각하지 않고 양만을 생각하여 산술 평균을 했다면 아들들이 아버지에게 이의를 제기할 것이 분명하다. 사물은 질적인 차이를 가지므로 그것을 계측한다는 것은 의미가 없다고 생각한 아리스토텔레스의 생각도 아버지의 토지 분배 방식에 이의를 제기하는 아들들의 생각의 연장선상에 있다.

중세와 르네상스 시기에는 단단함과 뜨거움, 속도와 가속도를 수량화한다는 생각을 하지 못했다. 중세와 르네상스 시기에는 우주가 어항처럼 둥근 공간 안에 질적으로 상이한 공간들이 차례로 담겨 있는 형태라고 생각했다. 그러나 1250년경부터는 질적인 사고방식에서 양적인 사고방식으로 옮겨가는 경향이 나타나고 이러한 경향은 이후에 훨씬 빠르게 가속된다. 14세기에 머튼 칼리지의 학자들은 크기뿐만 아니라 움직임, 빛, 열, 색깔 등 포착하기 까다로운 성질까지 계량했다. 이에 고무되어 그들은 확실성, 덕성, 우아함 등을 수량화하는 문제에 대해서도 논의하기 시작했다.

근대 과학이 탄생한 17세기에는 사람들은 숫자를 새롭게 자각하기 시작한다. 이때부터 수와 관련된 용어로 표현되는 케플러(J. Kepler)의 조화의 법칙, 갈릴레이의 운동 법칙이 등장한다. 갈릴레이(G. Galilei)는 "자연은 수학적 언어로 씌어졌다."고 주장할 정도로 수학을 중요시했다. 천상에서 벌어지는 행성의 법칙을 수학화하려 했던 케플러나 갈릴레이의 이상은 우주의 질서를 수학적 언어로 포착하는 것이었다. 중력과 운동에 관한 연구에서 정교한 실험과 수리 해석을 사용한 갈릴레이는 근대 역학과 물리학의 창시자로 여겨진다.

윌리엄 하비(William Harvey)는 시체를 직접 해부해 관찰하고 심장이 한 번 박동할 때 내뿜는 피의 양과 한 시간에 심장이 뛰는 회수를 곱한 결과 시간당 245kg의 피가 심장에서 혈관으로 나간다는 것을 알았다. 결국 하비는 피가 새로 만들어지는 것이 아니라 몸속을 순환한다는 결론에 이르게 된다. 하비의 '혈액순환론'은 근대 생리학의 기초가 되어 인체 연구의 획기적 전기가 되었다. 하비의 이 위대한 발견도 숫자적 증명 없이는 불가능한 것이었다.

자연을 수학적으로 인식할 수 있다고 생각한 근대인들의 자부심은 계량화할 수 없는 행복과 같은 덕성들을 재려고 한 데서 그 극단적인 모습을 보여 준다. 18세기에 프랜시스 허치슨(Francis Hutcheson)은 '도덕 산술'이라는 개념으로 도덕성에 대한 여러 단어들을 수학 언어로 바꾸려고 했다. '행복'이나 '고통'과 같이 주관적 요소가 강한 덕목을 계량화한다는 것은 문제가 있기는 하지만 자연의 현상을 수량화함으로써 근대 과학은 엄청난 진보를 이루게 된다.

수학은 자연 현상과 대조해 검증함으로써 진위를 판단할 수 있는 학문이 아니다. 하지만 자연 과학에 응용됨으로써 수학은 인류에게 많은 성과를 가져다 주었다. 우선 수학은 자연 현상을 '정리'하는 과정에서 수식이나 통계적 기법으로 적용될 수도 있고, 새로운 규칙성을 '발견'하는 과정에도 중요한 역할을 하곤 한다. 예를 들어 뉴턴이 'F = ma'라는 수학적 공식을 이용함으로써 비로소 힘과 운동의 관계를 간단 명료하게 정리해 낼 수 있었다. 또 과학자들은 통계적인 분석을 통해 변인이 서로 얼마만큼 연관 관계를 맺고 있는지를 분석하기도 한다. 그밖에 자연 현상의 규칙성을 '발견'하는 과정에서도 수학은 큰 힘을 발휘한다. 예를 들면 수학에서의 삼각함수가 개발되지 않았다면 빛이 공기에서 물로 입사할 때 입사각이 커질수록 굴절각도 커진다는, 다시 말해 입사각의 사인 값과 굴절각의 사인 값 사이에 비례 관계가 성립한다는 '스넬의 법칙(Snell's law)'을 발견하기는 어려웠을 것이다.

그러나 반드시 수학이 응용돼야만 수준 높은 과학이라고 볼 수 있는 것은 아니다. 역사적으로 천문학이나 역학 같은 분야에서는 수학이 중요했지만, 생물학에서는 오랫동안 수학적 방법이 쓰이지 않았다. 예를 들어 19세기 다윈이 진화론을 성립하는 데 수학은 그다지 커다란 도움을 주지는 못했다. 그렇다고 해서 진화론의 과학적 가치가 줄어드는 것은 아니다. 하지만 일상생활에서 '과학적'이라는 말은 곧 '수학적'이라는 말로도 통용되듯이 과학과 수학의 관계는 상식적으로도 불가분의 관계라 하지 않을 수 없다.

근대 과학은 자연에 대한 수학적 이해

외르스테드(H. C. Oersted)라는 과학자가 코펜하겐의 한 실험에서 열린 공개 강연에서 전기 실험을 하고 있을 때, 테이블에 우연히 자석 바늘이 놓여 있었는데, 전선에 전기를 흘려보내자 자석 바늘이 옆으로 움직였다. 어떻게 전기가 전선 밖으로 튀어나와 공간을 뚫고 바늘을 움직일 수 있단 말인가. 과학자들은 매우 놀랐지만 아무도 이를 설명할 수 없었다. 이때 패러데이(M. Faraday)는 전기가 흐르는 주변에 눈에 보이지 않지만 소용돌이치는 신비한 힘이 있다고 상상했다. 당시의 과학자들은 소용돌이치는 신비한 힘 같은 것은 미신이라고 생각했다. 그러나 정규 교육을 받지 못한 패러데이의 생각은 달랐다. 그는 전기 주변의 신비한 힘이 주변에 있던 자석 바늘을 움직인 것이 틀림없다고 생각했다.

패러데이는 자석을 똑바로 세운 뒤 그 주변에 가느다란 전선을 매달아 놓았다. 그러고는 자석을 움직여 보았다. 그때 전선이 자석 주위를 빙글빙글 돌기 시작했다. 패러데이는 전기와 자기 주변에 정체 모를 힘이 존재한다고 믿었지만 패러데이가 과학을 모르는, 한낱 제본소 견습공 출신에 지나지 않는다고 생각한 이들은 패러데이의 생각을 믿지 않았다. 그러나 부유한 집안에서 태어나 정규 교육을 받았고, 수학적 소양이 풍부했던 맥스웰(J. C. Maxwell) 만은 패러데이의 생각을 신뢰했다.

맥스웰은 패러데이와 오랫동안 서신을 교환하다가 마침내 패러데이가 오랜 시간 동안 수없이 되풀이한 일만 이천 건이나 되는 실험 자료를 건네받게 된다. 수학의 대가였던 맥스웰은 한눈에 그 실험 자료들의 가치를 알아본다. 1873년 패러데이의 실험적 자료들은 맥스웰에 의해서 이론적으로 정리되었고, 이는 오늘날 전자기학의 이론적 근간을 이루는 맥스웰 방정식으로 불리게 된다. 맥스웰은 자신이 만든 전자기학 4개의 방정식의 관계 속에서 전기장의 변화와 자기장의 변화가 파동을 만들어 낸다는 사실을 발견하고 이 파동을 '전자기파'라 이름하게 된다. 또 전자기파의 속도가 1초에 30만 km로서 빛의 속도와 같다는 것을 증명해 내고 빛도 전자기파의 일종임을 이끌어 낸다.

소위 '천재 과학자'로 불리는 아인슈타인도 '구면 기하학'으로 통하는 '리만 기하학'을 이해하지 못해 상대성 이론 정립에 큰 어려움을 겪었다. 결국 수학자 민코프스키(H. Minkowski)로부터 리만 기하학을 배우고 나서야 일반 상대성 이론을 완성할 수 있었다. 결국 수학 이론이 응용되지 않았다면 상대성 이론도 빛을 보지 못할 뻔 했다는 얘기다. 패러데이나 아인슈타인의 사례는 수학의 도움을 받지 못한 실험이나 이론의 부축을 받지 못하는 실험은 완전할 수 없다는 것을 보여 준다.

수학과 과학을 융합한 수리 과학(Mathematical Science)의 응용 사례들은 수없이 많다. 2, 3, 5, 7 등 1과 자신의 수로만 나눠지는 '소수'의 다양한 특성이 암호론과 정보 통신 분야에 응용돼 왔는가 하면, 미분 방정식론과 위상수학, 미분 기하학 등은 컴퓨터 그래픽과 의학 분야의 기초 학문으로 자리 잡은 지 오래다.

일본은 1964년에 수리 과학 연구소를 출범시켰는가 하면, 미국도 현재 11개의 수리 과학 연구소를 운영하고 있다. 선진국들이 이처럼 이미 오래전부터 국가 차원에서 연구 시스템을 구축해 온 것을 보면 첨단 과학 분야치고 수리 과학과 관련돼 있지 않은 것이 없다고 해도 과언이 아니다.

자연에 대한 합리적인 믿음의 체계가 과학이라고 정의했을 때의 '합리'란 형이상학적 사유가 배제된 곧 자연의 수학적 이해를 뜻한다. 자연에 대한 수학적 이해가 증가할수록 인간은 자연에 대한 지배와 통제의 능력을 획기적으로 증가시킬 수 있었다. 근대 과학, 그것은 곧 자연에 대한 수학적 이해에 다름이 아니었다.

1998년 이화여대 |

다양하고 복잡한 자연 현상을 관찰과 실험을 통하여 체계적으로
분석함으로써 자연의 기본 원리를 알아내는 것이 과학적 탐구 활
동이다. 아래 글에서 논의될 과학적 탐구 활동의 여러 단계 중 수학
이 어디에서 그리고 왜 중요한가를 밝히고 이를 바탕으로 구체적
인 자연과학의 법칙이나 원리를 예로 들어 과학적 탐구 활동에서
차지하는 수학의 역할을 논술하시오.

제시문
수학에서 함수 관계라는 추상적인 개념이 중요하게 대두된 것
은 이미 16세기이다. 이 때 자연법칙을 수학의 식으로 표현함
으로써 자연의 질서를 밝힐 수 있다는 생각도 지배적이었다.
이와 같은 수학의 진보가 없었다면 17세기 과학의 발전은 불가
능했을 것이다. 과학자들이 자연을 관찰할 때 동원하는 상상력
의 힘은 수학에 그 바탕을 두고 있다. 갈릴레이, 데카르트, 호
이겐스, 뉴턴 등 여러 과학자들이 자연법칙을 수학의 식으로
나타내었다. 수학에 나타나는 추상적인 개념의 발달이 16~17
세기 과학에 영향을 끼친 구체적인 예로서 주기성이라는 것을
살펴보자.
우리는 주변에서 반복되는 현상을 쉽게 경험할 수 있다. 하루
하루가 반복되고 달이 반복해서 차고 기울며 일 년의 사계절이
반복된다. 또한 회전하는 물체는 원래의 위치로 되돌아가기를
반복하며 심장의 고동도 반복되고 호흡도 반복된다. 어디를 둘
러보나 반복되는 것과 마주치게 된다. 이러한 반복이 없다면
지식이 성립되지 못한 것이다. 왜냐하면 반복을 통하지 않고는

과거의 경험을 참고할 수 없기 때문이다. 뿐만 아니라 반복의 규칙성이 없다면 측정한다는 것도 불가능할 것이다. 정확성이라는 관념을 열어 내는 데는 우리의 경험 중에서 반복이라는 것이 가장 기초적인 토대가 된다.

수학이 극도로 추상화된 사고의 높은 경지에 이르면 이를수록 구체적인 자연 현상을 분석하는 데 수학이 더욱 더 중요한 역할을 한다는 사실은 매우 놀랍다. 17세기 과학의 역사를 살펴보면 마치 그리스 시대의 플라톤이나 피타고라스의 꿈이 생생하게 살아 있는 것 같은 느낌을 준다. 17세기에 시작된 이러한 특성은 그 이후의 세기로 계속된다.

행복을 계량화할 수 있는가?

찰스 디킨스(Charles J. H. Dickens)의 소설, 《어려운 시절》은 한 인간의 가치를 숫자로 파악하는 현실을 풍자적으로 꼬집고 있다.

따뜻한 마음씨를 가진 서커스 소녀 시시주프가 입양되어 학교에 갔다. 시시주프는 어려서부터 말들과 함께 자랐기 때문에 말에 관한 것이라면 모르는 것이 없다. 하지만 수업 시간에 '말'을 정의해 보라는 질문을 받고서 아무 대답도 하지 못한다. 그러자 다른 학생이 이 순진한 소녀를 간단히 제압해 버린다.

"네 발을 갖고 있고요, 초식성입니다. 이빨이 마흔 개인데 어금니가 스물네 개, 송곳니가 네 개, 그리고 앞니가 열두 개입니다. 봄이 되면 털갈이를 해요. 말발굽은 딱딱하지만 쇠로 편자를 달아야 해요. 말의 나이는 이빨의 상태로 알아봅니다."

"자, 20번 학생. 이제 말이 뭔지 알겠지?"

오랫동안 말과 함께 한 사람은 말과 감정의 교류를 할 수 있을지도 모른다. 그는 말의 숨소리를 듣고 말이 지금 어떤 기분인지도 알 수 있고, 말의 눈빛만 보고도 말이 무엇을 원하는지도 알 수 있으리라. 말을 진정으로 이해하는 사람은 언어 이상의 것으로써 말과 접촉한다.

말을 아는 것과 말의 이빨이 마흔 개라는 것을 아는 것은 별개의 문제다. 어금니가 스물네 개, 송곳니가 네 개, 그리고 앞니가 열두 개라는 사실도 말을 진정으로 이해하는 것과는 거리가 멀다. 그것은 말에 대한 피상적인 이해일 뿐이다.

마찬가지다. 우리가 한 사람을 이해한다는 것과 그 사람의 주민 번호와 카드 번호와 차량 번호와 키와 몸무게를 아는 것은 전혀 다른 차원의 문제다. 인간이 가지고 있는 조건은 수량화와 계량화가 가능할지 몰라도 감성과 이성과 무의식의 복합체인 인간은 쉽게 수량화할 수 없다.

생텍쥐페리는 《어린왕자》에서 행복을 수치로 환원하여 이해하려는 태도를 이렇게 꼬집는다.

어른들은 숫자를 좋아한다. 어른들에게 새로 사귄 친구에 대해 이야기하면 그들은 가장 중요한 것은 도무지 묻지 않는다. '그 친구의 목소리는 어떻지? 어떤 놀이를 제일 좋아하지? 나비를 수집한대?' 이런 말은 절대로 묻지 않는다. 그들은 '나이가 몇이지? 형제가 몇이냐? 몸무게는 얼마나 나가지? 그 애 아버지의 수입은 얼마나 되지?' 하고 묻는다. 그제서야 그 친구가 어떤 사람인지를 아는 걸로 생각한다. 만약 어른들에게 '창가에는 제라늄이 피어 있고 지붕 위에서는 비둘기들이 노닐고 있는 아름다운 붉은 벽돌집을 보았다.'고 말한다면, 그들은 그 집이 어떻게 생겼는지 생각해 내지 못한다. '십만 프랑짜리 집을 보았다.'고 말해야 한다. 그러면 그들은 '야, 참 훌

룽하구나!'하고 외치는 것이다.

많은 사람들이 친구가 어떤 일을 하는지, 그 일이 그에게 어떤 의미를 지니는지에 대해서 관심을 갖기보다는 그의 연봉이 얼마인지에 관심을 집중시킨다. 뿐만 아니라 그가 타고 다니는 자동차의 배기량과 가격에 대해서도 관심을 갖는다. 마치 그 사람의 가치가 계량화된 숫자에 있는 것처럼 말이다.

어떤 여자들의 행복은 36-24-36이라는 이상화된 수치에 자신의 신체 사이즈가 얼마나 근접하느냐에 따라 결정되기도 한다. 키가 몇 센티미터이며, 몸무게가 몇 킬로그램인가, 가슴과 허리의 둘레가 몇 인치인가 하는 수량화된 사실과 행복이 불가분의 관계에 있는 것처럼 많은 여자들은 그 이상화된 수치에 집착한다. 이 수치에서 멀어지면 멀어질수록 행복에서 멀어지는 것처럼 말이다.

시장에서의 가격은 언제나 눈에 보이는 수량화된 가격으로 제시된다. 이렇게 모든 것을 수량화된 수치로 환원하여 제시하는 것이 시장의 메커니즘이다. 오늘날 우리의 행복을 좌우하는 것이 바로 이 시장의 메커니즘이다.

그러나 인간은 수치로 환원될 수 없는 존재다. 한 인간을 수치로써 이해한다는 것은 한 사람을 하나의 사물로 이해한다는 것과 다르지 않다. 생각해 보라. 우리의 기억 속에 간직된 추억들을 어떻게 가격을 매길 수 있을까. 외롭고 슬플 때면 우리는 과거의 즐거웠던 한때를 떠올리며 과거의 시간에서 위로와 힘을 얻을 수 있다. 사랑하는 사람을 잃었을지라도 그와 함께 했던 시간을 떠올리며 우리는 행복감에 젖기도 한다. 내 기억 속에 간직된 추억, 그것이 내 존재의 뿌리다. 추억이 없는 사람을 생각해 보라. 그는 내가 누구 인지, 내가 어디에서 왔는지를 알 수가 없다. 그에게 삶은 불안 그 자체일 것이다. 우리 존재의 뿌리이기도 한 기억에 과연 우리는 어 떤 가격을 매길 수 있을까. 자식에 대한 사랑, 연인에 대한 사랑에 가격표를 붙일 수 있다면 과연 그 가격에 사랑을 구입할 수 있을까. 사랑의 아픔을 온도계의 눈금을 읽듯이 '아픔 지수'로 읽어 낼 수 있을까.

세상에는 수량화할 수 있는 것이 있고, 수량화할 수 없는 것들이 있기 마련이다. 과학의 힘으로 수량화할 수 있는 영역들이 점차 확 대되어 가고 있지만 인간의 심연에는 여전히 수량화할 수 없는 비 밀스럽고 신비스런 것들이 있기 마련이다. 말 속에 언급된 수치가 말의 전부가 아니듯 수량화된 수치가 곧 인간은 아니다. 과학이 겸 손을 알아야 하는 곳도 바로 이 대목이다.

08

현대 의학은

진정으로

생명의 증진에

기여하는가?

19세기 말,

파스퇴르와 코흐 등의 세균학자들이

질병의 원인이 되는 병원균을 발견하고,

20세기 들어 항생제가 개발됨으로써

이전까지 치료가 사실상 불가능했던

많은 감염병들이 치료의 대상이 되었다.

100여 년 전만 해도

난치병이라고 알려졌던 결핵은

이제는 어렵지 않게 치료되고 있다.

일례로 1951년,

4만 3천여 명의 환자가 발생해

1만 1천여 명이 숨졌을 정도로

기승을 부리던 천연두는

1960년 3명의 환자를

끝으로 자취를 감췄다.

세계적으로는 1977년

아프리카에서 소수의 환자가

발견된 게 마지막이다.

질병은 정복되지 않았다

세계보건기구(WHO)는 1980년 5월 8일 천연두 완전 퇴치를 선언했다. 천연두의 완전 퇴치는 분명 현대 의학의 개가라고 하지 않을 수 없다. 그러나 현대 의학의 발전이 과연 인간에게 긍정적인 측면만을 가져다 주었는지에 대해서는 좀 더 냉정한 분석이 필요하다고 보는 견해들이 있다.

《대중과 과학 기술》의 저자 김명진은 〈현대 의학은 인간의 복지를 진정으로 향상시켰는가〉라는 글에서 질병은 정복되지 않았다는 주장을 편다. 그는 질병이 정복되었다는 생각은 현대 의학의 효능을 지나치게 과대 평가해 온 결과라고 단정한다.

질병이 정복되지 않았다는 점은 두 가지로 생각해 볼 수 있다. 그 하나는 항생제 사용의 문제점이다. 20세기에 처음 등장한 항생제는 인체에는 거의 해를 주지 않으면서 질병의 원인이 되는 세균만을 죽임으로써 결핵, 세균성 폐렴, 패혈증, 매독, 임질 등의 세균 감염증들을 치료할 수 있는 길을 열었다. 그러나 항생제 사용의 결과 그 항생제에 내성(耐性)을 가진 세균들이 광범하게 나타났다. 항생제는 세균의 세포벽을 파괴하고 단백질 생산 능력을 억제함으로써 세균을 죽이는데, 항생제에 내성을 가지게 된 세균은 항생제를 중화시키는 효소를 분비하거나 세포벽을 강화함으로써 항생제에 저항한다. 그에 따라 이미 정복된 것으로 생각되었던 평범한 세균성 질환에 감염되어 사망하는 환자들의 수도 조금씩 증가하고 있다. 1992년 한 해 동안에만도 미국에서 항생제에 내성이 강한 세균성 질병으로 사망한 사람이 1만 3천여 명에 이르는 것으로 집계되었다. 최근에는 새로운 항생제 개발이 정체 상태에 빠짐에 따라서 항생제의 효력에 절대적으로 의존하는 것에 회의가 생겨나고 있다.

질병의 성격이 점차 변화하고 있다는 사실 역시, 질병이 완전히 정복되었다는 낙관에 의문을 제기한다. 20세기 초까지만 해도 인간의 건강을 위협하는 질병의 대부분은 인플루엔자(독감)나 세균성 폐렴 같은 급성·전염성 질환이었다. 그러나 20세기 후반으로 넘어오면서 질병의 중심은 암이나 순환계 질환, 심장병, 당뇨병과 같은 만성질환으로 옮겨가고 있다. 이러한 만성질환들은 즉각적으로 죽음에 이르게 하지는 않지만 세균 감염성 질환들과는 달리 약물의 투여에 의해 급격한 증상의 호전을 기대할 수 없으며, 이 중 일부는 수술과 같은 외과적인 조치에 의존하더라도 완치할 수 없는 것들이다.

미국의 저명한 의사이며 의과 대학 교수인 로버트 S. 멘델존 박사는 그의 저서 《나는 현대 의학을 믿지 않는다》의 첫 머리에서 현대병의 90%는 의사들이 못 고친다는 폭탄 선언을 한 바 있다. 일본에서도 《뇌내혁명》으로 유명해진 하루야마 박사도 현대병의 80%는 의사들이 못 고친다고 한 바 있다. 하지만 현대 의학이 질병을 완전히 제거하지는 못했더라도 질병을 획기적으로 줄이는 데에는 대단히 중요한 역할을 했으며, 따라서 '지난 한 세기 동안 인간의 평균 수명이 증가한 것은 현대 의학의 발전에 힘입은 것이 아니겠는가.'라고 우리는 반문할 수 있다. 그러나 《병원이 병을 만든다》의 저자, 이반 일리히는 "아니오"라고 답한다. 그는 의료 기술의 진보와 질병 간에는 아무런 관련이 없다고 단언한다. 그의 주장을 요약해 보자.

14세기 전 유럽을 강타했던 페스트는 16~18세기에 걸쳐 정점에 이른다. 하지만 예르생(Alexandre Yersin)이 페스트 균을 발견한 건 19세기, 그것도 한참 후반인 1894년이다. 중세 사회사를 연구한 페르낭 브로델(Fernand Braudel)의 분석에 따르면 페스트가 잦아들게 된 것은 의사의 치료나 항생제 때문이 아니었다. 그것은 어처구니없게도 유럽 전역에 걸쳐 일어났던 도시의 대화재들 때문이었다. 화재가 주택 형식을 바꿔 놓았다. 사람들은 목재 주택에서 석조 주택으로 주거 형식을 변형시켰고, 이에 따라 실내와 사람들이 청결해지기 시작했으며 작은 가축들이 사람들의 주거 공간과 멀리 떨어지게 됐다. 이것이 사람들과 페스트를 멀어지게 했다.

이반 일리히의 자료에 따르면 미국 뉴욕에서의 결핵 사망자 수는 1812년에 1만 명당 700명 이상의 비율이었다. 코흐가 처음으로 결핵균을 분리 배양했던 1882년에는 1만 명당 370명까지로 저하되었다. 나아가 최초로 결핵 요양소가 설치된 1910년에는 1만 명당 180명까지로 저하되었고, 제2차 세계 대전 후 항생 물질의 사용이 일반화되기 이전에 결핵에 의한 사망률은 1만 명당 48명이었다. 결핵은 그 병원(病原)이 이해되고 특수한 치료법이 발견되기 전에 그 독성의 대부분을 상실했고, 따라서 그 사회적 중요성도 대체로 잃고 말았다. 콜레라, 이질, 장티푸스 등도 이와 유사하게 의사나 병원의 통제와 무관하게 정점에 이르렀다가 차차 감소해 왔다. 이런 질병을 잡아 낸 것은 의사나 병원이 아니었다. 우선 주택의 개선과 미생물 유기체가 갖는 독성의 감퇴 등을 지적할 수도 있겠지만 역시 가장 중요한 요인은 영양의 개선으로 인간의 저항력이 높아졌기 때문이었다.

하지만 이반 일리히는, 사람들이 의사와 병원의 숫자가 늘어나고 의료 기계가 현대화되면 건강 치료를 받을 수 있다고 생각하는 것은 철저한 오해라고 주장한다. 그는 1970년을 기준으로 과거 20년간 미국의 물가 지수는 74% 상승되었으나, 의료 관리 경비는 330%나 급상승하였다고 지적한다. 1950년부터 1971년 사이 건강 보험을 위한 공적 비용의 지출은 10배나 증가되었고, 사적 보험의 급여는 8배나 증가되었다. 그리고 직접 주머니에서 지불된 액수는 3배나 되었다. 한국 역시 마찬가지다. 모든 산업 국가에 있어서 보건 부문의 성장률은 GNP 그 자체를 훨씬 상회하고 있다. 인플레이션을 감안한다고 하여도 건강에 대한 경비는 1969년부터 1974년 사이에 40%나 증가되었다. 이것은 부유한 국가만의 특권이 아니다. 부유한 자를 우대하는 곳으로 악명 높은 콜롬비아 같은 빈곤국에서도 영국과 마찬가지로 10% 이상이 건강 관리에 사용되고 있다. 하지만 이런 의료 비용의 급상승이 평균 수명을 눈에 띄게 연장시키거나 결정적 질병을 잡아 내지는 못했다. 오히려 그 반대다.

의사가 병을 만든다

의사는 그의 환자가 어떤 질병에 걸려 있다고는 생각하지 않더라도, 환자에게 질병이 없다고 말하기보다는 언제나 어떤 질병이 있다고 말하는 쪽으로 행동한다고 한다. 그것은 의학적 결정의 규칙이 의사를 압박하기 때문이다. 그로 인해 의사들은 환자에게 건강하다고 진단하는 것보다는 질병이 있다고 진단하는 것이 자신들의 안전을 보장해 준다고 믿는다. 하지만 의사의 이런 행위가 존재하지 않는 병을 양산해 내고 있다는 것이 이반 일리히의 주장이다. 이와 같은 왜곡의 고전적 실례로 일리히가 제시하고 있는 것은 1934년에 행해진 뉴욕 공립학교에서의 실험이다.

뉴욕 시의 공립학교에 다니는 11세 아동 1천 명을 대상으로 한 조사 결과 61%가 편도선을 제거하라는 진단이 내려졌다. 61%의 아동 외에 39%가 다시 다른 의사 그룹의 진단을 받았는데, 그 중 45%가 편도선 절제를 받아야 하고 나머지는 그럴 필요가 없다는 결과가 나왔다. 그러나 두 차례에 걸쳐 수술이 필요 없다고 했던 아동이 또 다른 의사 그룹에 의해 재진단을 받게 되자 남은 아동의 46%가 편도선 절제를 권고 받았다. 이 중에 또 다시 남은 학생을 대상으로 제3회의 진단을 받았을 때, 거의 같은 비율의 아동이 편도선 절제가 필요하다는 보고가 나왔다. 그 결과 편도선 절제를 받지 않아도 되는 아동은 1천 명 중 단지 65명에 불과했다.

이반 일리히는 《병원이 병을 만든다》에서 '병원병' 개념을 제시한다. 병원병은 의료 제도라는 문화적 사회적 차원에서 만들어진다. 의사가 무엇이 병이며, 누가 아픈가를 결정하는 권위를 지니게 되면서 의학의 권력은 날로 절대화된다. 불필요한 치료와 처방, 수술이 늘어나고 치료하지 않아도 될 항목이 병원이라는 권력에 의해서 치료될 항목으로 분류되는 것이다.

예를 들어 어지럼증이 있어서 병원에 갔다고 하자. 의사는 식염수 링거 투약, 혈액 검사, 소변 검사, 눈동자 검사, 입 속 검사, 흉부 엑스레이 검사, 심전도 검사 등을 한다. 환자는 의사로서 취해야 할 당연한 절차라고 생각한다. 고도의 전문성을 요구하는 의료 정보의 특성상 의료 정보는 의사와 같은 소수만이 독점할 수 있다. 일반인으로서는 그런 정보에 접근한다 할지라도 쉽게 이해할 수가 없다. 이런 상황에서는 의사가 환자에게 불리한 결정을 해도 환자는 그 결정이 자신에게 어떤 영향을 미치는지를 알 도리가 없다. 이런 상황에서 발생하는 것이 과잉 진료다. 과잉 진료가 행해질 경우, 그것이 병원의 영리적 이익을 위해서인지 환자 자신을 위한 것인지 환자로서는 알 도리가 없다.

현대 의학의 문제점을 조목조목 비판하고 있는 책, 《나는 현대 의학을 믿지 않는다》에서 로버트 S. 멘델존 박사는 이런 과잉 진료를 피하기 위해서는 끊임없이 의사에게 질문할 것을 강조한다.

로버트 S. 멘델존 박사는 젖먹이 유아가 항생제를 정말로 필요로 활 확률은 10만분의 1도 되지 않는데 의사들은 안이하게 항생제를 투여하고 있으며, 편도 적출 수술이 정말로 필요한 경우는 극히 드물어 1천 명당 1명이 있을까 말까 하는 정도인데도 의사들은 안이하게 아동들의 편도선 적출 수술을 시행하고 있다고 비판한다. 과잉 진료를 지적하는 대목이다.

이런 과잉 진료부터 자신과 자신의 가족을 보호하기 위해서 이 책은 환자들에게 증상의 진행 정도나 치료법은 물론 투약과 수술의 후유증과 의사나 병원의 실적에 이르기까지 시시콜콜 병원과 의사에게 따져 물을 것을 당부한다. 그렇게 따져 물음으로써 응당 존중 받아야 할 환자의 권리를 지키라는 충고다.

그러나 일반적으로 의료 행위란 환자의 절대적 복종을 전제로 한다. 이러한 관계에서는, 의사가 환자와 의견을 교환하며 환자로부터 영향을 받는다는 일은 상상할 수가 없다. 로버트 S. 멘델존 박사는 이러한 관계를 주인과 노예의 관계에 비유하고 있다. 이러한 관계를 청산하지 않고는 누구든 환자로서의 권리를 찾을 수 없다는 것이 로버트 S. 멘델존 박사의 주장이다. 의사는 환자에게 군림하려는 권위 의식을 버리고, 환자는 자신의 몸의 주인이 자기 스스로라는 의식을 가지라고 그는 충고한다. 하지만 의사와 환자와의 권력 관계를 생각해 볼 때 그의 충고를 따를 수 있을 만한 사람들이 얼마나 있을지는 미지수다.

이반 일리히가 지적하는 현대 의학의 가장 큰 문제점은, 의학이 질병을 전적으로 생물학적인 변화로 파악함으로써 질병과 사회적

·환경적 요인 간의 역동적 관계를 무시한다는 점이다. 의사를 비롯한 의료인들은 인체와 질병에 대한 의학적 지식에 근거해서 몸에 생긴 '고장' 그 자체를 고치려 했을 뿐, 그러한 '고장'이 나타나는 것에 기여한 사회적 요인, 예컨대 열악한 생활 조건이나 대기 및 수질 오염과 같은 환경적 요인에는 주의를 기울이지 않았고, 이를 개선하는 작업에도 상대적으로 무관심했다. 따라서 현대 의학의 발전은 질병의 원인을 오도(誤導)하고 주의를 엉뚱한 곳으로 돌리는 부수적인 효과를 낳았다고 그는 주장한다.

마지막으로 현대 의학은 건강의 사회적 불평등을 조장한다는 문제점을 갖는다. 사람들이 공식적인 의료에 점차 더 많이 의존하게 되고 의료 행위가 점차 더 고가의 장비나 첨단 기술을 이용하게 됨에 따라서, 실제로 의료의 혜택은 줄어들고 있는데도 불구하고 의료 비용은 급격하게 상승하게 된다. 의료 비용의 증가는 곧 계급이나 성, 인종에 따라서 의료에 대한 접근 가능 정도가 차등화되는 것을 의미하며, 이는 건강의 사회적 불평등의 문제로 이어진다. 현대 의학의 발전 그 자체가 곧 불평등을 가져오는 것이 아님에도 불구하고, 현재의 발전이 간접적으로 불평등을 증가시키는 방향을 향해 진행되고 있는 것이다. 결국 의학의 발전이 인간의 복지를 향상시켰고 앞으로도 향상시킬 것이라는 낙관은 근거 없는 환상인 셈이다.

2003년 가톨릭대 |

다음 (가), (나), (다)에서 제시된 문제점을 요약하고, 이를 근거로 '바람직한 의사와 환자의 관계'를 유지하기 위한 방안에 대해서 논술하시오.

제시문 (가) 우리나라의 2002년도 사법연감에 따르면 2001년 한 해 동안 법원에 접수된 의료 소송은 858건으로 2000년의 738건에 비하여 많이 증가했다. 이는 민사 소송만 집계한 것으로 형사 소송까지 포함할 경우에 전체 소송 건수는 1000건이 족히 넘을 것으로 추정된다. 소송 결과를 보면, 1심에서 원고(환자) 승소율이 62.4%로 2000년의 56.7%에 비해 5.7%나 높아졌다. 이는 20% 미만에 불과하던 90년대 초에 비하면 거의 3배나 높아진 셈이다.

제시문 (나) 한 대학 병원 A교수는 현재 의료 소송에 휘말려 있다면서, 이젠 자신을 희생하며 환자를 보아야 하는지 의문이 들 때가 많다고 하소연했다. 그는 한 환자를 병원 눈치를 보아가며 무료로 수술을 해 주었다. 수술 후 환자한테 예상치 못한 부작용이 발생했다. 일종의 알레르기 반응인데 의사인 자신의 능력으로서는 어쩔 수 없는 상황이었다.

제시문 (다) 환자의 권리 의식이 강화되면서 의료계에서는 방어적 진료의 경향이 늘어나게 되었다. 의원급의 산부인과에서는 출산시 비교적 의료 사고의 위험이 많은 초산부의 분만을 꺼려 종합 병원으로 가기를 권한다. 태아의 분만 진행이 더디거나 호흡 곤란 등의 징후가 조금이라도 나타나면 서둘러 제왕절개 분만을 시도하기도 한다. 소아의 경우 치료 효과가 금방 나타나지 않으면 바로 종합 병원으로 가기를 권유하기도 한다. 결국 의원에서도 가능한 치료를 종합 병원에 떠넘김으로써 여러 가지 문제가 발생하게 된다. 환자의 입장에서는 그에 따르는 여러 가지 불편과 아울러 치료비 부담이 늘어나게 된다. 또 의료 소송을 피하고자 하는 의사가 환자의 상태를 더 정확하게 파악하려고 검사를 추가로 하게 되기 때문에 환자는 훨씬 더 많은 비용과 시간을 감수해야 한다. 국가적으로는 환자가 큰 병원으로 몰려 의료 자원은 물론이고 건강 보험 재정의 낭비가 발생하게 된다. 결국 의료에 대한 소비자 중심적 인식이 야기한 새로운 문제의 시작이 아닐 수 없다.

현대 의학의 관리 대상은 적절한가?

늙으면 주름이 생기는 것은 가을에 단풍이 드는 것처럼 자연스런 현상이다. 머리가 세어지는 것도 역시 자연스런 현상이다. 그러나 인터넷에서 '성형'이란 단어를 입력하고 엔터 키를 쳐 보라. 수백 개의 성형외과를 만날 수 있을 것이다. 주름을 병원에서 치료한다는 것 자체가 노화를 질병으로 바라보고 있다는 간접적 증거가 아닐까. 피부를 절개하고 늘어진 근육과 피부를 팽팽하게 당겨 주는 수술로 젊음을 회복할 수 있다는 성형외과의 광고가 말하는 것은 무엇인가. 결국 노화는 정상적인 것이 아니니 당장 치료를 하라는 주문이다. 경제적 여유가 있는 사람들이라면 몰라도 이런 주문에 응할 수 없는 서민층에게 이 광고는 소외감을 안겨 준다. 노화라는 질병을 껴안고 살아갈 수밖에 없다는 소외감.

한국의 미인도를 보라. 통통한 볼살은 후덕함을 상징하는 징표로 한국 미인들이 갖추어야 할 조건 중의 하나였다. 깡마른 체구는 전통적으로 환영 받지 못했다. 그러나 TV 속의 슈퍼모델들은 하나같이 전통적 미인상을 거부한다. 170cm의 큰 키에 40kg 대의 몸무게라면 누가 봐도 비정상이다. 그러나 이런 비정상 체형을 가지기 위해서 대한민국의 여성들은 안달이다. 다이어트 산업은 1조 원 이상의 규모로 커지게 되었고, 조금이라도 아름답게 보이기 위한

'뷰티 산업'의 규모는 10조 원에 이르게 되었다.

2006년 5월 16일 영국 런던 대학 보건 역학팀이 세계 22개국 1만8천 512명의 대학생을 대상으로 과체중에 대한 인식도 등을 조사한 '국제 건강 행동 연구(IHBS)'를 분석한 내용에 따르면 한국 여대생의 경우 77%가 살을 빼기 위해 노력하고 있는 것으로 나타나 조사 대상국 중 1위를 차지했다. 이 조사에 의하면 한국 대학생들의 평균 체질량 지수는 여대생이 19.3kg/㎡(남성 20.7kg/㎡)로 상대적으로 낮음에도 살을 빼는 일에는 제일 적극적이었다고 한다. 문제는 정상적인 삶의 과정으로 볼 수 있는 노화마저도 의학의 관리 대상이 되고 말았으며 정상적인 체형마저도 비정상적인 것으로 분류되기에 이르렀다는 것이다.

분만 또한 삶의 정상적인 과정이었다. 그러나 지금은 모든 사람이 병원에서 아이를 낳는 것이 정상이라고 생각한다. 일반적으로 여성들은 고도의 의료 장비가 갖춰진 환경에서 아기를 낳는다. 20년 넘게 프랑스에서 산과 의사로 일해 온 미셸 오당은《농부와 산과 의사》라는 책에서 병원 분만은 문명화된 징표가 아니라 새로운 재앙을 부르는 것일 뿐이라며, 단호하게 병원에서의 분만을 반박한다.

미셸 오당은 수많은 출산에 조력하는 과정에서 분만 촉진제 투여, 회음수술, 제왕절개와 같은 의료적 개입이 오늘날 성행하고 있는 것은, 사람들이 흔히 믿고 있는 것과는 반대로, 산모들의 생리적 문제 때문이 아니라 병원 출산이라는 부자연스러운 환경과 메커니즘 그 자체가 자연스러운 분만을 어렵게 만들기 때문이라는 중요한 사실을 발견하였다. 그는 의료라는 인위적 개입과 간섭이 적으면 적을수록 그만큼 아기를 낳는 일은 더 수월하게 이루어진다는 것을 알게 되었다.

미셸 오당은 많은 사람들이 전문가라고 생각하는 의사들이야말로 위험할 만큼 경험이 부족한 경우가 태반이라고 한다. 미국에서 산과 의사의 수는 3만 6천 명 정도이고, 1년의 출산 건수는 360만 건 정도이다. 평균적으로 의사 한 사람이 1년에 100건의 출산을 맡는다는 뜻이다. 전형적인 미국의 산과 의사는 1년에 한 번 정도 쌍둥이 출산을 경험하고, 태반이 방해가 돼 아기가 나올 수 없는 경우(전치태반)를 한 번 보려면 10년의 의료 경험을 해야 한다. 태아의 위치가 잘못돼 제왕절개 수술을 할 경우에는 교과서를 찾아봐야 할지도 모른다. 더구나 그들 중 대부분은 아이를 낳는 것이 무슨 일인지 경험해 본 적이 없는 남성들이다.

미셸 오당은 산업화된 출산이 보편화된 나라일수록 제왕절개 비율이 높고, 온갖 의학적 개입이 출산에 필요하게 된 까닭이 바로 이런 비정상적인 상황들 때문일 수 있다고 지적한다. 이런 개입이 없을 때 오히려 자연스럽고 사랑하는 능력을 고양하는 출산이 가능할 수 있다는 것이다. 그는 서로 사랑할 수 있는 능력을 기르는 데 사람의 삶의 초기가 큰 영향을 준다고 역설한다. 태어나자마자 어머니에게 안겨, 서로 눈을 맞추고, 어머니의 젖을 문 아이들과 그렇지 않은 아이들 사이에는 사랑하는 능력에 큰 차이가 있을 수 있다는 것이다.

현재와 같은 산업화된 출산 방식, 즉 출산이란 지극히 본능에 가까운 행위가 병으로 취급되는 현시점에서, 병원이라는 공간에서의 기술의 과도한 개입은 산모뿐만 아니라 아이의 장래의 건강과 정서에 치명적이란 것이다. 나아가 그러한 개인들의 집합체인 사회 전체가 병들어 갈 수 밖에 없다고 진단하면서 미셸 오당은 생태적으로 건강한 문명의 회복을 위해서는 좀 더 부드럽고, 자연스러운 출산 관행의 회복이 중요함을 역설한다.

09

거대 기술의

문제점은

무엇인가?

현대 사회에서 과학 기술의 영향력이

점점 막강해지고 있음은

모든 사람들이 피부로 느끼고 있다.

의료 기술의 확산으로

평균 수명이 급격히 늘어나고

보건 복지면에서의 삶의 질이 향상되는 등

과학 기술의 발달로 현대의 일상생활은

과거와 비교할 수 없을 정도로 편리해졌다.

그러나 현대에 들어오면서

과학 기술은 정치, 경제, 군사적으로

커다란 이해 관계와 맞물려 그 본래의

의도와는 달리 상당히 복잡한 양상을 띠면서

발전해 가고 있다. 더구나 현대 사회가 복잡해질수록

기술은 고도화, 거대화, 대량화되어 가고 있다.

20세기 들어 비약적인 성공을 거둔

거대 기술 시스템(technological system)은

사람들의 일상생활 속으로 깊숙이 파고들어,

현대 사회를 엄청난 규모로 변화시키고 있다.

거대 기술이 안고 있는 근본적인 결함과 불완전성

전기 시스템은 발전 설비를 갖추고 선로망을 통해 전기를 공급하는 전력회사, 공급된 전기를 다양한 형태로 소비할 수 있도록 전자제품들을 생산해 내는 가전업체, 발전소에 필요한 화석 연료를 공급하는 유조선과 선박회사, 화석 연료를 채굴하는 시추선과 이를 정제하는 정유공장 등 소규모 시스템들을 그 속에 포괄하는 거대 시스템이다. 호미나 낫을 만드는 대장간과는 비교도 안 될 만큼 거대한 스케일과 복잡한 체계를 갖춘 것이 이 '거대 기술 시스템'이다. 자정이 훨씬 넘은 시각까지 사람들이 대낮처럼 활동할 수 있는 것도, 서울에서 동경까지 1시간에 닿을 수 있는 것도, 서울에서 부에노스아이레스에 있는 사람과 채팅으로 대화할 수 있는 것도 바로 이 거대 기술 시스템 덕분이다.

문제는 이렇게 삶의 편리성을 획기적으로 증대해 주고 사회의 모습을 새로운 방향으로 구조화하는 거대 기술 시스템이 안고 있는 근본적인 결함과 불완전성이다. 우리가 살고 있는 오늘날의 기술 사회에서는, 기술 시스템에 포괄된 특정 구성 요소에 내재된 사소한 문제가 시스템의 전반에 대한 순간적인 붕괴로 이어지는 대형 사고를 낳을 수 있다는 것이다.

1912년 타이타닉 호를 완성한 영국은 성취감에 도취되어 있었다. 배의 이름도 그리스 신화에 나오는 거인 장사 타이탄의 이름을 따서 타이타닉(Titanic) 호라고 붙였다. 오늘의 화폐 가격으로 환산하면 무려 4억 달러를 들여 만든 타이타닉 호는 크기에 있어서도, 호사스러움에 있어서도, 그리고 기술적인 면에서도 그야말로 세계 최고였다. 이 엄청난 크기의 배가 1912년 4월 14일 밤 11시 40분 뉴펀들랜드 해역에서 부류빙산과 충돌하여 2시간 40분만에 침몰하였다. 이 사고로 승선자 2,208명 중 1,513명의 희생자를 내게 되었다. 말 그대로 대형 참사였다.

대한민국에서도 1970년 곰에서 KAL기가 추락한 사고를 비롯하여, 삼풍백화점 붕괴, 성수대교의 붕괴, 대구 지하철 공사 현장 폭발 사고 등 일련의 대형 사고들이 발생했다. 사고 공화국이라는 불명예스러운 별명답게 대한민국에서는 사고가 끊이지 않는다. 이러한 사회적 재난은 일시적인 자연재해와 달리 아예 우리의 곁에서 물러날 기미조차 없다. 사회 곳곳에서 다양한 형태의 위험 신호와 경계경보가 끊이지 않는다.

속도보다는 안전을, 결과보다는 과정을 생각하자

독일의 사회학자 울리히 벡(Ulrich Beck)은 거대 기술 시스템이 가지고 있는 근본적인 불완전성에 주목하여 현대 사회를 '위험 사회'로 명명하기도 하였다. 1986년 울리히 벡이 발표한 《위험 사회》라는 저서는 20세기 말 유럽 인이 쓴 사회 분석서들 중에서도 가장 영향력 있는 저서 가운데 하나로 꼽힌다. 《위험 사회》에서 울리히 벡이 궁극적으로 주장하고자 하는 바는 이 위험 사회를 너머 '새로운 근대'로 진화하기 위해서는 '성찰적 근대화(reflexive Modernization)'가 필요하다는 것이다.

현대 사회의 조직은 고도로 복잡하게 체계화되어 있다. 그런데 이러한 고도의 조직화, 체계화는 두 가지 차원에서 문제를 안고 있다. 첫째, 고도의 인공적 조직물이나 체계는 반드시 그것이 창출된 의도 외의 부수적 효과(부작용)를 발생시킨다. 문제는 이 체계화된 조직이 발생시키는 다양한 효과들은 완전한 예측이 거의 불가능할 뿐만 아니라, 인간의 의도나 바람과는 전혀 무관하며, 일단 작동하기 시작하면 대부분 인간의 능력으로는 통제 불가능하게 작동하는 경향이 있다는 것이다. 실제 현실에서 우리가 목도하고 있는 대로, 화학 공업과 화석 연료의 대량 사용으로 인한 환경 오염은 그 대표적인 사례 가운데 하나이다.

둘째, 고도로 조직화된 인공물은 그 자체로 위험을 감수하고 있는 것인데 그 위험은 그 체계가 어떤 우연한 사고나 인위적 조작에 의해 순간적으로 와해될 때 발생할 수 있다. '폭탄'은 이러한 위험에 대한 가장 적절한 비유가 될 수 있다. 모든 폭탄이란 인공적으로 구조화된 사물인데, 그것은 순간적으로 그 구조와 조직이 와해됨으로써 치명적인 위험을 발생시키도록 설계되어 있다. 그것은 애초에 그러한 목적으로 설계되었기 때문에 위험을 발생시키는 것이 그것의 '순기능'에 해당한다는 점에서만 다른 인공적 구조물들과 차별화될 수 있다. 대부분의 도시는 이러한 위험을 '부수적'으로 안고 있다는 점에서 위험은 상존한다.

유전자 조작 기술은 엄청난 이득을 가져다 준다. 가령 바닷물에도 재배할 수 있는 벼를 개발한다면 인류의 식량난을 곧바로 해결할 수 있다. 그러나 그 벼가 인체에 알레르기를 유발할 가능성이 있다면 그로 인한 피해는 엄청난 것이다. 벼와 같은 기본적인 식량은 커피나 아이스크림과 같은 기호 식품과는 달리 그 영향과 파급의 범위가 광범위하기 때문이다.

울리히 벡 교수는 결과를 보지 못하고 눈앞의 이익에만 급급하는 맹목적인 '근대화'를 비판하고 있다. 근대화의 과정은 마치 브레이크가 고장이 난 기관차처럼 인류의 의지나 목적과 상관없는 역사를 만들어 가는 과정이라는 것이다. 그러나 이러한 무반성적 근대화가 초래한 위험성을 인류가 인식하게 되면, 인류는 더 이상 위험을 감수하지 않는 '반성적인 근대화'로 전환할 것이라고 그는 주장한다.

울리히 벡 교수의 '위험 사회'를 이해하는 데 가장 중요한 개념은 '선택'이다. 지금까지의 근대화는 '위험을 감수하는 선택'에 의존해 왔다. 곧 기술의 발전이 가져다 줄 수도 있는 위험을 우리는 통제 가능하다고 믿고 있었거나, 그 위험이라는 것도 결국 안전 기준치 범위 내에 존재할 것이라는 막연한 생각에서 기술을 '선택'해 왔던 것이다. 사실 우리는 식품의 겉봉에 쓰여 있는 식품 첨가물이 허용 기준치 이하라는 사실에 안심하고 그 음식물을 선택했고, 도심의 대기 오염을 나타내는 전광판에 아황산가스의 농도가 안전 기준치 이하라는 사실에 안심하고 살아왔다. 그러나 적은 양이라도 그것이 지속적으로 자연 생태계와 인체에 축적된다면, 그 결과로서 나타날 수 있는 위험은 적은 것이라고 할 수 없다.

운전자가 굽은 길에서 속력을 줄이지 않는다면 그것은 '예측하지 않은 위험'(danger)이 아니라, '예측할 수 있는 위험, 부정적인 결과를 감수한 위험'(risk)이다. 그와 마찬가지로 우리는 지금 이 순간에도 '예측할 수 있는 위험'을 양산하고 있다. 그것은 개인의 선택에 의해서, 또는 정책적 선택에 의해서도 양산되고 있다. 승용차가 내뿜는 배기가스, 합성세제나 일회용품, 전자파, 폐수, 농약과 비료, 동·식물의 남획, 간척지의 개간, 댐의 건설, 핵 발전소 등이 부정적인 결과를 감수한 위험한 선택이다.

정부나 기업, 일반 국민 모두에게 위험을 무릅쓰는 태도가 보편화된 이유는 안전이 비용이 많이 드는 대안이라는 데 기인한다. 가령 고속도로를 건설하는 데 있어서 안전을 최우선적으로 고려하다면 공사 기간은 길어질 수밖에 없고, 비용은 그만큼 늘어날 수밖에 없다. 결국 비용을 줄이기 위해서는 안전을 뒷전으로 미룰 수밖에 없다. 공사 기간을 단축하고, 비용을 줄이자는 태도를 울리히 벡 교수는 무반성적인 태도라고 비난하고 있는 것이다.

짧은 시간 내에 근대화를 달성해야 했던 대한민국 사회의 두드러진 특징 중 하나가 바로 위험을 무릅쓰는 '모험 추구'를 영웅시하는 태도다. 1969년 9월 11일 착공한 지 290일 만인 1970년 7월에 경부고속도로 428km가 개통되었을 때, 언론은 세계의 기적이라고 찬양해 마지않았다. 그러나 기술과 속도가 국가 경쟁력의 핵심이라고 생각하는 사람들에게는 기술의 위험성이 눈에 보일 리 없다. 과학적으로 신중하게 설계되지 않은 졸속 공사의 결과로 오늘날 경부고속도로는 고속도로 사망률 세계 1위라는 오명을 안게 되었다.

지난 세기는 성장의 크기와 속도를 지향했던 시대였다. 그러나 '속도'보다는 '안전'을, '외형'보다는 '내실'을, '결과'보다는 '과정'을 중시한다면 과연 이런 속도 추구가 바람직한 것인지에 대한 차분한 성찰이 필요하다고 하겠다.

지문 (가)를 읽어 의미를 추출하고, 이를 바탕으로 지문 (나)에
제시된 사례의 문제점을 살펴 그 원인을 설명하시오.
이어서 정보화 사회에서 발생할 수 있는 이와 유사한 문제에 대처
하는 방안을 구체적인 예를 들어 서술하시오.

제시문 (가)　　1840년 아일랜드에서는 갑자기 감자에 돌림병이 퍼져 기록적
인 기근이 발생했다. 2백만 명 이상이 굶어 죽었고, 국외로 탈
출하는 사람이 끊이지 않았다. 이 기근의 원인은 자명하다. 아
일랜드에서는 한 가지 품종의 감자만을 전국적으로 재배하고
있었다. 그 때문에 한 가지 병에 대해 모든 감자가 한꺼번에 해
를 입는 사태가 일어난 것이다. 하지만 다양성이 존재하는 잡
초의 집단에서는 앞서 본 감자의 경우와 같은 일은 일어나지
않는다. 잡초는 같은 종자라 해도 크기, 무게, 형질이 획일적이
지 않고 천차만별이어서 어떤 환경의 변화에도 대응할 수 있는
준비가 되어 있다. 뿐만 아니라 잡초는 환경의 위험스러운 변
화를 오히려 번식의 계기로 삼기도 한다.

제시문 (나)　　1996년 여름에, 미국의 로키 산맥 꼭대기와 태평양 사이의 전
기에 의해 가동되는 모든 기기가 갑자기 정지했다. 덴버의 오
후 온도가 37도 이상까지 치솟았다. 연료와 얼음을 얻기 위해
주유소에 길게 줄이 형성되었고, 교통 신호등은 꺼졌으며, 병
원과 항공 관제소는 단지 응급 체제로만 가동되고 있었고, 승
강기에 갇힌 사람들은 헛되이 비상벨만 눌러 대었다.
해가 갈수록 국가의 전기 의존도가 높아짐에 따라 공공 사업체

들은 서로 시설을 공유하고 지원함으로써 효율성을 증대시키고 비용을 절감하는 방법을 알게 되었다. 수백 만 마일의 선로와 십 억 이상의 부하가 걸리는 수천 개의 발전기를 가지고 이 거대하고 통합된 시스템은 이제 서로 의존적이고 민감해서 어떤 하나의 문제도 수천 마일 밖에서 감지될 수 있다. 그러나 1996년의 정전은 이 방대한 시스템의 결정적인 약점을 노출시켰다. 무언가 치명적인 오류가 발생할 때, 그 오류가 전체 시스템을 파괴시킬 수 있다는 것이다.

현재의 과학 기술을 대체할 대안 기술은 있는가?

《작은 것이 아름답다》의 저자 슈마허(E. F. Schumacher)는 1961년 네루의 초청을 받아 인도의 농촌 개발을 위한 자문으로 인도를 방문하게 된다. 슈마허는 당시 거의 원시 상태에 가까운 인도의 농촌 현실을 둘러보고 제3세계의 자주적 경제 발전을 이끌어 내기 위한 기술로서 '중간 기술(intermediate technology)'이라는 새로운 개념을 창안해 낸다.

세계 제2차 대전 이후 대량 생산에 의한 대량 소비가 진행되면서, 대량 생산 체제를 유지하기 위한 자원 투하량의 증가, 생산성 향상을 위한 투자의 대규모화와 거대 조직화로 인한 여러 가지 문제점이 나타난다. 소득과 자원에 있어서 부국과 빈국의 갈등, 특정 집단의 기술 독점으로 인한 불평등, 자원의 고갈과 생태계의 파괴 등의 문제점을 극복하고자 슈마허가 창안한 개념이 이른바 '중간 기술'이다.

기술은 특정 집단의 이익만을 증가시켜서는 안 되고 모든 사람에게 골고루 그 혜택을 돌려줄 수 있어야 하며, 기술은 자원을 남용하지 않으면서 생태계를 건강하게 할 수 있어야 한다는 문제의식의 소산이 중간 기술이다.

인간의 노동력을 최대로 활용하여 작은 규모로 이루어지는 중간 기술이야말로 개발도상국이 선택할 수 있는 최선의 개발 전략이라는 것이 그의 주장이다. 호미로 농사를 짓고 있는 제3세계의 농촌을 개발하기 위해서 트랙터와 콤바인을 들여오게 되면, 농촌 인구 과잉에 일자리 부족으로 시달리고 있는 대다수의 제3세계에 더 많은 실업과 혼란을 야기하여 상황을 더욱 악화시킬 뿐 아니라 복잡한 기계에 무지한 농민들은 기계와 그 기계를 다룰 수 있는 사람에게 매여 버리게 된다. 그래서 슈마허 박사는 호미와 트랙터의 중간에 해당하는 그 지역의 상황에 적합한 기술이 있을 것이라 생각하여 그것을 중간 기술이라 이름 붙이고, 그러한 기술을 연구, 개발하기 위하여 '중간 기술 개발 그룹'이라는 국제적인 단체를 조직하게 된다.

중간 기술의 개념은 순전히 슈마허 박사의 창안은 아니다. 슈마허 스스로가 인정하듯 그것은 본래 간디의 아이디어였다. 인도가 영국의 지배 하에 들면서부터 영국의 섬유 공업이 인도 가내 공업을 파괴하였고, 영국은 섬유 산업을 통해서 인도로부터 많은 이윤을 가져가고 있었다. 이 때 간디는 서양의 거대한 생산 체계가 제3세계의 민중을 소외시키고 자연을 약탈한다고 생각했다. 그는 영국의 지배에서 벗어나기 위해서는 비천한 사람들에 대한 차별을 없애고, 인도의 지방 산업을 다시 활성화해야 한다고 생각했다. 또 인도의 섬유 시장을 점령하고 있는 영국의 섬유 공업을 약화시키기 위해서는 인도인들 스스로가 물레를 돌려 옷을 만들어야 한다고 생각했다. 물레 역시 인간의 편리를 증진시키는 기술이다. 그러나 그것은 영국의 대규모 섬유 공업처럼 인도인들을 소외시키지 않으며 인간성과 환경을 파괴하지 않는다는 것이 간디의 생각이었다. 슈마허의 '중간 기술'은 바로 이런 간디의 생각을 구체화한 것이라고 볼 수 있다.

"대규모 기계화와 화학 비료 및 농약의 대량 사용이 빚어 낸 농업의 사회 구조는 인간이 살아 있는 자연과 진정으로 접촉하는 것을 불가능하게 만든다. 게다가 이 구조는 사실상 폭력, 소외, 환경 파괴와 같은 근대의 가장 위험한 경향을 지지한다. 여기서는 건강, 아름다움, 영속성이 거의 진지하게 논의되는 일조차 없는데, 이것은 인간적인 가치가 무시되는 또 다른 사례로서, 경제주의라는 우상 숭배의 필연적인 산물이다."라는 구절을 좀 더 쉬운 예를 통해서 이해해 보자.

가령, 닭을 사육하는 거대한 현대식 닭공장을 살펴보자. 날개조차 퍼덕일 수 없는 비좁은 닭장 안의 닭들에겐 엄청난 양의 성장 호르몬제가 투여된다. 인간으로 치자면 갓 태어난 아이를 18주만에 650kg의 거구로 만들 수 있는 양의 호르몬이 닭들에게 투여된다. 어두우면 닭들은 잠이 들고, 잠이 들면 모이를 먹지 않기 때문에 양계장에는 종일토록 조명이 꺼지지 않는다. 물론 조명이 꺼지는 시간이 있지만 이는 잠시일 뿐이다. 닭들은 엄청난 스트레스를 견뎌내야 한다. 스트레스를 견디다 못해 어떤 닭들은 주위의 닭들을 공격하기도 한다. 가끔 상대방을 죽이는 닭들도 있기 때문에 이를 방지하기 위해서 닭들의 부리는 모두 잘린다. 닭들은 심신이 온전할 리가 없다. 그러나 양계장의 닭들에겐 병들 권리조차 없다. 엄청난 양의 항생제가 투여되기 때문이다.

양계장의 성장만을 생각한다면 이러한 거대 시스템을 마다할 리가 없다. 그러나 누가 봐도 이러한 상황은 비인간적이다. 닭들에게 필요한 성장 호르몬과 항생제를 만드는 것은 물론 과학 기술이다. 같은 양의 모이를 먹더라도 더 빨리 크는 닭들을 개발하는 것도 과학 기술이다. 이렇게 과학 기술은 닭들을 보다 성장시키는 데에 있어서는 엄청난 효율성을 보장해 준다. 그러나 규모의 거대성을 지향하는 과학 기술의 효율성도 거대 생산 시스템을 가진 집단에게는 이익을 줄지 몰라도 전통적 방식으로 소규모로 닭을 기르는 양계업자에게까지 이익을 준다고는 할 수 없다.

대량의 에너지를 소모하는 기술에 의존하는 대량 생산 체계는 본질적으로 파괴적이며, 생태계의 균형을 깨뜨릴 뿐만 아니라 자원을 고갈시키고 인간성마저도 왜곡시키는 속성이 있다. 그러나 지역 노동과 자원을 이용한 태양열 주택, 소규모의 수력 발전소, 가축의 똥이나 인분을 이용한 소규모 메탄가스 공장, 양조장과 같이 전통 기술을 이용한 소규모 지역 산업 등은 환경에 위협적이지 않을 뿐더러 자원을 고갈시키지도 않으며 그 이익을 지역 사회에 돌려준다. 이것이 바로 간디가 말하는 '대량 생산이 아니라 대중에 의한 생산'이다.

10

동물에게는

고통을 피할

권리가

없는가?

요즈음에는 물고기를 실험 동물로
이용하는 연구가 이루어지고 있다. 왜일까.
어류는 포유류에 비해 고통을 기억하는
시간이 극히 짧은 것으로 알려져 있기 때문이다.
고통을 최소화하는 이른바 '3R' 원칙에
다가서려는 노력이다. 3R 원칙은
영국의 과학자 러셀과 버크가 제시한,
동물 실험에 국제적으로 통용되는 윤리다.
3R이란 동물 실험이 아닌 다른 방법으로
대체(replacement)하고, 그것이 불가능할
경우 동물 실험 횟수를 줄이고(reduction),
동물의 고통을 최소화(refinement)해야 한다는
대안 원칙이다. 고등 동물 대신 하등 동물을
써서 동물이 지각할 수 있는 고통을 줄이거나,
통계적 기법이나 새로운 실험 환경을 도입해
실험 횟수를 줄이는 방식, 세포·조직 연구로
대신하는 노력 등이 모두 3R 원칙에 따라
행하는 대안 연구다.

대체 실험에서 포유류 대신 어류를 사용하는 이유

이런 3R의 취지에 공감해 서울대 수의대의 한 연구팀은 '제브라피시(잉어 과의 대표적인 관상어)'를 이용해 암 메커니즘을 연구하고 있다고 한다. 그러나 이런 실험 방법에도 원론적인 문제는 여전히 남는다. 물고기도 엄연한 생명체이며, 물고기가 고통을 느끼는지, 느끼지 못하는지에 대해서도 객관적 규명이 미흡한 상태다. 그러나 어류는 포유류에 비해 고통을 기억하는 시간이 극히 짧은 것만은 사실이므로 제브라피시를 이용한 암 연구를 폄하할 수는 없다.

사실 국내에서는 이러한 대체 실험법을 연구하는 학자들은 손에 꼽을 정도다. 동물의 권리가 그만큼 무시되고 있는 현실이다. 일본은 상황이 다르다. 일본은 2006년 8월, 세계 동물 실험 대체법 연구자들이 모이는 '제6차 생명 과학에서의 동물 이용과 대체법에 관한 세계 과학자 회의'를 개최한다. 이 회의의 의장인 야수오 오노 박사는 말한다.

예전엔 일본에서도 불필요한 동물 실험을 하는 경향이 있었다. 동물이라고 해서 아무렇게나 대해선 안 된다. 이를테면 중추신경계

관련 약물의 안전성을 검증할 때, 굳이 영장류를 이용하지 않아도 된다. 배양 세포에서 검사해도 충분하다. 또한 될 수 있으면 하등 동물을 쓰고, 동물 실험을 할 수밖에 없을 때는 마취약을 쓰는 등 고통을 경감시켜야 한다. 대학은 문부성 규정에 따라 동물실험위원회를 의무적으로 설치해야 한다. 기업에는 권고 사항이다. 최근에는 '동물 애호와 관리에 관한 법' 안에 3R 법칙이 명시됐다. 이를 지키지 않으면 벌금이 부과된다.

화장품에서 주로 사용되는 동물 실험은 안점막 실험이다. 화장품이나 샴푸·린스의 특정 성분이 눈에 들어가도 실명이나 눈병의 위험이 없는지를 알아보기 위해서 이 실험을 한다. 일정량의 독성 물질을 토끼의 눈에 투여하고 1시간, 24시간, 48시간째 경과를 확인한다. 물론 간결한 실험 결과를 위해서 토끼는 결박되며 마취제의 투입도 제한된다. 유럽연합은 2009년부터 동물 실험을 이용한 화장품 생산과 판매를 금지하기로 했다. 또한 2005년 11월 7일에는 관련 업체와 연구자들이 모여 "화장품은 물론 화학 합성물에 대한 동물 실험도 금지하기 위해 이를 위한 대체 실험법을 연구해 보고한다."는 브뤼셀 선언을 발표했다.

현재 독일을 비롯해 여러 국가에서 동물 실험을 대체할 수 있는 첨단 기술들이 연구 개발 중인데, 이미 많은 경우 박테리아, 세포, 조직 등을 배양해 활용하는 실험이 동물 실험보다 더 빠르고 저렴하고 정확한 결과를 얻을 수 있다는 것이 입증되었다. 또한 여기에는 컴퓨터 시뮬레이션, 최첨단의 뢴트겐 실험 등이 활용되고 있다.

동물에게는 고통을 피할 권리가 없는가?

17세기에 데카르트(R. Descartes)는 동물 기계론을 제창하여, 동물체를 태엽을 감은 기계와 같이 생각한 바 있다. 그는 동물은 고통을 느끼지 못한다고 보았다. '나는 생각한다. 고로 나는 존재한다.'는 말을 남긴 데카르트는 사유 능력이 없는 동물은 살아 있기는 하지만 기계나 마찬가지의 존재라고 생각했다. 그래서 동물을 상대로 실험을 하거나 도축할 때 동물이 내는 비명은 기계에서 나는 삐걱거림이나 다를 바 없다고 했다. 본능에 끌려 다니는 동물의 행동은 그저 생리적인 반응일 뿐이라는 것이다.

그러나《동물 해방》의 저자 피터 싱어는 동물도 고통을 느낀다고 말한다. 동물도 인간과 같이 고통을 느끼는 존재이므로 동물의 이익을 인간의 이익처럼 고려해야 하다고 피터 싱어는 주장한다. 동물의 이익이 윤리적 차원에서 고려되어야 할 이유는 그들이 이성적으로 사고할 능력이 있는가, 대화를 할 능력이 있는가에 있지 않고 고통을 느낄 수 있는지의 유무에 달려 있다는 벤담(J. Bentham)의 말을 인용하면서, 피터 싱어는 동물들이 과거를 기리고 미래를 설계할 수 있는 능력이 없다는 것이나 공동체를 구성할 능력이 없다는 것은 그들의 이익이 고려되지 않아야 할 근거가 될 수 없다고 말한다. 피터 싱어는, 인간이 평등하다는 기본적 원리가 인간의 지성과 능력이 동등하다는 것이 아니라, 이익에 대한 동등한 배려로 보고 있다. 그러므로 고통과 쾌락을 감지할 능력이 있는 존재라면 마땅히 그들의 이익이 고려되어야만 한다는 것이다.

이와 같은 관점에서 볼 때, 다른 동물도 이익을 추구할 권리가 있기 때문에 인간만이 특권적인 존재는 아닌 것이다.

《동물 해방》에서 피터가 고발하는 동물들의 상황은 섬뜩하다. 가령, 축산업자는 송아지 축사를 항상 따뜻하게 해 두는데, 이는 송아지의 열량 손실을 막는 동시에 땀을 흘리게 하여 더욱 갈증을 느껴 식사를 하게 만들기 위해서다. 또 운동량을 줄여야 빨리 살이 찌기 때문에 축산업자는 송아지가 어떤 운동도 할 수 없게 감금한다. 그렇게 해서 송아지는 하루 종일 먹는 일 이외에는 아무 짓도 하지 못하는 상태로 비육된다. 우리가 자주 마시는 우유가 어떻게 생산되는가. 우유를 생산하기 위해서 젖소는 임신 가능해진 그때부터 5~6년 뒤 햄버거나 개 사료가 되기 위해 도축장으로 끌려가는 그날까지 줄곧 강제로 임신하게 되고 또 출산 후에는 즉시 새끼를 박탈당한다.

《동물의 역습》의 저자 마크 롤랜즈는 존 롤즈가 《정의론》에서 주장한 '평등의 원칙'과 '차등의 원칙'을 들어 동물들의 권리를 옹호한다. 그의 논점을 요약해 보자.

만약 당신이 남성이 될지 여성이 될지 모르는 상황에 있다면, 당신은 여성 차별이 존재하는 사회를 원하지 않을 것이다. 왜냐하면 당신이 여성이 될 가능성이 50%이기 때문이다. 따라서 성차별은 도덕적으로 옳지 않다. 당신이 인간인지 다른 동물인지 모른다면, 미각적 즐거움을 누리기 위해 다른 사람들이 당신을 죽이거나 고통스럽게 하는 상황을 원하겠는가? 몇몇 과학자들이 호기심을 만족시키기 위해 실험실에서 당신을 고문하고 죽이는 상황을 원하겠는가? 당신의 털이나 가죽을 벗겨 자신을 치장하기 위해 전기 충격이나 가스로 죽이는 상황을 원하겠는가? 절대 그렇지 않을 것이다. 당신이 어떤 종(種)에 속하는지 모르는 상태에서, 그런 상황에 처하길 원하지 않는다면 현실 세계에서 이러한 일이 일어나는 것은 불합리하다.

그의 논의 방식에는 다소 비약적인 면이 있지만 인간의 특권적 지위를 버리고 동물의 입장으로 돌아가 사태를 파악한다면 그의 주장은 나름대로의 도덕적 설득력을 갖는다고 할 수 있다. 롤랜즈의 주장은 동물에게도 인간과 똑같은 대우를 해 주어야 한다는 것은 아니다. 다만 인간과 동물의 차이는 인정함에도 불구하고 부당한 차별은 없어야 한다는 것이다.

공감의 능력에 바탕을 둔 동물 윤리

'동병상련(同病相憐)'이라는 말이 있다. 같은 병을 앓아 본 사람만이 그 병에 걸린 사람을 이해한다는 이야기다. 이 때 고통 받는 사람과 그를 지켜보는 사람을 이어주는 것은 고통에 대한 공감의 능력이다. 공감이란 타인의 처지와 감정을 내 것으로 받아들이는 데서 오는 감정이다. 그것은 타자의 처지와 감정을 자신의 것으로 일체화하는 데서 비롯되는 것이다.

타인의 기쁨과 고통을 내 것처럼 생각하는 공감의 정서는 단순히 개별적이거나 주관적인 것은 아니라고 생각한 이가 철학자 흄 (D. Hume)이었다. 그는 덕에 포함된 성질들은 즐거움을 주거나 유용한 것으로, 악덕에 속하는 성질들은 혐오감을 주거나 무용한 것으로 느껴지는데, 이 같은 구별은 인간들에게 대부분 동일하게 나타난다고 보았다. 쾌락과 고통에 대한 반응은 개별적이지만, 그 반응 능력인 도덕적 정서 자체는 인간에게 보편적이라고 보았다. 흄은 이러한 보편적인 인간의 도덕적 정서를 공감(sympathy)이라고 생각했다. 공감은 "자연이 인간에게 제공한 위대한 유사성"에 근거하고 있어서, 도덕성의 보편적 성향이나 원리로서 작용한다고 본 것이다. 나는 나이고 타인은 타인에 불과하다는 데서는 어떤 도덕이나 형제애도 생겨나지 않는다. 타인도 나와 같이 고통을 느낄 것이라는 데서 도덕과 형제애가 생겨난다. 타인과 내가 같을 것이라는 유사성에 대한 인간의 믿음이 도덕과 형제애의 바탕이 된다는 점에서 그 믿음에는 '위대한'이란 형용사가 붙여진다.

이 공감의 원리가 없다면 우리는 수천 년 전에 행해졌던 전제군주의 악덕에 대해서 도덕적으로 비난할 수 없고, 다른 나라에서 행해지는 독재자들의 횡포를 비판할 수 없다. 이렇게 볼 때, 흄에게 있어서 공감은 인간 본성 안에 있는 가장 강력한 도덕적 인식 능력이며, 도덕적 구별이나 판단의 보편적 원리가 되는 것이다.

타인에 대한 공감, 특히 고통 받는 사람들에 대한 공감은 이타
행동을 촉발시키는 경향이 있다. 2004년 12월 지진으로 인한 해
일 '쓰나미'로 동남아시아 국가들이 많은 피해를 입었을 때 대한
민국에서 가장 적극적으로 피해 국가를 돕겠다고 나선 지방자치
단체는 마산시였다. 예산이 많아서도 아니고, 다른 행정 구역보다
종교 활동이 두드러져서도 아니다. 마산시 역시 2003년 태풍 '매
미'로 큰 피해를 입었던 경험이 있었기 때문이다. 이미 아픔과 고
통을 겪었기 때문에 마산 시민들은 동남아시아 인들의 고통을 누
구보다도 깊게 이해할 수 있었던 것이다.

불우한 이웃을 도와주는 시민의 행위에는 높은 수준의 윤리 의식
만 있는 것이 아니다. 거기에는 불우한 이웃의 불행한 삶에 대한 공
감이 있다. 공감이 있기에 사람들의 마음이 움직이는 것이며, 그 결
과로 고통 받는 사람들에 대한 이타적 행동이 나오는 것이다.

종교는 인간의 공감 능력을 극대화시킨다. '내 이웃을 내 몸과
같이 사랑하라.'는 성경의 말씀도 결국 공감의 능력을 확대하라는
주문이고, '살생을 하지 말라.'는 불교의 불살계(不殺戒)는 자연계
의 뭇생명들에게로 인간의 공감 능력을 확대시킨 결과다.

2005년 동국대 수시2학기 │

제시문을 읽고, 유의 사항을 참조하여 물음에 답하시오.

* 제시문 (가)는 피터 싱어(Peter Singer)의 세계 윤리의 전반적인 내용—
  세계 윤리의 필요성, 의미와 기본 방향, 주안점, 전망 등—을 다룬 글이
  고, 제시문 (나)는 최치원(崔致遠)의「난랑비서(鸞郎碑序)」를 해설한 글
  이다. 제시문 (가)를 근거로 '세계 윤리(global ethic)'의 근본 취지를 밝
  히고, 제시문 (나)의 풍류도(風流道)가 '세계 윤리'의 세계관 확립 및 전
  지구적 문제 해결에 어떻게 기여할 수 있는가에 대해 자신의 견해를 논술
  하시오.

제시문 (가) 세계 윤리를 논하면서도 우리는 다른 한편으로 우리 자신이 속
한 한국 사회를 되돌아보지 않을 수 없다. (중략) 세계 윤리를
실현하기 위한 첫걸음이 국가 간의 조화와 세계 공동체 의식의
확립에 있음을 인정할 때, 한국인의 조화 정신과 공동체 의식
은 세계 윤리의 토대로 삼아도 부족함이 없으므로 크게 부각시
킬 필요가 있다. (중략) 모든 사람이 유엔(UN)에서 채택한 '세
계 인권 선언' 제1조와 같은 보편적 가치를 지니고 있는 한, 우
리는 각자가 가진 특수성을 넘어 모두가 하나의 지구촌 구성원
이라는 의식을 가지고 공동의 목표를 향해 노력해야 한다. 그
리고 그 목표는 바로 인류의 생존과 번영이다.
　　　　　　　　　－출처『고등학교 윤리와 사상』, 교육 인적 자원부, 2003.

제시문 (나) 풍류도는 모든 종교나 문화의 상호 포함성, 즉 모든 종교·문화
의 조화(調和)와 상생(相生), 공존(共存)을 천명한 것이라 할
수 있다. 모든 생명을 가까이 사귀어서 감화시키고 변화시키고
진화시키기 위해서는 존재하는 모든 것을 생명으로 대할 것이

요구되며, 이러한 요구는 인간으로부터 무생물에 이르기까지 생명의 영성(靈性)을 긍정하는 것을 기반으로 하고 있다.

육식, 무엇이 문제인가?

어떤 음식이든 가리지 않고 골고루 먹는 것이 건강에 이롭다는 것이 우리의 상식이다. 그러나 《육식의 종말》의 저자, 제레미 리프킨은 육식이 인간의 건강을 망치고 환경을 망친다는 주장을 편다. 제레미 리프킨은 인간이 고기를 먹는다는 것에 어떤 문제들이 있는지 사회·경제·환경·건강·정치 등 여러 측면에서 고찰하고 있다.

이 책에 의하면 미국에서는 미국인 2.5명당 1마리꼴인 약 1억 마리의 소가 사육되고 있다. 소 한 마리의 배설량은 사람 16명 분량에 해당되며 24시간마다 21.3kg의 분뇨를 배출한다. 농경지에 사용되는 질소질 비료와 가축 분뇨 등에서 발생하는 아산화질소는 비록 대기 중 농도는 낮지만 지구 온난화의 잠재력은 이산화탄소의 310배, 메탄의 21배나 된다고 한다. 사육장에서 흘러나오는 축산 폐기물의 양을 살펴보면, "소 1만 마리를 사육하고 있는 비육장에서 배출되는 유기 폐기물은 11만 인구의 도시에서 발생하는 쓰레기 양과 맞먹는다."는 것이다. 산업화에 따른 화석 연료 사용이 강력한 온난화의 주범이지만 가축의 분뇨 또한 지구 온난화에 무시할 수 없는 영향을 준다는 이야기다.

원래 소는 풀을 먹는 동물이지만 인간들은 지방이 촘촘히 박힌 깊은 맛의 쇠고기를 만들기 위해 소에게 기름진 옥수수 등 곡류를 먹이기 시작했다. 사람이 먹어야 할 식량을 소에게 먹인 것이다. 그 결과 지구에서 생산되는 전체 곡식의 3분의 1을 가축이 먹어치우고 있다. 세계적으로 본다면, 지구상의 소는 12억 8천 마리로 추산되고 있으며, 소 사육 면적은 전 세계 토지의 24%를 차지하고 있다. 또 소를 먹이기 위한 곡물 사료의 재배로 인하여 10억 명 이상의 인구가 기아로 고통 받고 있다. 뿐만 아니라 육식 문화의 결과 콜레스테롤의 과다 섭취로 인해 많은 사람이 비만, 심장병, 당뇨병, 암 등으로 고통 받고 있는 실정이다. 오늘날 지구상에서는 10억의 사람들이 넘치는 지방을 주체 못해 다이어트에 열을 올리고 있는 반면에 또 다른 10억의 사람들은 기아에 허덕이고 있다.

또한 대규모 사육을 위하여 지구의 허파로 불리던 열대 우림이 흔적도 없이 사라지고, 그들이 배출하는 분뇨에서 발생하는 메탄, 이산화탄소, 아산화질소 등이 지구 온난화의 주범이 되고 있다. 소의 방목을 위한 목초지 조성으로 인해 1966~83년에는 아마존 밀림의 38%가 소 사육에 필요한 목초지 개발로 집중적으로 훼손되었다. 지구의 허파라고 불리는 중남미의 수백만 에이커에 달하는 열대 우림 지역이 이미 소 방목용 목초지로 개간 중이라고 한다. 이러한 소 방목으로 인해 사하라 이남과 미국, 호주 남부 목장 지대에서 사막화가 진행되고 있다.

미국의 환경 단체인 지구 정책 연구소는 중국 서북부 일대의 급속한 사막화로 인한 거대한 황사로 수백만 명의 환경 난민이 발생할 수 있다고 경고한 바 있다. 이 연구소의 보고서에 의하면 "1950년대 이후 중국 북서부 일대에 방목하는 가축의 수가 3배 이상 늘어나 이 지역이 급속히 사막화하고 있다."며 "사막화에 따른 최악의 황사가 농경지를 뒤덮어 수백만 명의 주민들이 동쪽으로 이주해야 하는 상황이 올 수도 있다."고 전망했다. 이 사막화로 인해 예전에는 봄철에 단 며칠에 불과했던 황사 일수가 비약적으로 늘어나고 있는 실정이다. 물론 중국 서북부 사막화의 원인을 가축 사육을 위한 목초지 조성에 따른 숲의 파괴에 전적으로 돌릴 수만은 없다. 그러나 중국의 자본주의화가 중국인의 육식 소비를 늘림으로써 사막화를 가속하고 있다는 지적은 결코 무시할 수만은 없다.

사람들이 육식을 많이 하는 것은 물을 대량 소비하는 원인이 된다. 가축을 키우는 데는 같은 칼로리를 내는 곡물을 재배하는 것보다 10배나 많은 물이 소요된다. 지구촌은 지금 11억 인구가 식수 부족에 시달리고 있고, 한해 810만 명이 더러운 물을 먹다 목숨을 잃고 있는 실정임을 감안한다면 가축을 키우는 데 지나치게 많은 물을 사용하고 있는 것은 아닌지 점검해 보지 않을 수 없다.

중앙 아메리카에서 방대한 축산 단지를 하나 더 만들면 소수의 부유한 지주들과 그들의 정치적 동맹자들은 더 부유하게 되지만, 이 때문에 많은 농민들이 빈궁하게 되고, 광범위한 사회 불안과 정치적 소요를 일으키는 원인이 된다. 중앙 아메리카에서 농촌 가족의 반 이상이(3,500만의 사람들이) 현재 토지를 전혀 소유하지 못하고 있다. 그들은 자립하기에는 턱없이 모자란 토지를 확대하면서도 그 가운데 많은 부분을 목초지로 이용하고 있다. 이런 상황에서도 토지 귀족들과 다국적 기업들은 계속하여 토지 점유를 확대하면서 그 가운데 많은 부분을 목초지로 이용하고 있다.

《음식 혁명》의 저자이자 미국 최대의 아이스크림 회사 '배스킨 라빈스'의 상속자였던 존 로빈스는 아예 육식이 건강과 세상을 망친다고 노골적으로 말한다. 그는 세계적 아이스크림 기업 '배스킨 라빈스'의 유일한 상속자였음에도 불구하고 타고난 부와 명예를 뿌리치고 유제품과 축산물에 감춰진 사실을 세상에 알리기 위해 환경 운동가로 변신했다. 그는 방대한 자료를 통해 식생활의 전환을 주장한다.

존 로빈스의 책에 의하면 인류를 위해서 2.5 에이커의 땅에서 양배추를 생산하면 23명이 먹고 살 수 있다. 감자는 22명, 쌀은 19명, 옥수수는 17명, 밀은 15명. 그러나 닭고기를 생산하면 2명, 소고기는 1명만이 먹고 살 수 있다. 또 초식 동물인 가축들에게 인간이 먹어야 할 곡물을 먹이는데, 만약 풀로만 가축들을 키우면 약 4억의 인구를 먹여살릴 수 있는 1억 3천만 톤의 곡물을 절약할 수도 있다.

단시간에 부드러운 육질로 살찌우기 위한 소, 돼지, 닭의 사육 환경에서 생명에 대한 존중 의식을 찾아보기 어렵다. 날개조차 퍼덕일 수 없는 비좁은 닭장 안의 닭들에겐 엄청난 양의 성장 호르몬제가 투여된다. 또한 좁은 공간에서 받는 스트레스 때문에 부리로 상대방을 쪼아 죽일 수도 있기 때문에 양계장의 닭들의 부리는 모두 잘리기까지 한다. 엄청난 양의 항생제가 투여되기 때문에 양계장의 닭들에게는 병들 권리조차 없다. 양계장의 조명도 닭들을 혹사한다. 조명이 켜져 있는 한 닭들은 밤을 낮으로 알고 모이를 먹기 때문이다.

존 로빈스의 책은 계속해서 육식 문화의 비인간성을 지적한다.

농장주들은 피가 덜 밴 흰 고기를 얻기 위해 소의 빈혈을 유도하고, 닭을 좁은 축사에 가둬 심장과 폐에 기름 덩어리가 끼도록 만든다. 닭의 배설물로 닭의 사료를 만들고, 돼지와 닭 뼈, 뇌조각, 깃털 등을 짓이겨 가축에게 먹인다.

　존 로빈스는 책을 통해 질병과 육식의 관계, 채식의 필요성, 현대 축산 문화의 잔혹함, 유전자 변형 식품의 위험성 등을 고발한다. 2000년을 기준으로 대한민국의 1인당 육류 공급량은 40.3kg으로, 유럽 국가 등 선진국(72~124kg)에 비해 크게 낮다고 한다. 그러나 10대들이 서구의 음식 문화에 급속도로 빠져들어 가고 있는 시점에서 육식 문화에 대한 반성이 필요한 것은 아닌지 진지한 검토가 필요한 때다.

11

귀납적 방법은

진리의 산출에

기여할 수

있는가?

한국과 일본과의 야구 시합이 있는 날,

친구들이 모두 모여 야구를 보고 있다.

점수는 0:0, 팽팽한 긴장 상태다.

모두들 잔뜩 숨을 죽이고

TV를 응시하고 있을 때,

K라는 친구가 방으로 들어온다.

그 순간 일본 타자가 안타를 치고

일본은 1점을 낸다.

방 안에 있는 친구들은 K를 쏘아본다.

K는 머쓱해서 방을 나간다.

그러나 '나 때문에 한국이 안타를 맞는 것도 아니다.

내가 잘못한 것이 뭐람.' 하는 생각도 든다.

그래서 친구들이 모인 방으로 다시 들어서는 순간,

한국은 다시 일본 타자에게 안타를 맞는다.

다시 친구들의 눈이 K에게 쏠린다.

친구들의 사늘한 눈초리는 마치

'너 때문에 우리가 안타를 맞았잖아!'라고

말하고 있는 듯하다.

경험의 일반화는 어떤 문제점을 안고 있는가?

K가 방 안에 들어 온 사실과 한국이 안타를 맞았다는 사실은 아무런 인과 관계가 없다. 굳이 어떤 관련을 찾자면 K가 방 안에 들어온 사건은 한국이 일본에게 안타를 맞은 사건과 비교할 때 시간적으로 선행된다는 사실일 뿐이다. K가 방 안에 들어 온 사실과 한국이 안타를 맞았다는 사실은 시간적인 선후 관계일 뿐이다. 이 시간적 선후 관계를 인과 관계로 파악하면 오류에 빠진다.

잘 알다시피 번개와 천둥은 한 가지 현상의 두 가지 다른 모습일 뿐이다. 그러나 자연 과학에 대한 이해가 부족했을 때는 번개가 천둥의 원인이라고 생각했다. 선후 관계를 인과 관계로 파악한 데서 오는 오류다.

이런 식의 오류는 일상생활에서 흔히 관찰된다. 가령 많은 사람들이 매운 음식을 독한 소주와 함께 먹으면 몸에 땀이 나고 열이 나면서 감기가 낫는다고 한다. 어떤 사람이 매운 음식을 소주와 함께 먹었는데 우연히 감기가 나을 수는 있다. 그러나 이런 현상을 두고 매운 음식을 소주와 함께 먹은 것이 감기가 나은 것의 원인이라고 할 수는 없다. 매운 음식과 소주를 먹은 사건과 감기가 나은 사건은 단지 선후 관계일 뿐이지, 인과 관계는 아니다.

'까마귀 날자, 배 떨어진다.'는 우리 속담이 있는데, 이 또한 단순한 선후 관계를 인과 관계로 파악하는 데서 오는 오류를 지적하는 예이다. 까마귀가 나는 것과 배가 떨어지는 것은 선후 관계이지만, 원인과 결과의 관계는 아니다. 다시 말해서 까마귀가 날기 '때문에' 배가 떨어지는 것은 아니라는 이야기다.

민간 지식을 흔히 비과학적 지식이라고 한 것은, 많은 민간 지식이 단순한 선후 관계를 논리적 인과 관계로 파악하는 데서 오류를 빚고 있기 때문이다.

1980년에 식초가 연탄가스 중독 치료에 효과가 있다는 논란이 있었다. 연탄가스를 맡고 신음하고 있는 사람에게 식초를 코에 갖다 대었더니 연탄 중독으로부터 깨어났다는 사실을 일반화하여 식초가 연탄가스 중독에 효과가 있다는 기사가 신문에 난 것이다. 그러나 이 결과는 추후 실험과 연구에서 부정되었고, 김치 국물이나 식초로 인한 효과는 자극성이 있어 자극 효과인 것으로 결론이 내려졌다. 이 또한 단순한 선후 관계를 인과 관계로 파악하는 데서 빚어진 오류라고 할 수 있다. 이러한 오류는 단순히 인식론적 결함에 머물지 않고 한 사람의 생명을 앗아갈 수 있다는 데 문제의 심각성이 있다.

영국의 철학자 러셀(B. A. W. Russell)의 저서 《철학의 제 문제》에는 칠면조의 비유가 등장한다. 이야기를 각색하면 다음과 같다.

우리 주인집 아저씨는 저를 시장에서 사다 자신의 농장에서 길렀습니다. 그런데 주인 아저씨는 매일 이상한 행동을 했습니다. 그는 저희들에게 모이를 주기 전에 항상 종을 치는 것이었습니다. 처음에는 '혹시 주인이 바보가 아닐까. 왜 저런 쓸데없는 행동을 할까.' 하고 의심도 해 보았죠. 하지만 하루도 아니고 세 달 이상을 그렇게 하니까 저는 '주인 아저씨는 우리에게 모이를 주기 전에 항상 종을 친다.' 라는 결론을 내리게 되었습니다.

오늘도 주인 아저씨는 여느 때와 마찬가지로 종을 쳤습니다. 저는 그 종 소리를 듣고 '주인 아저씨가 모이를 주는 구나.' 하고 생각하고는 부리나케 뛰어갔습니다. 그런데 그만 저는 주인 아저씨에게 목이 잘려 식탁에 올려졌습니다. 알고 보니 오늘은 크리스마스 이브였습니다.

이 유명한 칠면조의 예는 귀납추론의 문제를 너무나 극명하게 보여 주고 있다. 이 이야기에서 칠면조가 내린 결론과 전제는 이렇다.

(결론) 주인 아저씨는 오늘도 우리에게 모이를 줄 것이다.
(전제1) 왜냐하면 주인 아저씨는 항상 종을 친 다음에 우리에게 모이를 주었기 때문이다.
(전제2) 왜냐하면 오늘도 주인 아저씨는 종을 쳤기 때문이다.

그러나 칠면조의 귀납적 추론은 논리상의 문제를 안고 있다. 이는 연역적 추론법을 귀납적 추론에 적용할 때 필연적으로 발생하는 문제이다. 연역적 삼단논법을 보자.

대전제 : A이면 B이다.

소전제 : A이다.

결론 : B이다.

그러나 이를 귀납적 추론에 적용하면 칠면조의 결론과 같은 그릇된 결론에 도달하게 된다.

특정 장소와 시간에 일어난 특정 사건에 대한 서술로서의 '관찰언명'들로부터, 일반화·법칙화를 통해서 모든 장소와 시간에 걸쳐 있는 특정 종류의 모든 사건에 대한 언급으로서의 '보편언명'을 이끌어 내는 것으로서 사태를 파악하는 것이 귀납주의다. 이때 일반화·법칙화의 조건은 첫째, 수적으로 많은 관찰언명들이 있어야 하며, 둘째, 다양한 조건 하에서 반복되는 것이어야 하고, 셋째, 받아들여진 어떠한 관찰도 도출된 보편 법칙과 모순되어서는 안 된다는 것이다.

귀납주의자에게 있어 진리의 장소는 머릿속이 아니라 구체적 현실이다. 귀납주의자들은 모든 과학 활동을 관찰 또는 경험을 바탕으로 재구성하려고 한다. 열을 가하면 금속이 늘어난다는 많은 관찰을 모으면 '금속은 열을 받으면 팽창한다.'는 일반화가 가능해진다고 귀납주의자들은 생각한다.

이런 식의 귀납법은 20세기에 들어와 과학 철학자 칼 포퍼(K. R. Popper)에게 직격탄을 맞는다. 포퍼의 '백만 마리의 흰 고니를 보았다고 하더라도 백만 한 번째 고니는 검을 수 있다.'라는 논증은 귀납주의의 논리적 토대에 심각한 훼손을 가져온다. n번을 관찰하여 보편언명을 끌어낸 것은 n + 1번째 관찰에 의해 뒤집힐 수 있다는 이야기다. 따라서 귀납추리는 결국 100% 예측을 보장하지 못하고 확률론으로 후퇴하게 된다.

귀납적 추론이 정당화되기 위해서는 동일한 상황에서 과거에 발생했던 사건이 미래에도 동일하게 발생해야 한다. 왜냐하면 귀납추론의 전제는 언제나 과거에 수집한 사례이기 때문이다. 흄(D. Hume)은 이에 대해서 "미래가 과거와 비슷하리라는 믿음은 정당화되는가?"라고 물었다. 과거에 그랬던 것이 미래에도 그럴 수 있다는 귀납주의에 치명상을 입힐 수 있는 질문을 던진 것이다.

흄은 정당화될 수 없는 귀납적 믿음이 어떻게 해서 생기는가를 추적하여, 귀납적 믿음은 "유사함의 반복에 의해 발생한 습관"이라는 결론에 도달했다. 매일 매일 태양이 떴다는 과거의 사실로부터 매일 해가 뜬다는 귀납적 결론이 유추되었지만, 이런 결론은 엄밀함을 결여하고 있다고 보았다. 예를 들어 아궁이에 불을 땔 때마다 굴뚝에서 연기가 났다고 하는 반복적 경험으로부터 아궁이에 불을 때면 굴뚝에서 연기가 난다는 사실을 일반화할 수 없다는 것이다. (연소해도 연기가 나지 않는 물질이 존재할 수도 있지 않은가?)

관찰은 객관적인가?

귀납주의는 모든 과학 활동을 관찰 또는 경험을 바탕으로 재구성하려 했다. 그러나 관찰 자체가 모든 사람들에게 절대적으로 동일하지 않고 상대적이라고 한다면 그만큼 귀납주의의 토대는 허술해진다.

사물에 대한 인식은 먼저 사물을 관찰한다는 것, 즉 '본다'는 행위에서 출발한다. 사물을 '본다'는 행위는 먼저 인식의 주체인 사람이 사물에 눈을 고정시킴으로써 출발한다. 사물에 눈을 고정하면, 사물에 반사된 빛이 눈동자의 각막을 통과하여 망막에 물체의 상이 맺히게 되고, 망막에 맺힌 상이 시신경을 거쳐 뇌로 전달되면, 뇌는 그 사물이 무엇인가를 해석하게 된다. 문제는 이 해석 과정이다. 사람마다 이 해석의 과정이 상이하다. 가령 배가 고픈 사람과 배가 부른 사람이 똑같은 사과를 보았다고 할 때, 배가 고픈 사람이 배가 부른 사람보다 그 사과를 더 크게 인식할 가능성이 있는 것이다. 결국 여러 관찰자의 망막에 맺힌 상이 같더라도 그들의 시각 경험이 똑같다고 말할 수 없다. 달리 말하면 동일한 사물이라도 그 사람이 처해 있는 상황에 따라 얼마든지 달리 관찰될 수 있는 것이다.

관찰이 주관적 속성을 지닌다고 주장하는 극단적인 주장을 하는 현대 과학자들도 있다. 그들은 우리가 절대적이라고 믿고 있는 많은 것이 사실은 주관적인 것이라고 주장한다. 그들은 관찰자들은 동일한 것을 볼지라도 각자가 가지고 있는 지식, 신념, 기대감, 가치관 등에 따라 서로 다른 관찰 내용을 가질 수 있다고 주장한다. 이를 '관찰의 이론 의존성'이라 한다. 관찰자가 어떤 사물을 관찰하기 전에 가졌던 생각이나 정서나 이론이 관찰에 영향을 준다는 것이 관찰의 이론 의존성이 함축하는 의미다.

예를 들어 현미경을 통해 세포를 관찰하는 경우 생물학자는 거기에서 핵과 미토콘드리아 등등을 잘 구별해 낸다. 그러나 과학적 훈련을 전혀 받지 않은 사람의 눈에는 이런 것들이 관찰될 리가 없다. 또 초음파로 뱃속의 아기를 검사하는 경우, 의사는 아기가 남자인지 여자인지를 금방 구별해 낸다. 또 팔과 다리의 이상도 구별해 내지만 일반인들로서는 뭐가 뭔지 알 수가 없다. 똑같은 것을 보더라도 그들이 가진 지식의 정도에 따라 관찰의 결과가 달라지는 것이다. 심지어는 전문가들조차도 하나의 상황을 다르게 관찰하는 경우가 허다하다.

최영준은 〈과학은 객관적인가?〉라는 글에서 동일한 상황이 상이한 견해를 가진 관찰자에 의해서 다르게 해석될 수 있다는 사실을 보여 주는 흥미로운 사례를 들고 있다.

1900년경 영국에서 벌어진 수리 통계학상의 논쟁은 가장 엄밀한 해석적 방법인 수학에 있어서도 해석자의 주관이 개입할 여지가 있음을 보여 준다. 특정한 전염병의 사망자 집단과 생존자 집단 내에서 백신을 맞은 사람과 그렇지 않은 사람들의 분포가 어떤 상관 관계를 갖느냐는 문제에 대해, 동일한 통계 자료를 놓고 수리 통계학자들은 각기 해석을 달리하는 두 개의 진영으로 갈라졌다. 당시 영국 내에서는 우생학, 즉 전 국민을 대상으로 한 생물공학적 프로그램을 실행함으로써 국민의 유전적 형질을 개선할 수 있는가에 대한 논쟁이 한창이었는데, 이들은 각기 이에 대해 상반되는 입장을 취하고 있었다. 결국 이들 두 집단은 우생학에 대한 찬반 입장에 따라 동일한 통계 자료를 놓고 이를 자기들의 입장을 강화시켜 줄 수 있는 방향으로 해석하려 하였던 것이다.

최영준은 같은 책에서 관찰자를 둘러싼 사회적 환경 또한 관찰에 영향을 미칠 수 있는 흥미로운 예를 들고 있다.

20세기 초반기 천문학의 가장 큰 논란의 하나였던 '화성의 운하'는 사실 존재하지 않는 것이었다. 그러나 당시 많은 천문학자들은 망원경으로 화성을 관측한 결과 망상의 조직이 화성 표면에서 관측되었으며, 이것은 화성인이 관개를 위해 만든 운하일 것이라고 주장하였다. 심지어 퍼시벌 로웰과 같은 천문학자는 20여 년에 걸쳐 화성을 관측한 결과를 모아 화성의 운하 지도를 만들기도 하였다. 로웰은 당시로서는 최고의 천문학자로 손꼽히는 사람이었고 그가 사용한 관측 기기 또한 현대적 기준에서 보아도 아주 우수한 것들이었다. 그런 그가 화성 운하의 존재를 굳게 믿었던 것은 20세기 전반기의 외계 생명에 대한 대중적 관심과 열광 때문이었던 것으로 보인다.

사물에 대한 관찰로부터 과학이 출발한다면 '동일한 사물이 관찰자가 처한 상황에 따라 얼마든지 다르게 관찰될 수 있다.'라는 사실은 과학의 존립 근거를 흔드는 사실이라고 할 수 있다. 이에 '관찰과 더불어 과학이 시작된다.', '관찰은 지식의 확고한 근거를 마련한다.'는 가정은 심각한 도전을 맞게 되는 것이다.

참된 과학의 가능성

어떤 것이 '진짜 과학'이고 어떤 것이 '사이비 과학'인가를 학문적으로 규정하려고 했던 과학 철학자 칼 포퍼는 과학과 사이비 과학을 구분 짓는 기준을 '반증 가능성'이라고 했다.

그에 따르면 아인슈타인(A. Einstein)이 1916년 발표한 일반 상대성 이론은 관찰 결과로 참과 거짓이 판명될 수 있는 과학이다. 중력에 의해 시공간(時空間)이 휜다는 이론을 처음엔 아무도 믿지 않았다. 그러나 영국의 천문학자 에딩턴은 개기일식 때 별빛이 태양의 중력에 의해 휘는 것을 밝혀 냈다.

칼 포퍼는 《열린 사회와 그 적들》에서 아인슈타인의 이론처럼 반증될 수 있는 가능성을 지녀야 '참과학'이라고 했다. 그러나 마르크스의 역사 이론이나 프로이트의 심리학은 명쾌한 설명력 때문에 새로운 진리에 눈이 뜨이는 효과를 주기는 하지만 반증의 여지가 없으므로 참된 과학이라고 볼 수 없다는 것이다. 칼 포퍼는 "과학은 객관적이며 합리적이기 때문에 위대하고 아름답지만, 절대적이고 초월적인 것이 아니기 때문에 신성시하고 우상화해서는 안 된다."라고 말하면서 과학의 발전은 기존 이론의 오류를 찾아 더 나은 이론을 정립하는 과정에서 이루어진다고 주장했다.

1999년 한양대 |

(가)에서 다윈(Darwin)은 모든 생명체가 하나의 조상으로부터 나왔다는 가설을 지지하는 논변을 펼치고 있다. 여기서 다윈이 사용하는 추론 방식은 (나)에서 데카르트(Descartes)가 옹호하는 과학적 탐구의 방법과는 달라 보인다. 다윈이 결론을 이끌어 내는 방식을 분석하고 다윈의 논변을 (나)에 나타난 데카르트의 견해에 의거해 비판하는 것은 정당한지 자신의 견해를 논술하시오.

제시문 (가)　　유추는 사람을 속이는 안내자일 수도 있다. 그렇지만 모든 생물은 그들의 화학적 조성, 세포적 구조, 성장의 법칙 등에 있어서 공통점과 유사성을 많이 갖고 있다. 그리고 동일한 독극물이 이따금 동식물에 마찬가지로 작용한다는 사실, 오배자 벌레가 분비하는 독이 들장미뿐 아니라 참나무도 기형적으로 성장하게 한다는 사실 등은 생물체들 간의 유사성을 보여 주는 예들이다. 약간의 하등 생물을 제외하고는 모든 생물의 유성 생식은 본질적으로 같다고 생각된다. 만일 이것을 인정한다면 적어도 우리는 지상에서 생존한 모든 생물이 어떤 하나의 원시형태에서 유래되었을 것이라는 점을 또한 인정하지 않을 수 없다. 물론 이러한 추론은 주로 유사성에 바탕을 둔 것이다.

제시문 (나)　　데카르트는 그의 '철학의 원리'에서 다음과 같이 주장하였다. "나는 형태가 있는 사물에 관하여서는 기하학자들이 정의한 양(量)과 그들이 증명의 대상으로 택한 것 이외에는 모르고 있다고 솔직히 고백한다. 대상을 다루는 데 있어 나는 단지 모양과 분할과 운동만을 생각할 뿐이다. 의심의 여지가 없는 보편적 진리로부터 수학적 증명에서와 같은 확실성을 지니면서 연역될 수 있는 결론들 이외에는 어떤 것도 참이라고 받아들일 수가 없기 때문이다. 이와 같은 방식으로 모든 자연 현상을 다 설명할 수 있으므로 우리는 자연에 관한 탐구에 있어서 수학적·연역적 방법 이외의 어떠한 불확실한 방법도 허용해서는 안 된다고 생각한다."

통계는 과연 객관적인가?

전체를 구성하고 있는 개별자 하나하나의 성질을 파악하는 데는 비용도 문제지만 적지 않은 시간이 소용된다. 이럴 때 취할 수 있는 방법이 집단에서 임의로 취한 표본으로부터 얻은 수치를 근거로 사람 또는 사물의 특성을 알아 내는 방법이다. 표본의 연구를 통해 전체를 파악하는 것이 통계의 목적이다. 전체 집단의 성질을 '표본'이라는 작은 집단의 성질로 미루어 추론한다는 점에서 통계는 귀납추리의 일종이라 할 수 있다.

신문에는 각종 기관에서 발표하는 통계 수치가 하루도 빠짐없이 발표된다. 전문적인 조사 기관의 발표인데다 그 통계 자료를 작성한 사람들의 전문성으로 미루어 통계 자료는 사회 현상을 왜곡 없이 반영하고 있다고 사람들은 대개 믿는 경향이 있다. 그러나 영국의 정치가 디즈레일리(B. Disraeli)는 "세상에는 3가지 형태의 거짓말이 있는데 그냥 거짓말과 새빨간 거짓말, 그리고 통계다."라고 말한다. 통계는 거짓과 손잡기 쉽다는 독설이다.

대럴 허프의 저서 《새빨간 거짓말, 통계》라는 책은 통계에 대한 대중들의 믿음이 얼마나 취약한 근거 위에 세워져 있는가를 보여 준다. 대럴 허프는 자신의 책을 '통계로 사기 치는 방법을 알려 주는 일종의 입문서'로 묘사한다. 이 책은 통계 전문가들이 즐겨 사용하는 모든 형태의 통계를 늘어놓으며, 표본 연구, 도표화, 인터뷰 기법, 숫자로부터 결론을 추출하는 방법 등을 분석하여 정보를 전달하기보다는 오히려 사람을 바보로 만들기 위해 쓰인 수많은 속임수들을 드러내어 보여 준다.

1898년, 미국과 스페인이 쿠바에서 벌인 전쟁에서 미 해군의 전사율은 1,000명당 9명이었다. 같은 기간 뉴욕의 사망률은 1,000명당 16명이었다. 전쟁터에 나가는 것보다 대도시에서 죽을 확률이 더 높게 나온 것이다. 해군 징병관들은 이를 근거로 해군에 입대하는 것이 뉴욕에 사는 것보다 안전하다고 선전했다.

어떻게 이런 일이 벌어졌을까. 답은 간단하다. 해군은 대부분 육체적으로 건강한 청년들로 구성돼 있는 데 반해 뉴욕 시민 중엔 갓난아기와 노인, 환자 등이 포함돼 있다. 그래서 뉴욕의 사망률이 더 높게 나온 것이다. 그러나 이 통계는 거짓이다. 표본 집단이 다르기 때문이다. 애당초 두 집단은 비교 대상이 아니다. 제대로 비교하려면 표본 집단의 연령층을 맞춰야 한다. 즉 해군 장병들과 같은 또래의 뉴욕 청년들을 비교해야 한다. 노인과 어린아이와 환자들을 뺀 뉴욕의 청년들과 같은 또래의 해군들을 비교해야 통계적으로 의미 있는 자료가 된다. 미 해군의 선전은 그런 확률이 나오게 된 조건을 따지지 않은 데서 비롯된 오류다.

그렇다면 대체 왜 이런 엉터리 통계가 등장하게 되는 것일까. 한 명의 젊은이라도 군대로 더 데려오기 위한 의도에서 엉터리 자료가 만들어진 것이다. 이런 통계의 숫자에 속지 않기 위해서는 누가, 어떤 의도를 가지고, 어떻게 통계 자료를 만들었는지에 대해서

의심해 보아야 한다. 또 빠진 데이터가 없는지 숨겨진 자료를 찾아봐야 하고, 상식적으로 말이 되는 이야기인가를 살펴봐야 한다.

이런 사례를 보자. 중국의 한 지역에서 세금과 징병의 목적으로 인구 조사를 실시했다. 조사 결과 그 지역의 인구는 2,800만 명으로 나타났다. 그런데 몇 년 후 같은 지역에서 기아 구제에 대한 인구 조사가 다시 실시됐다. 이때는 인구가 1억 500만 명이라는 결과가 나왔다. 대체 어떻게 이런 상식에 어긋나는 일이 벌어진 것일까. 처음 조사에서는 세금과 징병을 피하려는 목적에서 사람들이 가족 수를 줄여서 응답했을 것이고, 둘째 조사에서는 기아 구제 구호 혜택을 많이 받으려는 이유에서 가족 수를 부풀렸을 가능성이 높다. 이런 거짓 응답이 중국의 시골에서만 일어날 뿐, 통계 숫자가 어떤 사태에 대한 정확한 실상을 반영하고 있다고 생각한다면 오산이다. 세금을 내기 위한 소득 신고에서도 여전히 이 같은 현상이 벌어지고 있다. 이런 사정을 감안한다면 '음란물을 보느냐.'는 질문에 대한 청소년들의 답변을 통계 자료로 이용하는 것은 적절하다고 할 수 없다. 질문의 응답 자체가 사회적인 규범에 의해 사회적으로 바람직하다고 여겨지는 특정한 대답을 할 수밖에 없는 경우 응답자들은 자연스럽게 거짓말을 하거나 응답을 거부하게 되기 때문이다.

사람들은 소수점이나 백분율(%)이 붙은 자료들을 맹목적으로 신뢰하는 경향이 있다. 그러나 통계를 작성하고 해석하는 과정에서 실수나 착각으로 오류를 범하거나 의도를 가지고 조작하는 경우가 적지 않기 때문에 이를 곧이곧대로 믿어서는 안 된다.

통계청은 2002년 결혼한 부부가 30만 6,600쌍이고, 이혼한 부부는 14만 5,000쌍이므로 이혼율이 47.4%에 이른다고 발표한 바 있다. 그러나 이에 대해 법원 행정처가 종전의 이혼 통계에 문제가 있다고 지적했다. 종전의 이혼율은 '특정 연도의 결혼 건수와 이혼 건수를 단순 비교'하는 방식이다. 하지만 결혼 연령은 집중돼 있는 반면 이혼 연령은 분산돼 있으므로 모집단의 크기가 다르다는 사실을 인정한다면 47.4%라는 숫자는 실제 이혼율과는 큰 차이가 있다고 봐야 한다. 이런 문제점을 해결하기 위해서 법원 행정처는 '결혼 경험이 있는 사람들의 총 결혼 횟수 대비 총 이혼 횟수를 이혼율로 산정하는 방식'을 제안한다. 이에 따라 현재 생존 인구의 전체 결혼 건수 2,815만여 건에 전체 이혼 건수 262만 건을 대비하면 이혼율은 9.3%로 줄어든다. 통계청의 방식으로는 두 쌍 중 한 쌍이 이혼하는 결과가 나오고, 법원 행정처의 방식으로는 열한 쌍 가운데 한 쌍이 이혼하는 셈이다.

재정 지출을 확대하기 위해 국가 부채 통계를 유리한 방향으로 해석한다거나, 빈부 격차에 따른 박탈감을 부채질하고 갈등을 촉발하기에 알맞은 수치를 조작할 때 통계는 정권의 시녀가 된다. 정부는, 자신에게 유리한 통계는 꾸준히 재생산하고, 불리한 통계는 감추어서는 안 된다. 현실을 냉정하게 반영하는 객관적 통계가 있어야 이를 바탕으로 건전한 정책 결정을 할 수 있다. 올바른 통계 없이 올바른 사회를 기대할 수 없는 이유가 바로 여기에 있다.

12 _____ 인간은

생물학적 본성을

넘어

이타적일 수

있는가?

자신의 희생을
감수하더라도
타인의 이익을
증가시키는 행동을
우리는 이타적인
행동이라고 한다.
하지만 경제학적 인간은
자신의 이익은
최대한으로 늘리고
손해는 최소한으로
줄이는 것을 목표로 행동한다.
자신의 이익을
증가시킬 수 있다면
그 행동은 윤리적으로는
다소 문제가 있을지 몰라도
경제적으로는 바람직한 행위라고
생각하는 것이 냉혹한
자본주의적 현실이다.

인간은 이기적이기만 한 존재인가?

경제적 행위란 도덕적 가치를 염두에 둔 행위가 아니라 이익을 극대화하기 위한 행동이기 때문이다. 도덕적으로 문제가 있다는 비난을 감수하고서라도 상품 제조업자들이 가짜를 양산하는 것은 결국 가짜의 양산이 자신의 주머니를 부풀려 주기 때문이고, 기업의 부도덕성이 여간해서는 사라지지 않는 것도 결국은 도덕성의 증가가 반드시 이익의 증가와 일치하는 것은 아니기 때문이다. 다시 말해 도덕적으로 옳은 것이 반드시 경제적으로도 옳은 것은 아니라는 말이다.

인간이 자연 상태에서 살아남기 위해서는 자연에 있는 존재를 수단이나 도구로 사용할 수밖에 없다. 심지어는 타인을 수단으로 삼기조차 한다. 그러나 타인은 나의 욕망 앞에서 쉽게 굴복하지 않는다. 굴복하지 않는 타자(他者)로 인해 주체와 객체 간에는 이른바 적대 상태가 야기된다. 먹을 수 있는 야자수 열매가 한정되면 될수록 정글에서 원숭이들 간의 싸움이 치열해지듯, 쓸 수 있는 재화가 한정된 상태에서는 인간과 인간의 적대 상태는 심화된다.

홉스(T. Hobbes)는 이러한 인간 관계를 '인간은 인간에 대해서 늑대이다.'라는 말로 표현하고 있다. 이러한 인류의 자연 상태가 이른바 '만인의 만인에 대한 투쟁' 상태이다. 이러한 자연 상태 아래에서는 선인가 악인가를 따질 겨를이 없다. 오직 살아남겠다는 본능적 투쟁 의지만이 있을 뿐이다. 이 냉혹한 투쟁에서 인간은 이기적 존재일 수밖에 없다. 그러나 타인을 위해 목숨을 버리거나 대의명분에 목숨을 거는 행동은 어떻게 설명할 수 있을까?

리처드 도킨스는 《이기적 유전자》라는 책에서 유전자 차원에서 자기 자신과 동종의 유전자가 번식할 수 있도록 한 개체가 혈연 관계에 있는 다른 개체를 돕는, 이른바 이타적 행위를 한다고 말한다. 도킨스에 의하면 어떤 개체의 행동을 결정하는 일관된 기준은 그 소속 집단이나 가족의 이익이 아니며, 그 개체 자신의 이익도 아니다. 오로지 개체를 움직이는 것은 유전자의 이익이라는 것이다.

예를 들어 사회성이 강한 유기체로서 일개미나 꿀벌의 경우, 자신은 알 낳기를 포기하고 그 대신 자매의 알 낳기를 돕는다. 자기희생을 통해서, 자신의 유전자를 후손에 남기지 못하지만 자매의 유전자는 더 많이 증식되어 계속 자신과 동일한 생명 정체성을 이어갈 수 있기 때문이다. 자매의 유전자는 자신의 유전자와 동일하므로 실질적인 자신의 복제와 증식에 해당한다는 뜻이다. 이것이 이른바 '친족 선택 이론'이다. 이 이론에 따르면 혈연으로 맺어진 개체들은 구성원들이 공유한 유전자를 영속시키기 위해 가까운 친척에게 이타적인 혜택을 베푼다.

그러나 이 이론은 혈연 관계가 없는 경우에는 한계를 드러낸다. 피 한 방울 섞이지 않은, 즉 나 자신이 소유하고 있는 유전자를 전혀 공유하지 않는 다른 사람을 돕는 이타적 행위는 친족 선택 이론으로 설명이 안 된다는 것이다.

이에 매트 리들리는 《이타적 유전자》라는 책에서 '반복 호혜성'이라는 가설을 내놓는다. 친족 관계가 아니더라도 반복해서 서로 혜택을 베풀면 전체적으로 이익이 된다는 것이다. 반복 호혜성 가설의 핵심에는 '눈에는 눈, 이에는 이'라는 '인과응보(因果應報)'의 논리가 있다. 이 이론을 지지하는 사례로 흡혈박쥐의 경우를 들 수 있다. 피를 넉넉히 섭취한 박쥐는 피를 게워 내서 굶주린 박쥐에게 피를 공급해 준다. 어떤 박쥐가 어려운 상황에 처해 있을 때 그에게 도움을 주는 박쥐는, 어려운 상황에 처해 있는 박쥐가 과거에 도움을 주었던 박쥐인 경우가 많다는 것이다. 이 인과응보의 논리에 의하면 사람들이 이타적으로 행동하는 것은 상대방이 내게 줄 이타적 행동에 대한 기대에서 비롯되거나, 이타적으로 행동하지 않았을 때 받게 될 보복에 대한 두려움에서 비롯된다.

반복 호혜성의 가설에도 한계는 있다. 대규모 집단에서 보답이나 보복이 명확하지 않은 경우가 많기 때문이다. 반복 호혜성 가설은, 당장에는 배신을 하는 것이 이득일지 몰라도, 내가 지금 배신을 하면 다음에 계속되는 거래에서 이익을 얻을 수 없을 것이므로, 지금 협조를 하는 것이 장기적으로 유리할 것이라는 이해타산(利害打算)을 기초로 하고 있다.

그러나 사람들은 일회성 게임에서도 종종 협조적인 행위를 한다. 반복 호혜성 가설로는 사람들이 여행지에서 다시는 들르지 않을 식당에서도 후한 팁을 남기고 가는 행동을 설명하지 못한다.

매트 리들리의 '반복 호혜성' 가설의 이론적 한계를 지적하면서 최정규는 그의 저서 《이타적 인간의 출현》에서 인간의 이타적 행위에 대한 '유유상종' 가설, '집단 선택' 가설 등 여러 가지 이론을 소개한다.

반복 호혜성에 대한 대안으로 등장하는 것이 '유유상종(類類相從)' 가설이다. 이 가설에 의하면 이타적인 사람들은 상대적으로 이타적인 사람들끼리 어울리게 되고, 이기적인 사람들은 다소 이기적인 사람들끼리 어울리게 되는 경향이 사회에 문화적 특징으로 존재하여 협조적 행위가 진화한다는 것이다. 유유상종 가설은 분명 이타적인 사람들이 사회에서 번성할 수 있는 좋은 조건을 만들어 준다. 그러나 아무리 사회의 구성원들의 이타적 성향이 강할지라도 구성원들의 성향이 지나치게 동질적이라면 그 사회는 오히려 발전에 장애가 될 수도 있다.

다음으로 '집단 선택' 가설은 어떤 집단이 어떤 특성을 갖는가 혹은 어떤 특성을 지닌 사람들을 얼마나 많이 보유하고 있는가에 따라 그 집단의 생존 가능성이 결정되는데, 한 사회에 이타적인 행위를 하는 사람들이 많을수록 그 집단은 성공할 가능성이 더 높고, 따라서 이러한 집단선택 과정이 이타적 행동의 진화를 가능케 하는 메커니즘이라는 것이다.

여러 이론들의 외양적 상이함에도 불구하고 이 이론들의 공통점은 "네가 나에게 도움을 주면 나 또한 네게 도움을 준다."는 식의 '상호 호혜주의(Reciprocal altruism)'적 사고방식이다. 그러나 주변을 둘러보면 이러한 호혜주의로 설명하기 어려운 이타적 행동이 한두 가지가 아니다. '왼손이 하는 일을 오른손이 모르게 하라.'는 기독교의 계율을 실천하려는 듯 연말 구세군 냄비에 억대의 돈을 넣는 사람, 차 안에 손님이 두고 내린 거금의 돈뭉치를 돌려 주는 택시 기사들을 보라.

이타성을 경제학적으로 설명할 수 있는가?

이타성을 설명하는 생물학자들의 설명이 충분하지 않자 경제학자들은 하나의 실험을 고안한다. 최정규의 《이타적 인간의 출현》이 소개하는 '최후통첩 게임(Ultimatum Game)'이라고 알려져 있는 실험이 그것이다. 이 게임은 서로 만난 적이 없는 두 사람을 서로 격리시켜 놓고 진행된다.

먼저 제안자(A)에게 100만 원을 주고, 전혀 모르는 응답자(B)에게 일부를 나눠 주도록 요구한다. B는 전체 액수가 100만 원인지 알고 있다. B는 A가 제안하는 액수가 만족스러우면 수락하고, 그렇지 않으면 거부할 수 있다. 그러나 B가 A의 제안을 거절할 경우 A와 B는 모두 한 푼도 챙길 수 없다. 이 게임에서 얻어진 결과는 제안자(A)들과 응답자(B)들이 결코 개인들의 합리성과 이기성을 전제로 한 예측과 다르게 행동한다는 것을 보여 주고 있다. 이 실험에서 제안자(A)들은 평균적으로 37%에 해당하는 몫을 응답자(B)에게 건네주었고, 50.5%를 제안한 사람들의 숫자가 가장 많았다. 또한 응답자(B)들은 자신들에게 제안된 몫이 총금액의

30%를 넘지 않으면 제안을 거부했다. 1회적인 결과인지 보편적인 결과인지를 확인하기 위해 동일한 실험을 무수히 많이 시행하였는데, 실험을 통해 얻어진 결과는 최초의 실험 결과와 거의 동일했다. 제안자(A)의 역할을 부여받은 사람들은 40~50%에 해당하는 금액을 상대방에게 건네주었고, 응답자(B)들은 제안된 금액이 20%에 미달하는 경우 그 제안을 거부하는 경우가 많았다. 응답자와 제안자의 역할을 한 번씩 바꾸어 실험을 진행한 결과 제안자(A)들은 평균적으로 45%의 몫을 응답자(B)에게 주었다. 응답자들은 받아들일 용의가 있는 최소 금액을 물었을 때 35%라고 대답했다.

실험이 끝난 뒤 제안을 거부한 사람들에게 그렇게 행동한 이유가 무엇인지를 물었을 때 대답은 한결같이 "불공평하니까."였다. 응답자들은 낮은 금액이 제안되는 경우 그것을 불공평하다고 느끼며 그 경우 자신들의 몫을 포기해 가면서까지 그 제안을 거부했던 것이다. 결국 사람들은 거부함으로써 잃게 될 자신의 몫이 미미해서가 아니라 공평하지 못한 제안에 대해서는 자신에게 불이익이 되더라도 과감하게 거부함으로써 공평하지 못한 제안을 한 자를 징계하고자 했다.

이 실험은 응답자들의 선택의 동기가 이익보다는 공평함에 있다는 것을 보여 준다. 이러한 연구 자료를 통해서 인류학자들은 사람들이 경제적 논리 못지않게 공평성이나 사회 정의를 가치 판단의 기준으로 삼는다는 것을 증명하려고 했다.

영국 로열 할로웨이 대학의 움베르토 카스티엘로 박사는 신체의 그림자 가장자리에 어떤 물체가 와 닿으려고 하면 뇌는 마치 실제 자기 몸에 그 물체가 다가오는 것처럼 반응을 나타낸다는 사실을 알아냈다고 한다. 카스티엘로 박사의 연구 보고서에 의하면 뇌는 또 자기 그림자와 다른 사람의 그림자를 구분할 줄 알아 다른 사람 그림자에 같은 동작이 가해졌을 때는 아무런 반응을 보이지 않는다고 밝혔다.

카스티엘로 박사는 실험 대상자를 식탁에 앉혀 하얀색 식탁 위로 그림자가 드리워지게 했다. 그리고 실험 대상자의 주의를 흩뜨리기 위해 진짜 손과 그림자의 손 가까이에 손전등 불빛을 비추었다. 그 상태에서 다가오는 물체가 엄지손가락과 집게손가락 중 어느 쪽에 닿는지를 묻고 제대로 알아맞히지 못하는 횟수와 반응 속도를 측정했다. 불빛을 비쳤을 때는 진짜 손을 비추든 그림자 손을 비추든 틀린 대답 빈도가 똑같이 많아지고 반응 시간도 똑같이 느려졌다. 이는 불빛의 어느 쪽을 비추든 똑같이 뇌의 주의가 산만해져 있음을 보여 주는 것이라고 카스티엘로 박사는 지적했다. 평범한 사람의 뇌는 자신의 그림자까지 자신의 일부로 생각한다는 지적이다.

이타적 인간의 조건

그렇다면 예수와 석가와 같은 사람의 뇌는 어떨까. 그들의 뇌는 어디까지를 자신의 몸이라고 생각한 것일까. 모든 중생이 해탈하더라도 마지막 한 사람이 해탈하지 못한다면 나도 해탈하지 않겠다는 사상이 불교의 미륵 사상이고, 불쌍한 양 한 마리가 아흔 아홉 마리의 양보다 가볍지 아니하다고 강조하는 것이 기독교의 박애 사상이고 보면 예수나 석가는 이 세계의 모든 것을 '나'라고 생각하고 있음에 다름이 없다.

모두가 예수가 될 수 없고, 모두가 부처가 될 수는 없다. 그러나 내 몸만 '나'라고 생각하는 짧은 생각에서 벗어나는 것은 그리 어렵지 않을 듯싶다. 내 가족이 아프면 나도 아프니까 말이다. 가족은 '확대된 나'이다. 가족의 불행에도 불구하고 나는 행복하다고 할 수 있는 사람이 있을까. 가족의 행복이 전제되지 않고서는 내 행복도 보장받을 수 없다.

부처님의 마음이 먼 곳에 있는 것은 아니다. 추억이 깃든 나무가 잘리면 누구든 마음이 아픈 법이다. 나무의 행복과 나의 행복이 별개의 것이 아니라는 말이다. 타인의 기쁨과 고통을 내 것처럼 생각하는 공감의 정서가 있어서 인간은 협소한 이기성에서 벗어날 수 있는 것은 아닐까.

제시문 (가)의 두 가지 원리는 공동선(共同善)을 추구하면서도 인간의 존엄성을 지키는 도덕 공동체를 구현하기 위해 고려해야 할 원리라고 할 수 있다. 제시문 (나)는 '시민 사회의 빛과 그림자'라는 제목의 글이고, 제시문 (다)는 맹자(孟子)의 왕도 정치(王道政治) 사상이 나타나 있는 글이다. 제시문 (가), (나), (다)를 근거로 하여, 현재의 시민 사회가 지향해야 할 사회는 어떤 사회인지 밝히고, 그런 사회를 구현하기 위한 구체적인 방안은 무엇인지 논술하시오.

제시문 (가)   The doctor's greater salary benefits not only him, but all of society, including the grocery clerk, since it permits him to get medical care. Thus this particular economic inequality benefits all of society, and leaves all its members better off. Unlike the utilitarians, Rawls does not allow some people to suffer for the greater benefit of others.

제시문 (나)   개인주의는 개인의 정치적·경제적 자유와 권리를 보장하고 물질적 풍요와 편리를 가져다 주는 데 기여한 반면에, 지나친 자유 경쟁과 개인의 이윤 추구 현상으로 인해 이기주의의 확산, 빈부 격차의 증대, 인간 소외의 심화 등과 같은 부정적 측면을 야기하기도 하였다. 시민 사회의 전개 과정에서 자신만의 자유와 권리를 주장하는 개인 이기주의나, 자신이 속한 집단만의 이익을 추구하는 집단 이기주의를 초래하였다.

— 출처 『고등 학교 시민 윤리』, 교육 인적 자원부.

제시문 (다) 맹자는 "항산(恒産)이 없어도 항심(恒心)을 가지는 자는 오직 선비라야 할 수 있지만, 만일 백성에게 항산이 없으면 항심이 없게 되니, 진실로 항심이 없으면 방탕하고 편벽되고 사특하고 사치스럽게 되어 못할 일이 없습니다. 죄악에 빠진 다음에 쫓아가 벌주는 것은 백성을 그물로 쳐서 잡는 것과 같으니, 인정(仁政)을 베풀고자 하는 임금이 어찌 그물을 쳐서 백성을 잡는 일을 할 수 있겠습니까? 그러므로 훌륭한 임금은 백성의 항산을 제정하되 반드시 위로는 부모를 섬길 수 있게 하고, 아래로는 처자를 부양할 수 있게 하여 풍년에는 종신토록 배부르게 먹고 흉년에는 굶어 죽지 않게 해야 합니다. 그렇게 한 다음에 백성들을 선(善)으로 몰아가므로 백성들이 거기에 따르기가 또한 쉬운 것입니다."라고 말했다.

— 출처 『맹자(孟子)』, 「양혜왕장구」 상.

동물들도 거짓말을 한다?

중세 신학자 토마스 아퀴나스(Thomas Aquinas)는 거짓말을 '악의적인 거짓말', '이타(利他)적인 거짓말', '선의의 거짓말'로 나눴다. 악의적인 거짓말은 말 그대로 나쁜 의도를 가진 거짓말이다. 남을 해칠 의도를 가진 터무니없는 중상모략(中傷謀略)이 이에 해당한다. 적에게 고문을 당하면서도 아군의 위치를 가르쳐 주지 않는 것은 이타적인 거짓말에 해당한다. 마지막으로 선의의 거짓말은 타인과의 관계를 부드럽게 하기 위한 거짓말이다. 가령, 누가 봐도 그다지 예뻐 보이지 않는데도 불구하고 우리는 "아이가 참 예쁘네요."라고 말할 수 있다. 이때의 거짓말은 타인에게 심리적 상처를 주지 않고 상대방과의 관계를 원만하게 하기 위한 이른바 '백색 거짓말'이다. 만약 그 경우에 아이의 용모에 대한 자신의 견해를 솔직하게 늘어놓는다면 둘 사이의 관계는 냉각될 가능성도 있다. 그런 가능성을 최소화하는 것이 백색 거짓말의 의도이다. 그러므로 이런 거짓말은 선의의 거짓말로 볼 수 있다.

이 거짓말 중에서 도덕적으로 문제가 있는 거짓말은 어떤 것일까? 당연히 남을 해칠 의도를 가지고 행하는 악의적인 거짓말이다. 적어도 이타적인 거짓말이나 선의의 거짓말에는 남에게 해를 입히겠다는 불순한 의도가 개입되지 않는다. 이타적인 거짓말의 경우,

적에게 거짓 정보를 흘리는 것은 자신에게는 해가 될지 모르지만 동료들에게는 이익이 되고, 선의의 거짓말의 경우에도 나의 거짓말이 상대방에게 불쾌감을 준다거나 해를 입히지 않는다는 점에서 결코 비도덕적이라고 할 수는 없다.

그렇다면 우리는 '거짓말은 사람만 하는 것일까?' 하는 의문을 제기할 수 있다. 물론 동물은 말을 할 수 없으니 '동물은 거짓된 행동을 하지 않는가?'라는 질문으로 바꾸어 생각해 보자.

거짓된 행동은 어떤 의도를 가지고 사실을 숨기는 행동을 의미한다. 적에게 아군의 위치를 들키지 않게 하기 위해 위장막을 치는 것도 넓은 의미에서는 거짓 행동이라고 할 수 있다. 동물의 세계에서 이런 위장은 흔한 일이다. 나뭇잎과 비슷한 색으로 몸을 위장하는 곤충은 많다. 가랑잎벌레, 가랑잎나비는 비슷한 색으로 위장하는 게 아니라 아예 나뭇잎처럼 생겼다.

꽃으로 위장해 숨어 있다가 다른 곤충을 잡아먹는 사마귀도 있다. 꽃사마귀는 마치 꽃처럼 예쁜 색과 모양으로 위장하고 꽃의 꿀을 먹으러 오는 곤충을 기다리다가 꽃인 줄 알고 다가오는 곤충을 날카로운 앞발로 잡아먹는다.

카멜레온은 주변의 상황에 맞추어 자신의 몸의 색깔을 변화시키는 것으로 유명하다. 2006년 6월 27일 영국의 〈더타임즈〉는 카멜레온처럼 위장을 위해 자신의 몸 색깔을 바꿀 수 있는 뱀이 인도네시아 보르네오 섬의 밀림 습지에서 발견됐다고 보도했다. 이 뱀을 처음 발견한 파충류 전문가 마크 아울리아는 "처음 찾아 냈을 때는 붉은 갈색이던 뱀이 양동이에 들어간 지 몇 분 지나지 않아 흰색으로 바뀌었다."고 말했다.

2001년 영국 런던의 왕립학회보에 실린 인도네시아 문어의 위장에 대한 연구 결과는 더 놀랍다. 검은 줄무늬를 가진 이 문어는 '맹독성 물고기(lionfish)'가 가시를 펼친 모습을 흉내 내거나 독이 있는 혀가자미처럼 바다 밑바닥에 납작 엎드리기도 한다. 또 자리돔에게 물어뜯길 때는 얼른 6개의 다리를 구멍에 숨기고 두 다리를 내뻗어 자리돔의 천적인 바다 독사로 위장한다.

먹이를 잡기 위해 그때그때 다른 색깔로 변신하는 포악한 물고기도 있다. 인도네시아 산호초에 사는 '포식 물고기(Plagiotremus rhinorhynchos)'가 그것이다. 이 물고기는 등푸른청소놀래기가 주변에 있으면 검은 바탕에 푸른 줄무늬의 형태로 위장한다. 등푸른청소놀래기는 큰 물고기에 붙어 있는 기생충을 잡아 주는 청소부 물고기다. 포식 물고기는 등푸른청소놀래기처럼 변장해 있다가 다른 물고기를 커다란 송곳니로 찢어 먹어 버린다. 반면 주변에 등푸른청소놀래기가 없으면 이 물고기는 평상시 모습을 유지한다. 이때는 물고기 떼에 숨어 지내다가 지나가는 물고기를 공격하는 전략을 쓴다.

나비 중에는 애벌레 상태에서 맛없는 식물을 먹어 성충이 돼도 그 화학 물질을 몸에 지님으로써, 포식자인 새의 공격을 피하는 종류가 있다. 이런 나비를 한 번이라도 먹은 새는 그 지독한 맛 때문에 다시는 건드리지 않는다. 놀랍게도 이런 맛없는 나비의 색깔이나 무늬를 닮아가도록 변신하는 나비도 있다. 1990년대 말 미국 플로리다 대학의 마크 살바토 박사가 조사한 바에 따르면 아프리카의 호랑나비(Papilio dardanus) 암컷은 맛없는 여러 나비를 닮도록 진화해 왔다. 변신의 형태는 무려 30가지가 넘는다. 이 호랑나비는 '나도 맛이 없다.'는 걸 거짓으로 경고하는 셈이다.

동물들이 흔히 하는 거짓말은 자신의 힘을 과시하기 위한 과시형 거짓말이다. 힘센 동물이 약한 동물을 잡아먹는 세상에 사는 동물들은 몸이 크고 힘이 셀수록 살아남을 확률이 높다.

오스트레일리아 사막에 사는 목도리도마뱀은 평상시에는 목의 깃이 접혀 있지만 위험을 느끼면 재빨리 울긋불긋한 목도리를 펼치고 입을 크게 벌려 날카로운 소리를 낸다. 복어 역시 위험을 느끼면 바닷물을 계속 마셔 몸을 터질듯이 빵빵하게 부풀린다. 어떤 복어들은 몸에 붙어 있는 가시를 함께 세우기도 한다.

이런 거짓 행동은 결국 자연에서 살아남기 위한 생존 전략이라고 볼 수 있다. 그러나 침팬지의 거짓 행동을 보면 모든 동물들의 거짓 행동을 생존 전략의 차원에서만 이해할 수 없다. 제인 구달 박사는 평생을 침팬지와 함께 한 침팬지 전문 연구가다. 제인 구달 박사는 침팬지의 거짓 행동을 보여 주는 흥미 있는 실험을 한다.

제인 구달 박사는 친구들과 항상 어울려 다니는 침팬지 한 마리를 따로 불러서 한 번에 다 먹을 수 없을 만큼의 바나나를 준다. 그러자 침팬지는 바나나를 자기만 아는 곳에 몰래 숨겨 놓고 혼자만 조금씩 꺼내 먹었다. 그러나 곧 친구 침팬지들에게 들통이 났고, 친구들은 바나나가 어디에 있냐고 물었다. 그러자 그는 손가락으로 반대 방향을 알려 주고 친구들이 모두 그쪽으로 사라지자 다시 숨겨 놓은 바나나를 몰래 꺼내 먹었다고 한다. 이런 침팬지의 행위는 자신의 이익을 증진시키고 타인의 이익을 감소시키려는 이기적 차원의 거짓말이니, 굳이 도덕성을 따진다면 '비도덕적 행위'라고 할 만하다.

속임수를 쓰는 까마귀도 있다. 미국 버몬트 주립 대학교의 베른트 하인리히 교수는 북극 지역과 유럽·아메리카 북부에 주로 사는 '도래까마귀'를 관찰했다. 그는 도래까마귀들이 한 곳에 먹이를 숨기는 척하다가 실제로는 다른 곳에 먹이를 숨기는 기발한 속임수를 쓴다는 사실을 관찰했다.

뻐꾸기는 남의 둥지에 알을 낳고 원래 둥지 주인의 알과 새끼를 밖으로 밀어 버린다. 대부분의 새들은 뻐꾸기 알을 골라 내는 기술을 가지고 있다. 하지만 일단 뻐꾸기가 자신의 둥지에서 부화하면 자기 새끼로 믿고 다 클 때까지 먹이를 잡아 준다. 하지만 굴뚝새는 자기 새끼가 바깥에 떨어져 있거나 울음소리가 약간 다르면 자기 새끼가 아님을 알고 뻐꾸기 새끼를 굶어 죽게 만든다. 이때 새끼 뻐꾸기는 먹이를 달라는 새끼굴뚝새의 울음소리를 흉내 낸다. 이 울음소리는 살아남기 위한 궁여지책인 셈이다.

흰물떼새는 둥지에서 새끼를 품고 있다가 여우와 같은 새끼를 잡아먹는 동물에게 들키면 둥지에서 멀리 떨어진 곳으로 날아가 갑자기 날개가 부러져 잘 날지 못하는 것처럼 날개를 퍼덕거린다. 여우의 시선을 자신에게 돌림으로써 새끼를 보호하려는 전략인 셈이다.

그러나 자신의 이익을 극대화시키기 위해 자식을 속이는 매정한 동물들도 있다. 독일 브라운슈바이크 대학교의 뤼펠 박사는 '북극

여우'를 관찰하는 동안, 영리한 북극여우들에게 치즈를 먹이곤 했다. 어느 날 치즈 조각을 받은 어미 여우에게 새끼들이 자기도 먹겠다고 졸라대자 어미 여우는 갑자기 몇 발짝 물러서더니 적이 나타났다는 경계 소리를 냈다. 새끼들이 모두 숨을 곳으로 달아나자 어미 여우는 혼자 치즈를 먹었다. 이때의 거짓 행동은 자신의 이익을 극대화하기 위한 전략이다. 자식을 위한 모성애나 이타성이란 눈곱만큼도 찾아볼 수 없다.

언어를 이용한 것은 아니지만 동물들도 생존을 위해 거짓말을 한다. 그러나 동물의 거짓말은 생존 전략의 일환일 뿐이지, 타인을 위험과 곤경에 빠뜨리고 그에게 물리적·심리적 상처를 주기 위한 것은 아니다. 그리고 동물들의 거짓 행동은 진화 과정 속에서 유전자에 각인된 선천적 행동일 뿐이므로 엄격히 말해 의도의 산물로 볼 수는 없다. 그러므로 명백히 특정한 의도를 가지고 행하는 인간의 거짓 행동과 동물의 그것을 기계적으로 비교하는 것은 커다란 의미가 없다고 하겠다.

13 _____ 무엇이 정상이고, 무엇이 비정상인가?

여기 스프링 하나가 있다고

가정하자.

이 스프링의 정상성 여부는

어떻게 판명할까.

물론 압력을 가해 보면

스프링의 정상성 여부는

금방 드러난다.

외부의 압력으로

압축된 상태에서

제 원래의 모습으로

복원하는 데 걸리는 시간이

짧으면 짧을수록

그 스프링은 정상적인 스프링에

가깝다고 할 수 있다.

이렇게 사물은

자신의 원래의 상태를

유지하려는 성질을

지니고 있다.

건강은 항상성을 유지하는 데 있다

일정한 상태를 유지하려고 하는 성질을 항상성(恒常性)이라 한다. 찬물을 들이켰다고 해서 인간의 체온이 급격하게 내려가지는 않으며, 온탕에 들어갔다고 해서 체온이 급격하게 올라가는 것도 아니다. 인간의 정상적인 체온은 건강한 사람의 경우 36.5°C를 유지한다. 바로 인체가 36.5°C를 유지하려고 하는 성질, 바로 이것이 항상성이다. 추운 겨울날 인체의 체온이 정상 이상으로 떨어지게 되면 체내에서는 체열을 외부로부터 빼앗기지 않기 위해 땀구멍을 닫고 몸을 움츠리게 하여 체온을 보호한다. 반대로 체온이 정상 이상으로 상승하면 땀구멍을 열어 땀을 흘림으로써 체온을 정상 수준으로 조절한다. 이렇게 우리 인체는 외부 환경이나 내부 환경의 변화에 대응하여 체온뿐만 아니라 산소 및 이산화탄소의 농도, 혈당량, 혈류량에 의한 혈압, 산과 알칼리의 균형 등이 자동 조절 시스템인 피드백 작용에 의해 항상성이 유지되므로 생명과 건강을 유지할 수 있는 것이다.

혈당량의 경우 혈액 속의 포도당 함량은 인슐린(혈당을 감소시키는 호르몬)과 글루카곤(혈당을 증가시키는 호르몬)에 의해 정상치인 0.1%를 유지하게 된다. 탄수화물이 많은 쌀밥을 먹게 되면 자연히 혈당량이 정상치보다 올라가고 이때 췌장에서 분비되는 인슐린이라는 호르몬의 작용에 의해 증가된 당분은 간으로 운반된다. 혈당량의 균형은 이런 과정을 거쳐 항상 정상을 유지하게 된다. 반대로 신체의 어느 부분이 강렬한 운동을 하면 그 부분의 근육은 연료, 즉 에너지원을 구하기 위해 혈액 속에 함유된 포도당을 끌어다 사용한다. 따라서 혈액 속의 당분은 자연히 감소하게 되므로 혈당량이 떨어질 수밖에 없는데, 이때는 글루카곤이 작용해서 간에 저장돼 있는 당분을 끌어다가 부족한 혈당량을 채워 줌으로써 무너진 생리 균형을 바로잡아 준다.

변화에 대한 대처 능력

일반적으로 항상성을 유지하려는 능력이 우수한 생명체를 건강하다고 한다. 몸에 이상이 왔을 때, 평상시의 상태로 복원하는 능력이 우수한 사람이 건강한 사람임에 틀림이 없다. 그러나 생명체는 일정한 상태를 유지하려는 성질과 함께 변화된 상황에 자신을 적응시키려는 능력 또한 필요로 한다. 열대 지방에서 잔병 한번 앓지 않던 건강한 청년이 대한민국의 서울에 와서 콜록콜록 기침만 하다 꼼짝없이 죽게 되었다면 과연 그 청년을 건강하다고 할 수 있을까. 그 청년이 평소의 건강 상태, 즉 항상성을 유지하기 위해서는 변화된 환경에 적응할 수 있는 능력이 있어야 한다.

대부분의 생명체는 섭씨 55°C 이상에서 생존하기 힘들지만 대서

양 심해에 서식하는 '폼페이지렁이'는 거의 물이 끓을 정도의 고온에서도 끄떡없이 지낸다. 해저의 화산 분기공에서 나오는 엄청난 온도의 열은 지렁이의 체온을 80°C까지 데워도 분화구 벽에 붙어 있는 지렁이의 몸통 반대쪽은 20°C에 지나지 않는다. 폼페이지렁이는 박테리아로 열을 차단해 세포와 조직을 보호하기 때문이다.

빙하 지대에 서식하는 크기가 100마이크로미터에 지나지 않는 해빙 미세조류는 빛이 없거나 낮은 온도에서 지내는 데 익숙하다. 해빙 미세조류는 영하 30°C의 조건에서도 얼지 않은 채 생존한다. 이들은 체내에서 부동액 구실을 하는 당단백질(glycoprotein)을 분비해 세포와 조직의 냉동을 막는다. 극지에 서식하는 물고기들의 혈액 빙점은 해수보다 낮아서 바다가 얼어붙어도 어려움 없이 살아갈 수 있다.

지오벡터스(Geobactors)라는 미생물은 온천이나 바다의 화산 분화구 등에서 서식하며 용해된 먼지를 금으로 바꾸는 능력을 지녔다. 이들은 바다 밑에 있는 화산이 폭발할 때 생기는 가스를 먹으며 광합성 대신 화학 합성으로 살아간다.

기침과 발열과 입덧은 질병인가?

이처럼 생물체가 변화에 대처하는 능력이 없다면 항상성을 유지할 수 없다. 그러므로 항상성과 적응력이 균형과 조화를 이룰 때 생명체는 건강함을 유지할 수 있다고 볼 수 있다. 이 균형과 조화의 파괴가 곧 질병이다. 그러나 인체의 발열 현상은 항상성의 파괴에서 오는 것이지만 그것은 명백하게 항상성을 회복하기 위한 노력이라고 볼 수 있다. 세균 등 미생물이 인체에 침입하면 몸에 열이 난다. 이 발열 현상은 외부로부터 침입한 이물질에 저항하고 체내 찌꺼기를 청결하게 제거하는 작용을 한다. 인체가 외부의 세균에 감염이 되면 백혈구 수가 대대적으로 증가함으로써 방어 능력을 키운다. 그러므로 질병은 단순히 불균형이나 부조화가 아니라 무엇보다 인체의 새로운 균형을 이루기 위한 노력이다.

다윈 의학은, 기침, 빈혈, 입덧과 같은 증상은 질병이라기보다 오히려 적응에 의해 진화된 우리 몸의 방어 체계라고 설명한다. 기침은 허파로부터 이물질을 제거하기 위한 노력이므로 몸의 방어 체계라고 볼 수 있다. 만성 간염에 시달리는 사람들의 혈중 철분이 낮은 까닭은 세균이 철분을 이용하지 못하도록 혈액 내의 철분을 회수해 간에 보관해 두기 때문이다. 그러므로 빈혈 역시 세균이 필요로 하는 영양분을 얻지 못하게 함으로써 인체를 방어하는 수단으로 볼 수 있다.

임신 초기의 태아는 외부의 독소에 취약하다. 바로 이 시기에 태아를 외부로부터 보호하기 위해 가동되는 것이 입덧이다. 산모로 하여금 매스꺼움을 유발해 음식을 덜 먹게 하여 태아로 하여금 유해 물질에 덜 노출되게 하려는 인체의 방어 체계가 입덧이라는 것이 다윈 의학의 설명이다.

소리는 진동하는 횟수에 따라 음의 높낮이가 결정된다. 즉 진동 수가 적으면 낮은 음이, 많으면 높은 음이 난다. 1초당 진동의 수를 나타내는 데는 Hz(헤르쯔)라는 단위를 쓴다. 그런데 우리가 들을 수 있는 소리는 한계가 있다. 1초에 약 16번부터 2만 번 정도의 진동만을 들을 수 있다. 즉 16Hz~20KHz를 들을 수 있으며 이를 가청 주파수 대역이라고 한다. 그리고 귀로 들을 수 없는 소리 (20KHz 이상)를 초음파라고 한다. 실제 가청 주파수 대역은 나이를 먹음에 따라 줄어든다. 한편 16Hz~20KHz는 들을 수 있는 최대의 소리이고 우리가 보편적으로 음악에서 듣는 소리는 10KHz 이하 이거나 10KHz를 크게 벗어나지 않는다. 바이올린의 공명 주파수는 3,000~6,000Hz이다.

정상은 평균치인가?

여기서 우리는 "어떤 사람이 5Hz를 들을 수 있다거나 40KHz를 들을 수 있다면 그는 과연 정상이라고 할 수 있을까?"라는 의문을 가져볼 법하다. 이 의문에 답하기 위해 '정상'이라는 단어가 일상 생활에서 어떻게 사용되고 있는지를 생각해 보자. 일반적으로 평균에 가까운 사람들을 우리는 정상적이라고 말하고 평균에서 먼 사람들을 비정상적이라고 말하는 경향이 있다. 가령 어떤 사람이 대단한 지능지수를 가졌거나 그와 반대인 경우, 우리는 비정상적인 지능을 가졌다고 말한다.

통계학의 정규 분포 곡선은 평균치에 가까울수록 빈도가 높고 양극단으로 가면서 빈도가 낮아지는 야산 모양의 곡선이다. 많은 자연 현상이 이러한 분포를 보인다. 그러나 혈압 하나를 두고만 보더라도 인종과 국가에 따라서 상이한 분포를 보일 경우 어떤 분포를 표준으로 정할지는 미지수다.

2003년 5월 미국 국립 심장·폐·혈액 연구소(NHLBI)는 정상 혈압 기준치를 기존 120~129(수축기)/80~89(확장기)에서 120/80 미만으로 강화하고, 120~129/80~89 사이는 고혈압으로 발전할 수 있는 '고혈압 전기 단계'로 규정했다. 반면 현행 유럽의 혈압 지침은 120/80 미만을 최적 혈압으로 정의하고 있으며, 정상 혈압은 120~129/80~84, 고혈압 전기 단계는 130~139/85~89로 각각 규정하고 있다. 어떤 사람의 혈압이 129/84인 사람의 경우, 미국의 지침대로 하면 고혈압 전기 단계에 해당하지만, 유럽의 지침대로 하면 정상 혈압에 속하게 된다. 이 경우 어떤 지침에 따르냐에 따라 이 사람의 치료 여부가 결정된다고 할 수 있다.

'일반적으로'라는 말은 '평균적으로'라는 말과 구별되지 않고 일상적으로 쓰인다. 또 평균적인 것을 정상적인 것으로 규정하는 것도 일상의 관례다. 그러나 위의 예에서 보듯 어떤 수치를 평균적 수치로 잡느냐는 것도 간단한 문제는 아니다. 가령 높은 지역에 사는 사람들의 혈압이 낮은 지역에 사는 사람들의 혈압보다 낮은 것이 정상이다. 훌륭한 통계학자는 머리에는 뜨거운 오븐을 뒤집어 쓰고 발은 얼음물에 담그고서도 "평균 온도가 아주 적당해, 아주 좋아."라고 말하는 사람이라는 우스개 소리가 말하고 있는 것처럼, 정상과 비정상을 통계적인 빈도에 따라 상대적으로 규정한다면 병리적인 것을 정상적인 것으로 간주할 위험이 따르게 된다.

무엇이 정상을 규정하는가?

몸무게에서 지방이 차지하는 비율은 연령에 따라 다소 차이는 있으나, 남자는 14~22% 정도, 여자는 17~25% 정도가 정상적인 체지방 분포율이다. 그러나 대한민국에서 20%의 체지방율을 가진 여대생이 자신을 정상이라고 생각할까? 천만의 말씀이다. 영국 런던 대학과 브리스톨 대학 연구팀이 22개국 남녀 대학생 1만 8,512명을 조사해 '국제비만학회지'(International Journal of Obesity) 최근호에 발표한 '국제건강행태연구(IHBS)' 결과, 비만도를 보여 주는 체질량 지수(BMI)는 한국 여대생이 22개국 중 가장 낮았지만 체중 감량을 시도 중인 여학생은 77%로 1위를 차지했다.

세계 22개국을 지역별로 5개 그룹으로 나눈 결과 체중에 대해 가장 민감한 지역은 한국, 일본 등이 속한 아시아·태평양 지역이었으며 지중해 지역은 체중에 대한 민감도가 가장 낮은 것으로 나타났다. 지중해 지역 대학생들은 남성의 27%, 여성의 39%만이 과체중이라고 대답했고 남성의 21%, 여성의 42% 정도가 체중 감량 중인 것으로 나타났다.

이 데이터가 말해 주는 것은 정상성의 여부는 객관적인 수치에 의해 결정되는 것이 아니라 정상성을 어떻게 바라보고 규정하느냐는 정상성에 대한 인식에 의해 결정된다는 것이다. 적당히 살이 붙은 체형을 가진 사람이 건강한 사람임에 틀림이 없지만 비쩍 마른 사람을 아름답다고 보는 견해가 지배적인 곳에서는 생리학적으로 건강한 사람도 비정상적인 존재로 얼마든지 규정될 수 있다.

무엇이 정상과 비정상을 구별하게 하는 것은 무엇일까를 탐구한 사람은 푸코(M. P. Foucault)다. 그는 정상과 비정상을 가르는 것은 권력, 즉 힘이라고 보았다. 누가 권력을 쥐느냐에 따라 정상과 비정상이 달라질 수 있다는 것이다. 가령 생산성과 효율성을 최고의 미덕으로 아는 신념 체계를 가진 자본주의가 사회를 지배하는 현실에서는 자본주의적 신념에 적대적인 생각을 가진 사람은 그 생각이 비록 합리적일지라도 비정상적인 사람으로 분류되기 십상이다. 이성에 가치를 부여하는 사람들이 권력을 쥐느냐, 아니면 감성에 가치를 부여하는 사람들이 권력을 쥐느냐에 따라 정상과 비정상을 규정하는 개념들이 달라질 수 있다는 것이 푸코의 견해다. 정상과 비정상의 개념은 시대와 상황과 권력에 따라 얼마든지 달라질 수 있는 가변적인 개념이다. 마치 그것을 고정적이고 불변적인 실체라 생각하여 타인을 비정상으로 규정하는 독선적이고 폐쇄적인 자기 중심주의에서 벗어나야 할 때이다.

제시문 (가)는 세계보건기구의 선언문인 〈세계보건기구헌장〉의 전문이고 제시문 (나)는 이에 대한 논평이다. 이 두 글을 참조하여 선언문의 순기능과 역기능을 밝히고, 그것을 바탕으로 1968년에 우리 정부가 선포한 제시문 (다)의 〈국민교육헌장〉을 분석하시오.

제시문 (가)　　건강은 단지 질병에 걸리지 않거나 허약하지 않은 상태뿐만 아니라, 육체적, 정신적, 사회적으로 온전히 행복한 상태를 말한다. 인종, 종교, 정치적 신념, 경제적 혹은 사회적 조건에 따른 차별 없이 최상의 건강 수준을 유지하는 것이 인간이 누려야 할 기본권의 하나이다. 인류의 건강은 평화와 안전을 보장하기 위한 기본 전제이며, 개인과 국가 사이에 충분한 협조를 통해서 이룰 수 있다. 어느 국가에서든 국민의 건강을 증진하고 보호하기 위한 노력은 가치 있는 일이다.

제시문 (나)　　세계보건기구의 정의에 대한 비판적 견해들은 다음과 같이 설명될 수 있다. 1) 건강은 삶의 한 부분일 뿐이며, 건강의 성취는 행복한 삶의 일부일 따름이다. 2) 의학의 역할이 아무리 중요하더라도 한계가 있다. 의학만으로는 사회 · 정치 · 문화적인 문제를 모두 해결할 수는 없다. 3) 개인의 자유와 그에 따른 책임은 반드시 강조되어야 한다. 이상 성격자, 흉악한 자, 혹은 불쾌감을 주는 사람들의 일탈 행위를 질병 탓으로만 돌려서는 안 된다. 4) 인간이 건강하게 산다는 것은 좋은 것이지만, 의학이 도덕은 아니다. 아주 예외적인 경우를 제외하고는 '의학적 판단'이 도덕적 판단으로 여겨질 수는 없다. 건강함과 정의로움은 다른 것이다.

제시문 (다)　성실한 마음과 튼튼한 몸으로, 학문과 기술을 배우고 익히며, 타고난 저마다의 소질을 계발하고, 우리의 처지를 약진의 발판으로 삼아, 창조의 힘과 개척의 정신을 기른다. 공익과 질서를 앞세우며 능률과 실질을 숭상하고, 경애와 신의에 뿌리박은 상부상조의 전통을 이어받아, 명랑하고 따뜻한 협동 정신을 북돋운다.

왜 열등한 형질은 도태되지 않을까?

《정상적인 것과 병리적인 것》의 저자 조르쥬 깡길렘은 어떤 종(種)에 고유한 평상적인 환경에서는 불리하게 보일 수도 있는 어떤 돌연변이들이 조건이 변화하면 유익하게 될 수도 있음을 보여 주는 티시에와 레리티에의 실험을 소개한다.

방풍되고 닫혀진 환경에서 흔적날개만을 가진 초파리는 날개를 가진 정상적인 초파리에 의해 제거된다. 그러나 바람이 많이 부는 환경에서는 흔적날개만을 가진 초파리는 날지 못해 계속해서 음식물에 붙어 있어야 했기 때문에 3세대가 지나고 난 후에는 초파리 집단의 60%가 흔적날개를 가진 초파리임이 관찰되었다.

이 경우 어떤 환경을 정상적인 환경으로 규정하느냐에 따라서 정상성의 여부가 결정된다고 할 수 있다. 바람이 부는 환경이 정상적인 환경인가? 그렇지 않은 상황이 정상적인 환경인가? 물론 생명체가 자신의 생명을 더욱 잘 전개하고, 자신에게 적합한 기준을 유지할 수 있는 환경이 정상적인 환경이다. 흔적날개만을 가진 초파리에게는 바람이 많이 부는 곳이 정상적인 환경이지만, 날개를 가진 초파리에게는 바람이 불지 않는 곳이 정상적인 환경이다. 이렇게 본다면 한 대상을 정상으로 보느냐 비정상으로 보느냐에 대한 엄격한 기준은 있을 수 없다고도 할 수 있다.

통계학의 정규 분포 곡선에서 돌연변이나 변형 개체는 정규 분포곡선의 양쪽 꼬리를 만드는 요인들이다. 사람들은 흔히 이 양쪽 꼬리, 그 중에서도 아래쪽의 꼬리에 속하는 개체들을 비정상적으로 간주하는 경향이 있다. 그러나 위쪽 꼬리나 아래쪽 꼬리에 속하는 개체임에도 불구하고 그 생물체의 진화에 큰 도움이 될 수도 있다는 것은 엄연한 사실이다.

가령, 어떤 개체의 활동 온도가 저온에는 잘 적응하게 돼 있다고 하자. 물론 현재의 온도에는 적응하기 힘들므로 정상이라고 볼 수는 없고 그런 개체들은 정규 분포 곡선의 꼬리 쪽을 형성한다고 볼 수 있다. 그러나 이런 개체들은 비정상적이고 개체의 진화에 전혀 도움이 되지 않을까? 그렇지 않다. 기후의 변동으로 심각한 저온 현상이 나타나 대부분의 개체가 사멸하는 상황을 상상해 보라. 이러한 재난 상황에서 이 개체는 그 생물체의 존속에 결정적으로 기여할 수 있게 된다.

생물 다양성이란 지구상에 있는 생물의 총체적 다양성을 뜻하는 말이다. 생물 다양성에는 유전적 다양성, 종 다양성, 생태적 다양성(서식지 다양성) 등의 세 가지 측면이 있다. 유전적 다양성은 종 내의 유전자들의 다양성을 뜻하며 궁극적으로 DNA 수준의 다양성을 의미한다. 종 내의 유전적 다양성이 높을수록 대체로 그 종은 환경의 변화에 적응해 멸종하지 않고 살아남을 가능성이 높아진다. 예를 들어 종 내의 유전적 다양성이 낮으면 특정한 질병이 유행하거나 급격한 환경 변화가 있을 때 종 전체가 이에 적응하지 못하고 멸종할 가능성이 크다.

어떤 사회에든 그 사회의 지배적 이념에서 벗어나는 개인들은 있기 마련이다. 즉 가치관이나 취향 등 사회적인 표준에서 벗어나는 사람들은 있기 마련이다. 그런 사람들을 비정상적으로 분류해서 인위적으로 도태시키자는 것이 우생학의 관심이다. 그러나 정상과 비정상을 가르는 규준은 환경에 따라, 그리고 누가 권력을 쥐느냐에 따라 달라질 수 있다면, 비정상성을 규정하는 데 있어서 보다 섬세한 주의가 필요하다고 하겠다.

14

양육인가,

본성인가?

유전자는 32억 개의
염기 서열의 암호 기호로 된 정보이며,
이 정보가 바로 특정 표현 형질을
발현시키는 유전자의 기능이다.
특정 유전자가 각각 특정 부위의 형질
또는 생명 현상과 일대일 대응된다는
생각이 바로 유전자 결정론이다.
유전자 결정론은 유전자 자체가
각각의 고유한 형질을 나타내며 생명이 나타내는
모든 생명 현상은 유전자로 설명할 수 있다는
환원주의적 사유를 바탕으로 한다.
철학적이건 신학적이건 혹은 경제학적이건 관계 없이
궁극적으로는 인간이 나타내는 문화 현상마저도
유전자에 의해 모두 설명될 수 있다는 것이
유전자 결정론이다. 영화 〈가타카〉나 〈아일랜드〉와
같은 대중문화 속에서는 마치 DNA가
인간의 모든 것을 결정한다는 이른바
'유전자 결정론'적 사고를 조장시키고 있다.

유전자 결정론과 환경 결정론의 해묵은 싸움

인간은 태어나는가, 만들어지는가? 유전자 결정론과 환경 결정론으로 상징되는 이른바 '본성 대 양육' 논쟁을 둘러싸고 지난 100년 동안 학계에서는 수많은 논쟁이 펼쳐졌다. 인간 본성의 보편성을 입증한 다윈(C. R. Darwin)이나 인간의 마음도 신체 기관처럼 생물학적 적응을 통해 진화한다고 주장한 심리학자 윌리엄 제임스(William James) 등이 '본성'의 입장을 대표한다면, 그 반대편에 단지 훈련만으로도 성격을 임의로 바꿀 수 있다는 주장을 편 행동주의 심리학자인 존 왓슨(John Broadus Watson)과 같은 학자들도 있었다. 이 두 진영 간의 논쟁이 가장 극단적인 형태로 나타난 것이 공산주의와 나치주의다. 공산주의의 사회개조론은 양육을, 나치즘의 생물학적 결정론은 본성을 옹호하는 이데올로기라고 할 수 있다. 그러나 이 두 진영 간의 치열한 공방은 아직도 시원한 결말을 내리지 못하고 있다.

영국의 과학 저널리스트 매트 리들리의 최신작 《본성과 양육》은 이 같은 본성 대 양육 논쟁의 뿌리와 배경, 발전 과정을 파헤친 책이다.

저자는 특정 유전자가 각각 특정 부위의 형질 또는 생명 현상과 일대일 대응된다는 유전자 결정론이 지나치게 생명 현상을 단순화시키고 있으며 유전자의 기능과 생명 현상이 인과적이기는 하지만 그 인과 관계가 매우 복잡하고 중층적이어서 인간의 인식 능력으로는 쉽게 파악되지 않는 관계임을 강조한다.

인간의 복잡한 형질이 유전자와 일대일 대응된다는 유전자 결정론이 옳다고 보기에는 인간의 유전자 수 3만 개는 턱없이 부족하다고 저자는 강조한다. 한 개의 유전자와 한 개의 형질이 정확히 대응하는 경우는 극히 드물다는 것이 생물학적 상식이다. 《본성과 양육》의 저자 매트 리들리가 그의 또 다른 저서 《게놈》에서 "1998년 중반에, 5번 염색체에는 무려 8개의 천식 유발 인자 후보가 있고, 6, 12번 염색체에도 천식 유전자의 후보가 2개씩, 그리고 11, 13, 14번 염색체에서도 그 후보를 발견하였다."라고 밝힌 바 있듯이, 대부분의 경우에는 한 개의 유전자가 여러 형질의 발현에 관여하거나(다면발현多面發現, pleiotropy), 여러 개의 유전자가 하나의 형질의 발현에 관여(다인자 발현多因子發現, polygeny)하기도 한다. 이는 유전자 상호 간에, 또는 각 유전자에 의해 생산된 단백질 상호 간에 다양한 영향을 주고받음을 말해 주는 것이다. 또 유전자가 어떤 형질 발현의 한 원인일 수는 있으나 둘 사이의 직접적 인과 관계를 상정하는 것은 논리적으로 받아들이기 어렵다는 말이다.

이런 점으로 볼 때, 유전자 공학이 발전하면 할수록 형질과 유전자 사이의 결정론적 일대일 대응론에 대한 믿음은 약화될 것이 분명하다. 그럼에도 불구하고 매스컴은 특정암을 유발하는 특정 변형 유전자를 발견하면 암을 극복할 수 있다는 식으로 대중들의 희망을 부풀리고 있다.

《본성과 양육》에서 저자는 형질과 유전자 사이의 결정론적 일대일 대응론의 문제점을 다음과 같이 지적하고 있다.

예를 들어 침실에 전등이 켜지지 않는다고 가정해 보자. 전구가 나갔을 수도 있고 퓨즈 때문일 수도 있고 스위치 고장일 수도 있고 심지어는 정전 때문일 수도 있다. 지난번에는 스위치 고장이었지만 이번에는 전구 때문이다. 스위치와의 연관성이 반복되지 않았음을 확인한 후 당신은 화를 내며 그것이 잘못된 탐지였음을 인정한다. 결국 문제는 스위치가 아니라 전구였다. 그러나 둘 다 때문일 수도 있다. 훨씬 복잡한 뇌에서는 잘못된 곳이 수천 곳에 이른다.

유전자는 양육에 의존하고 양육은 유전자에 의존한다

매트 리들리는 유전자가 많으면 많을수록 질병과 유전자의 연관성이 반복되기는 더욱 어렵다고 말한다.

그는 인간 존재를 본성이나 양육 어느 하나로 규정지으려는 이분법에 의문을 제기하며 인간의 행동이 본성과 양육 모두에 의해 설명되어야 한다는 믿음을 피력한다. 유전자는 양육에 의존하고 양육은 유전자에 의존한다는 것, 즉 유전자는 행동의 원인이자 결과라는 게 저자의 결론이다.

저자는 동물 행동학의 개념인 '각인'을 설명하면서 본성과 양육이 서로 배타적인 개념이 아님을 설명한다. '각인'이란 어린 동물들이 처음으로 시각적·청각적·촉각적 경험을 하게 된 대상에 관심을 집중시킨 다음 그것을 좇아다니는 학습의 한 형태를 말한다. 갓 태어난 새끼를 격리시켜 놓은 상태에서 특정한 사람과 접촉시키면 오리들은 그 사람을 부모로 각인한다. 심지어는 무생물에 대해서도 애착 행동을 보이기도 한다. 각인은 조류, 특히 닭·오리·거위 등에서 집중적으로 연구되었으나 이것과 비슷한 학습 형태가 포유류·어류·곤충류에서도 명백히 나타난다.

새끼 오리의 뇌는 어떻게 사람을 각인하는가? 이 문제는 아주 최근까지 완전한 미스터리였다. 그러나 몇 년 전부터 신비의 베일이 벗겨지기 시작했다. 최초의 베일은 뇌의 어느 부위가 관여하는가이다. 실험에 따르면, 새끼 오리가 부모를 각인할 때 새끼 오리의 기억이 최초로 가장 빠르게 저장되는 곳은 IMHV라는 뇌 부위다. 이 부위에서도 오직 왼쪽 면에서만 그 모든 변화와 함께 각인이 이루어진다. 왼쪽 IMHV가 손상되면 새끼 오리는 어미를 각인하지 못한다.

이 사례는 새끼 오리의 환경적 변수가 새끼 오리의 행동을 결정하는 것도 아니고, 새끼 오리의 유전적 변수가 새끼 오리의 행동을 결정하는 것이 아님을 보여 준다. 이 사례가 말해 주는 것은 유전자는 양육에 의존하고 양육은 유전자에 의존한다는 것, 즉 유전자는 행동의 원인이자 결과라는 것이다.

책은, 유전자는 양육에 의존하고 양육은 유전자에 의존한다는 사실을 풍부한 사례들을 통해 역설한다.

1970년대 미국에서는 사춘기를 넘긴 최초의 야생아가 발견된다. 로스앤젤레스에서 발견된 13세의 소녀 제니는 거의 상상할 수 없는 공포 속에서 어린 시절을 보냈다. 학대받은 시각 장애 어머니와 세상과의 인연을 끊은 편집적인 아버지 밑에서 제니는 어린이용 변기 의자에 묶이거나 우리 같은 침대에 감금된 채 독방에서 자랐다. 그녀는 대소변을 가리지 못했고 기형에 거의 완전한 벙어리였다. 그녀가 발견되었을 때 그녀에게 말을 가르치려 했지만 그녀는 기본적인 문법은 물론 어순을 결정하는 구문법조차 배우지를 못했다. 결국 제니는 평생 언어를 구사할 수 없었다.

이 사례는 언어 또한 단지 외부 세계로부터 흡수하는 것이 아니라 어린 시기에 각인된다는 사실을 보여 준다. 학자들은 각인이 이루어지는 시기를 '결정적 시기(Critical Period)'라고 한다.(인간은 태어나자마자 언어와 접하게 된다. 엄마가 아이에게 말하는 간단한 언어라든지 TV에서 흘러나오는 소리 등 끊임없이 언어를 접하게 된다. 인간은 일생동안 언어를 접하며 배우게 되지만 언어를 배울 수 있는 적절한 '시기'라는 것이 존재한다. 이 시기를 놓치면 언어를 배울 수 없다는 점에서 이 시기를 '결정적 시기(Critical Period)'라 할 수 있다. 하버드 대학의 심리학자 에릭 레너버그는 언어 학습 능력의 결정적 시기는 사춘기에 갑자기 끝나 버린다고 한다.) 이 결정적 시기를 놓치면 아무리 풍부한 언어 환경을 제공해도 피학습자는 언어를 배우지 못한다. 언어를 학습하게 하는 능력을 가진 유전자가 있다면 환경이 적절한 시기에 그 유전자의 스위치를 작동시켜 주어야 한다는 것이다.

대표적인 경험론자인 로크(J. Locke)가 "인간의 마음이 아무 개념도 담겨 있지 않은 흰 종이와 같으며, 그 내용은 오로지 경험에 의해 채워진다."고 함으로써 본성을 부정하고 양육을 옹호한 반면 루소와 칸트는, "인간은 본성을 타고 난다."고 주장함으로써 본성을 옹호했다. 인간의 본성을 결정하는 것이 '환경이냐, 유전자냐.'를 따지는 이러한 해묵은 논쟁에 대해 매트 리들리는 "유전자는 자궁 속에서 신체와 뇌의 구조를 지시하지만, 환경과 반응하면서 자신이 만든 것을, 거의 동시에 해체하거나 재구성한다."는 결론에 도달했다. 인간의 본성은 유전자에 의해 결정되는 것도 아니요, 환경에 의해 결정되는 것도 아니다. 다시 말해 두 가지 모두의 영향을 받는다고 해야 할 것이다. 인간이란 복잡미묘한 생명체를 이해하고 분석하는 것은 그리 쉬운 일은 아니다. 다만 인간을 이해하기 위해서 메트 리들리가 지은 《본성과 양육》의 서문의 다음 구절을 깊이 있게 음미해 볼 필요가 있다.

우리는 유전자가 꼭두각시의 주인처럼 우리 행동을 조종하는 세계가 아니라, 오히려 우리의 행동에 따라 꼭두각시처럼 움직이는 세계로 들어갈 것이다. 그 세계는 본능이 학습과 대립하지 않는 세계이고, 본성이 양육을 위해 설계되는 세계이다.

2001년 서울대 |

제시문 (가)와 (나)에 근거하여, '인간과 동물의 지적 능력'에 대한
자신의 견해를 다음의 논점들을 중심으로 논술하라.

* 인간과 동물의 지적 능력의 차이는 선천적인가, 후천적인가, 아니면 또
  다른 어떤 것인가?

제시문 (가) 학습은 경험으로부터 얻어지는 정보를 처리하고 습득하여, 행
동을 변화시키거나 발전시키는 현상이다. 따라서 학습은 인간
과 동물이 환경의 변화에 잘 적응하기 위한 좋은 수단이 된다.
본능과 유사하게 보이지만 이와 구별되는 원시적인 학습 형태
로서 각인(刻印, imprinting)이 있다. 갓 부화된 새끼 거위는
적당한 소리를 내며 움직이는 적당한 크기의 물체를 접하게 되
면, 그 물체를 따라다니기 시작하는 행동, 즉 각인된 행동을 보
인다. 각인이 되기 위해서는 자극에 노출되는 시기가 매우 중
요한데, 이를 결정적 시기(critical period)라고 한다. 예컨대,
거위의 경우 결정적 시기는 부화된 후 대략 하루 정도이다. 이
시기가 지나면 각인은 일어나지 않는다. 결정적 시기에 어미거
위 대신 거위 소리를 흉내 내는 사람을 어미로 각인한 새끼 거
위들은 평생 그 사람을 어미로 알고 따라다니게 된다. 만약 비
행기 조종사가 기러기에게 어미로 각인되면, 그 기러기는 조종
사가 비행하는 대로 같이 날아갈 것이다.

제시문 (나) 인간과 동물은 두 가지 주요한 방식으로 환경에 적응한다. 하
나는 생물학적인 진화이며, 다른 하나는 학습이다. 고등 생명
체의 경우, 생물학적인 진화는 수천 년 이상 걸리는 매우 느린

현상인 반면, 학습은 짧은 생애 안에서도 반복적으로 일어나는 현상이다. 세상에 대한 새로운 정보를 얻는 과정인 학습과 획득된 정보를 기억하는 능력은 적절히 진화된 대부분의 동물들이 갖고 있는 특징이다. 신경계가 복잡할수록 학습 능력은 뛰어나며, 인간은 가장 복잡한 신경계와 우수한 학습 능력을 갖고 있다. 인간의 이러한 능력 때문에 문화적 진화가 가능했던 것이다. 여기서 문화적 진화라 함은 세대와 세대를 거쳐 환경에 대한 적응 능력과 지식이 발전적으로 전수되는 과정을 의미한다. 사실 우리는 세계와 문명에 대한 새로운 지식들을 학습을 통해 습득한다. 인간 사회의 변화는 생물학적 진화보다는 거의 전적으로 문화적 진화에 의한 것이다. 화석 기록으로 볼 때 수만 년 전의 호모 사피엔스 이래로 뇌의 용적과 구조는 결정적이라 할 만큼 변화하지는 않았다. 고대로부터 현재까지 모든 인류의 업적은 문화적 진화의 소산인 것이다.

우생학(優生學)의 문제점은 무엇인가?

진화론의 창시자인 다윈의 사촌, 프랜시스 골턴(Francis Galton, 1822~1911)은 사촌형의 논문에 매료되어 곧바로 유전학에 뛰어들어 자연선택, 적자생존의 모델을 동식물뿐만 아니라 인간에게까지 적용시키는 데 평생을 바쳤다. 그의 이런 생각이 집약된 것이 1869년에 발간된 《유전적 천재(Hereditary Genius)》로, 그는 다윈의 자연선택 원칙에 입각하여 '인간 역시 유전적 성향이 우수한 남녀끼리 계속 짝을 이루다 보면 결국 천재적인 종족이 만들어질지 모른다'는 가설을 제시하게 된다. 이른바 골턴의 '우생학(優生學, Ugenics)'이 싹트는 순간이다.

골턴은 세계 곳곳을 탐험하며 동물에 가까운 삶을 살고 있는 원주민을 보면서 좋은 형질의 작물만을 골라서 교배시켜 품종을 개량하는 것처럼 인간 역시 우수한 인재만을 골라서 결합시키면 더 훌륭한 인간을 낳을 수 있다고 믿었다. 바로 그런 믿음의 체계가 우생학이었다.

당시 사람들은 우생학을 탄탄한 이론적 근거를 가진 과학이라고 생각했던 만큼 우생학이 가져오는 사회적 해악과 도덕적 문제점에 대해서 무관심했다. 1차 세계 대전이 끝나고 미국의 우생학자들은 생물학적으로 열등한 인종의 이민이 앵글로색슨의 미국을 위협한다고 역설했다. 이들은 유태인이나 동유럽, 아시아, 아프리카로부터의 이민자들이 열등하다는 것을 보이기 위해서 이민자들의 낮은 아이큐를 공개했는데, 이는 영어를 못하는 이민자들에게 영어로 아이큐 테스트를 했기 때문에 얻어진 것이었다. 그렇지만 미 의회는 이들의 주장을 받아들여서 앵글로색슨 민족의 이민을 독려하는 대신 유태인이나 동유럽, 아시아, 아프리카 민족의 이민을 제한하는 '존슨 이민법'(1924)을 통과시켰다. 이 법은 사이비 과학이 낳은 가장 대표적인 폐해로 역사에 기록되고 있다.

미국에서만 1938년까지 총 30개 주에서 소위 '열등 인간'에 대한 강제 단종(斷種) 수술이 합법화됐고, 총 6만여 명의 미국인이 불임의 운명에 처해졌다. 1929년에는 덴마크가 그 뒤를 이었다. 나치 독일의 히틀러는 집권한 지 두 달 만에 단종법을 통과시켜 약 40만 명에게 단종 수술을 강요했고, 약 10만 명의 '열등 인간'을 안락사의 대상으로 삼았다. 또한 장애인, 유태인 등을 무차별로 학살하는 이른바 끔찍한 '유전자 청소'를 감행했다. 단종을 강요받은 사람들은 소위 유전병 환자만이 아니라, 술꾼과 노숙자와 노동 회피자와 어쩌다가 걸려든 빈민이었다.

우생학자들은 가난이 열성 유전자로부터 나오며, 이들의 무능력은 유전적인 것이기 때문에 개선될 가망성이 없다고 생각한다. 따라서 오직 거세와 같은 우생학의 방법이 이를 해결할 수 있다고 본다. 인간의 품성이나 능력이 교육이나 환경과 같은 사회적 요인에 의해서도 결정된다는 사실은 조금도 고려되지 않는다. 이러한 우생학의 주장들은 자신의 부와 권력을 다른 사람들에게 나누어 주는 데 인색했던 지배 계급이 선호했던 것이다.

우생학은 인간의 삶은 공동체나 전체 인류를 위해 도움이 될 때에 한해서 가치가 있다는 것을 강조한다. 이는 그럴싸한 명분처럼 보이지만 사회적으로 허약한 사람들을 희생해야 사회 전체에 도움이 된다는 강령과 행동으로 이어질 수 있다는 문제가 있다. 전체 사회의 진화와 발전에 도움이 된다면 사회적으로 허약한 소수자들을 희생시킬 수 있다는 전체주의적 논리로 우생학이 귀결되었다는 데에 골턴이 예견하지 못했던 우생학의 비극이 있다.

우생학이 번식 억제와 단종의 대상으로 삼은 유전적 열등 분자들은 사회·경제·인종적으로 빈민이거나 비서구인 이민자이었다. 이렇듯 우생학에는 경제적으로 부유한 자, 권력적으로 우월한 자, 인종적으로 서구인들이 우월하다는 관념적 도식이 전제되어 있다고 할 수 있다. 바로 이런 우생학은 제국주의자들의 침략에 좋은 명분을 제공했다.

좋은 유전자를 후대에 물려주어 사회를 건강하게 만들어야 한다는 우생학의 이념을 관철하기 위해서 강제적인 법령, 물리적인 구금과 강제적인 수술, 대중 선전, 사회적 소수자의 희생, 정상과 비정상의 엄격한 구분과 유지가 필요하다는 것이 우생학을 지지하는 사람들의 견해였다.

최근의 워싱턴 포스트 지에는 미국에서 "키 193cm에 푸른 눈과 갈색 곱슬머리의 만능 스포츠맨이자 박사인 독일계 남성의 수퍼 정자 401호에서 25명의 배다른 아이가 태어났." 는 보도가 실렸다. DNA 조작을 통해서 얼마든지 이상적인 인간을 만들어 낼 수 있다는 것이다. 그러나 어떤 인간을 이상적인 인간으로 규정할지에 대해서는 합의된 바가 없다.

영화 〈뷰티풀 마인드〉에 등장하는 수학의 천재 존 내쉬는 정신병자였지만 '게임 이론'이라는 수학 이론으로 1994년 노벨 경제학상을 수상하기도 했다. 이런 예는 얼마든지 찾을 수 있다.

자폐증 전문가인 영국 케임브리지 대학의 시몬 바론코헨 교수와 수학자인 옥스퍼드 대학 아이오안 제임스 교수는 2003년 뉴턴과 아인슈타인의 과거 행적과 생활 습관을 연구한 결과, 두 과학자가 자폐증의 하나인 '아스퍼거 신드롬(Asperger syndrome)'의 여러 징후를 보였다고 영국의 과학 잡지 〈뉴 사이언티스트〉에 밝힌 바 있다.

바론코헨 교수는 뉴턴이 아스퍼거 자폐증의 전형적인 증상을 보여 주었고, 자신이 하는 일에 몰두해 종종 끼니도 잊었으며, 얼마 되지 않은 친구와도 잘 지내지 못했다고 말했다. 자신의 강의에 학생이 오지 않으면 혼자 빈 강의실에서 이야기를 하기도 했으며, 50세가 되면서부터 그는 심각한 우울증과 편집증에 시달렸다고 한다. 아인슈타인 역시 뉴턴과 마찬가지로 일곱 살이 되기 전까지 주로 혼자서 지냈고 반복적으로 같은 말을 되풀이하는 등 자폐 증세를 보였다고 주장했다. 아인슈타인의 강의는 이해하기 어려운 것으로 악명이 높았는데 이것도 자폐의 한 증상이라는 것이다.

음악가 말러는 26년 동안이나 우울증을 앓았다. 화가 중, 자신의 귀를 자르고 권총 자살한 고흐는 지독한 우울증 환자였다. 헤르만 헤세, 마크 트웨인, 어니스트 헤밍웨이도 마찬가지였다.

천재와 자폐, 나아가 정신 질환 사이에는 확실한 연관성이 존재한다고 하는 것은 섣부른 판단이다. 그러나 자폐증이나 정신 질환을 가진 사람들도 얼마든지 인류의 문화를 풍성하게 할 수 있다는 점을 감안한다면 정신 질환자나 자폐증 환자를 '열등 인간'으로 규정하여 사회에서 쓸모없는 사람으로 배제하는 것은 소수에 대한 다수의 횡포임이 분명하다. 더구나 비서구인을 열등한 존재로 보는 태도에는 침략과 계몽의 명분을 얻기 위한 제국주의자들의 의도가 담겨 있다는 사실도 간과할 수 없다.

15

인문학과

자연 과학은

만나야

하는가?

미국에서는 자연 과학과 인문학을 하나의

단과 대학으로

통합해 학생들이 그 학문의

기초적인 배경이나 지식을 습득하는

교육을 하고 있으며,

이공계 학생이라도

인문학 중 일부 과목을

필수로 이수해야 한다고 한다.

그런데 우리나라 교육 시스템은

고등 학교에서부터 문과와 이과로 구분되어 있다.

또 대학은 양 학문 간 교류가 없도록

커리큘럼이 짜여 있다.

이런 현실에서는 공과 대학생이

셰익스피어를 공부할 수 없고,

문학도가 열역학 제2법칙을 알 까닭이 없다.

더구나

학문과 학문과의 대화는

기대하기 어렵다.

인문학과 자연 과학의 불화

　동양에서의 '학문'이라면 일반적으로 문학과 역사와 철학을 가리키듯이 서구 사회에서도 전통적인 학문은 역시 인문학이었다. 사회의 전체 분위기도 역시 인문 문화적 전통에 의해 지배되고 있었다. 과학적 전통이 사회 속에 본격적으로 자리 잡게 된 것은 19세기 말부터였다. 그러나 뒤늦게 출현하기는 하였지만, 과학 문화는 인류의 생활을 획기적으로 바꾸어 놓았을 뿐만 아니라 자연에 대한 인류의 사유를 혁명적으로 변화시켰다는 점에서 인문학이나 예술에 못지않게 중요한 문화의 하나로 자리 잡았다.

　현대 사회에서 인문학적 문화와 과학적 문화는 심각하게 대립하고 있으며, 그런 단절이 인문학과 과학 모두의 발전에 심각한 장애 요인이 될 것임을 주장하고 있는 이는 영국의 스노우다. 그가 말하는 '두 문화(The Two Cultures)'는 오늘날 인문학자와 자연 과학자 간의 상호무지와 오해, 반목을 상징적으로 드러내는 개념이다. 이 개념은 1959년에 스노우가 행한 강연 〈두 문화와 과학 혁명〉에서 비롯된 것이다.

　스노우는 특이한 경력의 소유자다. 그는 실험 과학자로 자신의 경력을 시작했으나 이후 소설가 및 평론가로 방향을 전환했고, 2차

대전기를 거치면서부터 행정 관료와 민간 사업체 대표를 지냈다. 그가 '두 문화' 현상에 관심을 갖게 된 것 역시 상이한 문화를 접해 본 그의 경험에서 우러나온 것이라 할 수 있다.

스노우는 현대 사회에서 인문학적 문화와 과학적 문화는 심각하게 대립하고 있으며, 그런 단절이 인문학과 과학 모두의 발전에 심각한 장애 요인이 된다고 말한다. 과학자들은 대체로 인문학적 성향이 짙은 전통 문화를 얕보는 경향을 보인다. 그러한 태도는 예술이나 전통 문화에 대한 과학자들의 소양 부족 때문이고, 그것이 결국은 인간으로서 과학자의 능력을 약화시킬 뿐만 아니라, 과학자에게 필요한 창조적 상상력을 억제시키는 요인으로 작용하게 될 것임을 스노우는 지적하고 있다.

그러나 전통적인 인문학자들은 전통 문화만이 문화의 전부인 것으로 착각하고, 현대 과학의 성과에 아무런 관심을 보이지 않거나 부정하고 있다. 또한 그들은 과학자들은 사회 전체를 보지 못하고 자신의 전문 영역에만 갇혀 있는 '전문 바보'로 치부해 버리기도 한다. 스노우는 이런 인문학자들이 현대 사회를 제대로 인식하지 못한다고 비판하고 있다.

스노우가 제기했던 두 문화의 괴리 문제를 심각하게 겪고 있는 것이 우리의 현실이다. 국어 교사는 생물학을 모르고, 생물 교사는 플라톤을 모르는 것이 현실이다. 정치를 아는 경제학자, 경제를 아는 철학자는 드물다. 학문과 학문과의 연구, 즉 학제 간의 연구는 거의 전무한 상태다.

인문학과 자연 과학을 아우르는 잡종적 지식인

　과학사는 학문적 '두 문화'를 적절히 결합시킨 뛰어난 과학자들을 보여 준다. 파스칼(B. Pascal), 데카르트(R. Descartes), 뉴턴(I. Newton), 라이프니츠(G. W. Leibniz), 스피노자(B. de. Spinoza) 등이 그들이다. 이들 인물들의 공통점은 바로 과학자이자 철학자라는 사실이다. 비트겐슈타인(L. J. J. Wittgenstein)은 20세기 최고의 철학자이지만 그의 전공은 '항공모함' 분야였다. 20세기 최고의 물리학자 아인슈타인도 사실 칸트 철학에 심취해 있던 인물이다. 자신을 자연 과학자가 아닌 철학자로 생각했다던 뉴턴이나, 자신을 시인으로서보다는 과학자로서 생각했다던 괴테와 같이 지식의 전체를 아우르는 르네상스적 교양인은 요즘에는 찾아보기 힘들다.

　한국 사회에 언제부턴가 어느 곳에도 속하지 않으면서 인문학과 자연 과학의 양자를 소통하는 역할을 하는 간학문적(間學問的) 시도가 주목 받고 있다. 하지만 우리 대학 사회는 이런 지식인들을 그리 달가워하지는 않는다. 그런데 아예 '잡종적 지식인'이 돼야 한다고 주장하는 학자가 있다. 《하이브리드 세상 읽기》의 저자, 홍성욱이 바로 그다.

　중요한 것은 창의성이다. 창의성은 무에서 창조되지 않는다. 용이나 봉황 같은 전설 속 동물도 이미 존재하던 동물들의 이미지를 조합한 것 아닌가. 유리수와 실수가 있으니 무리수와 허수의 개념도 생겼다. 진정한 창의성은 '있는 것'들을 얼마나 잘 섞어 새로운 것으로 만들어 내는가 하는 능력이다. 결국 하이브리드(hybrid)는 양극 단의 단절과 폐쇄를 깨뜨려 소통시키는 창의성의 근원이다.

인터넷 혁명기에 주목 받은 젊은 자연 과학자 중 한 명인 미국의 피비 생거스는 컴퓨터 과학에 들뢰즈(G. Deleuze)의 정신 분석학을 접목시켰다. 미국의 네트워크 이론가 던컨 와츠는 물리학자에서 사회학자로 변모했다. 캐나다의 세계적 철학자 이안 해킹도 물리학을 전공했으나 프랑스 철학자 푸코의 이론을 자연 과학에 접목시켰다. 이런 시도가 이른바 '잡종 학문'이다. 홍성욱은 인문학과 자연 과학을 공동으로 연구하는 학풍이 국내에서 시급히 활성화되어야 한다고 말한다.

독일의 사회학자 울리히 벡(Ulrich Beck)은 핵발전소와 유전자 조작 기술과 같은 거대 기술 시스템이 가지고 있는 근본적인 불완전성에 주목하여 현대 사회를 '위험 사회'로 명명한 바 있다. 현대 사회의 위험을 관리하기 위해서는 전문가들 사이의 협력과 학문과 학문을 넘나드는 복합 지식의 활용이 요구된다. 하지만 전문가 집단 내에서 인문 사회계와 이공계 사이에, 그리고 더 나아가 개별 학문 영역 사이에 편견과 오해, 그리고 이해 갈등이 생긴다면 위험을 효과적으로 관리하기가 어려워진다. 이런 현실에서 홍성욱은 현대의 위험 사회를 극복할 수 있는 힘을 학문과 학문 간의 연관과 소통에서 찾는다. 이런 점에서 배아 줄기세포 문제를 둘러싼 황우석 교수 파동은 과학과 윤리, 과학과 사회가 서로 연대하고 소통하지 못해서 야기된 불행한 결과로 볼 수도 있다.

생물학의 관점에서 지식의 대통합을 말하는 사회 생물학

《통섭》의 저자 에드워드 윌슨은 인간이 쌓아 올린 지식들이 본질적으로는 통일성을 지니고 있다는 가정 하에, 자연 과학과 인문·사회 과학 연구자들이 서로 협력해야 함을 주장한다. 그는 모든 과학은 자연 과학이라는 뿌리 아래 하나로 출발했으나 시간이 흐르면서 서로 전문화·분화되었다고 본다. 그는 자연 과학, 인문·사회 과학, 예술 등 인간의 모든 지적 활동에는 인간의 유전적인 바탕이 깔려 있으며 이에 따라 모두 상통한다고 믿는다. 그리하여 사회 과학, 인문 과학은 물론 심지어 종교의 문제도 유전학 같은 인간 본성을 다룬 자연 과학을 적용해 해결하거나 설명할 수가 있다고 생각한다.

윌슨의 사회 생물학은 의지, 열정, 지성 등의 인간의 고유한 특성을 DNA 분자에 종속시키는 환원주의적 태도를 보여 준다. 윌슨은 인간의 주체성, 지성, 창조성, 도덕의 진화를 믿지 않는다. 윌슨은 인간의 문화를 유전자의 작용으로 이해한다. 환원주의 물리학자가 모든 현상을 원자나 미립자로 해체하듯이 인간성 전체가 DNA 차원으로 해체된다. 이런 환원주의적 사고방식이 인간성의 이해에 오히려 걸림돌이 된다는 점을 들어, 인문학과 과학은 통합되어야 한다는 윌슨의 주장을 최재천 교수는 《대담》(도정일, 최재천 공저)을 통해 되풀이한다.

최 교수는 "유전자에 의해 발현되는 형질들이 환경과 어떻게 상호작용을 하는가에 대한 모든 학문이 생물학에 포함되며 따라서 비생물학적 차원이라는 것은 없다."면서 인문학과 자연 과학을 생물학의 영역으로 통섭하려는 윌슨의 주장을 지지한다. 이에 도정일 교수는 21세기의 생명 과학에 우려 섞인 시선을 보낸다. 그는 생명 공학, 생명 의학, 유전자 치료 같은 분야가 인간이 운명으로 받아들였던 자연적 한계를 일거에 제거할 수 있다는 기대와 환상을 뿌리고 있다는 우려를 표명하면서, 인문학과 과학이 생물학적 차원에서 통합되어야 한다는 윌슨의 주장을 '생물학적 제국주의'라고 비판하며, 인간에게는 비생물학적이라 할 행동과 동기, 층위, 선택과 판단의 차원이 있다고 주장한다.

《DNA 독트린》의 저자 리처드 르원틴은 윌슨의 사회 생물학 이론이 모든 사람이 공격성, 이방인 혐오증, 남성 지배 등에 대해 같은 유전자를 공유해야 한다는 주장을 공박하며 인문학과 자연 과학의 통합을 주장하는 윌슨의 주장을 공격한다. 르원틴은 만약 우리의 공격성과 호전성이 유전적으로 결정된 인간의 본성이라면, 어째서 간디와 같은 평화주의자가 생길 수 있는가를 묻는다. 그것은 인간의 공격성을 구성하는 유전자가 개개인의 공격적 행동을 결정할 수 있을 만큼 강력하지 못하는 증거이다. 유전자는 인간의 행동을 결정하는 데 전능한 힘을 가지고 있다고 주장하면서 동시에 사람들이 저마다 다르다는 사실 사이에는 깊은 모순이 존재한다고 르원틴은 주장한다.

르원틴은 유전자가 완벽하게 똑같아도 발생 과정에서 아주 작은 차이(이를 '발생학적 잡음'이라 한다.)가 생기면 전혀 다른 결과가 생긴다고 주장한다. 그는 《3중 나선》이라는 책을 통하여 '유전자가 인간의 모든 것을 결정한다.'는 유전자 결정론을 반박하면서 유전자와 환경과 개체의 특수성이라는 세 가지 요소가 동시에 상호 작용해 인간이라는 생물학적 종(種)이 만들진다고 주장하여 윌슨의 사회 생물학을 반박했다.

인문학과 자연 과학의 접점을 찾아

세계 속의 사물들과 개인들은 저마다 매우 다양한 표정과 자신만의 독특함을 가진다. 그러나 과학은 실재하는 대상을 탐구하면서 개인의 주관적이고 개별적인 취향을 제거시키고 사물들의 풍부한 표정을 차가운 이론으로 추상화시키는 반면, 예술은 개인의 독특한 취향과 세계관에 주목하고 사물의 풍부한 느낌을 독자들에게 불러일으킨다. 이렇게 볼 때, 인문학과 자연 과학의 만남이라는 이유로 셰익스피어(W. Shakespeare)의 《햄릿》이 주는 풍부함을 추상적 이론으로 대체한다는 것은 온당한 일이 아니다.

그러나 예술과 과학은 표면적인 현상 밑에 감추어진 세계를 보여 주려 한다는 점에서 서로 공통점을 지닌다. 과학은 감각적 외관을 넘어서는 사물의 항구적인 구조를 탐색하고, 예술 또한 인간의 본질에 관해 끊임없이 반성적 질문을 던진다. '인간이란 무엇인가'라는 물음 앞에서 인간의 이성과 정념이 뇌의 어떤 작용에서 비롯되는지를 묻고, 인간의 언어 습득이 어떤 진화적 기원에 이론적 근거를 두고 있는가를 묻는 것은 타당한 일이다.

이런 점에서 모든 학문을 생물학적 관점에서 통합하려는 윌슨의 시도는 '생물학적 제국주의'라는 비난에도 불구하고 부분적으로 타당하다고 할 수 있다.

2004년 숙명여대 모의고사 |

제시문 (가)와 제시문 (나)에서 공통적으로 제기된 문제점을 설명하고, 이러한 문제를 해결할 수 있는 방안에 대하여 자신의 견해를 논술하시오.

제시문 (가) 문과와 이과의 구분은 실제로는 아무런 이론적 근거가 없는 자의적인 구분에 지나지 않는다. 인문학도에게는 깊은 수학 지식이 필요하지 않다거나 자연 과학도에게는 문학이나 예술에 대한 소양이 중요하지 않다는 생각은 근거 없는 편견이다. 철학과 과학의 구별 자체가 결여되어 있다는 것도 의미심장하다. 입시 제도 개혁에 일희일비(一喜一悲)하는 극성맞은 학부모들이 진정으로 걱정해야 할 일은 진짜 과학의 성격을 오해함으로써 우리가 두 눈을 멀쩡히 뜨고 과학 영재들을 과학의 길에서 벗어나게 만들고 있는지도 모른다는 악몽같은 현실이 아닐까.

　　　　　　　　　　　　　　—박우석,《잃어버린 과학을 찾아서》

제시문 (나) 서양에서 ‘문과’와 ‘이과’에 해당되는 말들이 있다면 아마도 ‘인문학’(humanities)-또는 ‘인문주의’-과 ‘과학’(science)-또는 ‘과학 기술’-일 것이다. 이것들이 서로 대비된 것은 19세기에 이르러서였다.

그러나 자세히 살펴보면 이 구분 역시 문과, 이과의 구분과는 본질적으로 다른 것이며, 여기서 특히 주목해야 할 것은 이렇게 과학 기술과 대비된 것이 우리의 ‘문과’가 아니라 그보다는 훨씬 좁은 범주의 ‘인문학’이었다는 것이다. 인문학이 대항했던 것은 과학 기술만이 아니라 실용성, 전문성을 중요시하는 당시 문화와 교육의 새로운 조류 전체였고, 굳이 양쪽으로 나누자면 우리가 문과에 소속시키는 대부분의 사회 과학 분야들이나 직업 학문 분야들도 당시로서는 인문학과 반대쪽에 속했을 것이다. 실제로 고전 언어 위주의 인문학 교양 교육에 대항해서 이 시기에 주창된 새로운 교육은 실용적 과학 기술과 아울러 현대 언어들의 교육을 강조하기도 했다. 인문학과 과학 기술의 차이 및 대립 역시 교육의 목적과 그 강조점의 차이를 나타내는 것이었을 뿐 학문 전체를 양쪽으로 나누는 문과, 이과의 구분과는 본질적으로 성격이 다른 것이었다. 오늘날의 우리 학문 사회가 지극히 인위적이고 임의적인 문과, 이과의 구분에 이렇게 철저하게 얽매여 있을 이유는 어디에도 없는 것이다.

―김영식, 《역사와 사회 속의 과학》

인문학을 공부하는 학생에게도 자연 과학의 지식이 필요한가?

과학의 대상은 눈에 보이는 '현상'이다. 바람이 불고 비가 오는 것은 자연현상이요, 인간이 군중 속에서 소외감을 느끼는 것은 인간의 현상이다. 자연현상을 관찰하고 그것의 원리를 탐구하는 것이 자연 과학이라면 인간을 중심으로 일어나는 현상의 이치를 캐묻는 것이 인문학이다. 그러나 인간과 자연은 이분법적으로 단절해서 생각할 수 없다. 자연은 인간을 둘러싼 환경과 인간을 포함한 전체를 지칭한다. 인간도 자연의 일부라는 것이다. 그러므로 인문학과 자연 과학은 엄격하게 이분법적으로 분리해서 생각할 수는 없다.

인문학의 관심 대상은 인간이다. 그런데 인간은 고립적으로 존재하지 않는다. 인간은 반드시 세계와의 관계 속에서 존재한다. 그러므로 인간을 이해한다는 것은 인간과 관련된 관계들의 총체를 이해하는 것이다. 인간과 자연이 맺고 있는 관계가 다름 아닌 과학이다. 더구나 21세기는 과학의 시대라고 일컬을 만큼 과학이 우리의 삶에서 차지하는 비중이 그 어느 때보다 막대하다. 오늘날 또 과학 기술의 규모는 점점 더 거대해지고 있으며, 과학 기술이 경제·사회·문화에 미치는 영향은 지대하다. 이런 시대에 과학에 대한 이해를 배제하고 인간에 대해 올바른 이해를 했다고 할 수 없다.

과학뿐만 아니라 모든 학문이 점차 세분화되고 전문화되는 현실에서 자기 분야에서 전문가가 되기조차 힘든 실정이다. 그러나 자연 과학자 다윈은 맬서스(T. R. Malthus)의 《인구론》을 정독하며 생존 경쟁 개념의 중요성을 깨달았다. 다윈의 그 깨달음이 구체화된 결과가 진화론임을 상기할 때, 혁명적인 창의성은 과학과 인문학을 두루 섭렵할 수 있는 포괄적인 지성의 산물이라고 할 수 있다.

최근에 불거졌던 인간 배아 복제 논란에서 보듯 과학 기술의 부작용을 최소화하려면 기술의 발전에 걸맞는 제도적·법적 장치를 마련해야 한다. 윤리학이 결여된 과학은 절름발이일 수밖에 없다. 바로 여기에 인문학자와 과학자가 서로의 언어를 이해하는 노력이 필요한 이유가 있다.

과학 기술이 사회에 심대한 영향을 미친다고 했을 때, 과학이 가치 중립적인 영역이라고 해서 과학자의 사회적 책임이 무마되는 것은 아니다. 과학이 가치 중립적이라 해도 그 영향은 사회적이기 때문이다. 오늘날처럼 과학이 순수한 지적인 탐구에 머무르지 않고 대중들의 삶에 지대한 영향을 끼친다면 과학 기술 정책의 집행에 시민들의 참여가 필요하다. 인문학도 역시 민주 사회의 일원으로서의, 올바른 정책을 수립하기 위한 시민으로서의 권리 앙양을 위해서도 과학에 대한 올바른 지식이 필요하다고 하겠다.

16

유기적 세계관은

생태계의

위기를

구할 수

있는가?

모든 현상의 배후에는
그 현상을 있게 하는
원인이 있게 마련이다.
꽃잎 하나가 떨어지고
빗방울 하나가 떨어지는 데도
엄연히 낙하의 법칙은 작용하고,
꽃이 피고 열매가 맺는 데도
생명의 원리가 작용한다.
나무 한 그루, 돌멩이 하나,
모래 한 알에도
그것을 있게 한 무수한
원인들이 있게 마련이다.
세상에 존재하는 것들은
무수한 원인들로 이루어진 결과이다.
원인들의 결집체인 결과도
또 다른 현상의 원인으로서 작용하며
끊임없이 변전(變轉)하는 것이
자연계의 이치다.

사물은 홀로 존재하지 않는다

한 송이 꽃을 피우는 데 씨앗 혼자만의 힘으로는 어림도 없다. 빛과 온도와 물의 도움을 받지 않고는 씨앗은 씨앗으로 머물 수밖에 없다. 그러나 씨앗도 저 홀로 존재하는 것이 아니다. 씨앗 하나조차도 그것이 생성되기까지에는 무수한 원인들이 관여한다.

싯달타가 보리수나무 아래서 부처가 되는 깨달음을 얻었다고 했을 때의 그 깨달음이 이른바 '연기론(緣起論)'이다. 어떤 것도 홀로 존재할 수 없고, 어떤 것이 존재한다면 그것은 반드시 어떤 원인의 결과라는 것이 연기론의 핵심이다. 불교적 관점에서 보면 모든 존재는 결과임과 동시에 원인이다. 불교의 연기론에 따르자면 태종 이방원은, 태조 이성계에서 비롯된 결과이면서 동시에 그의 아들 세종을 낳은 원인이기도 하다.

한 송이의 국화꽃을 피우기 위해
봄부터 소쩍새는
그렇게 울었나 보다.

한 송이의 국화꽃을 피우기 위해
천둥은 먹구름 속에서

또 그렇게 울었나 보다.

서정주 시인은 〈국화 옆에서〉라는 시에서 불교의 연기론을 시적으로 형상화한다.

일상적 논리로 보자면 국화꽃과 소쩍새는 아무런 관련이 없다. 그러나 서정주 시인은 국화 한 송이에는 '소쩍새의 울음'과 '먹구름 속 천둥'과 '간밤의 무서리'가 연관되어 있다고 생각한다. 국화와, 소쩍새와 먹구름, 그리고 천둥과 무서리의 연관 관계를 실험으로 증명하고 있지는 않지만 서정주 시인은 시인 특유의 직관력으로써 그것들 간의 관계를 말하고 있다. 소쩍새가 피를 토하듯 우는 봄이 없었다면, 또 먹구름 속에서 무섭게 우는 천둥의 여름이 없었다면, 노란 국화의 가을이 어떻게 존재할 수 있을까, 생각해 본다면 서정주 시인의 직관력이 엉터리라고 함부로 치부할 수만은 없다. 가을은 홀로 존재할 수 없다. 봄이 있기 때문에 여름이 있고, 여름이 있기 때문에 가을이 있는 것이다.

사물은 홀로 존재하지 않는다는 것을 보다 실증적으로 말한 사람은 《침묵의 봄》의 저자 레이첼 카슨이다. 1907년 미국에서 태어나 존스홉킨스 대학에서 동물학을 전공한 카슨은 수산국 공무원으로 일하다가 작가로 나선다. 그는 1957년 친구로부터 정부의 '모기 박멸 프로그램' 때문에 새와 곤충이 DDT에 죽어 간다는 편지를 받자, 만사를 제쳐 놓고 《침묵의 봄》을 쓰는 데 매달린다.

느릅나무를 죽이는 곤충을 박멸할 목적으로 뿌려진 DDT는 그 곤충을 잡아먹는 종달새와 참새와 제비들을 거의 전멸시켰다. 그러나 느릅나무 해충은 오히려 DDT에 대한 강력한 적응력을 지닌 종으로서 다시 나타났다. 더 강력해진 해충을 박멸하기 위해 더 많은 살충제가 뿌려졌고, 소나무 벌레를 없애기 위해 미라미치 강가에 뿌려진 약제는 플랑크톤과 수중 곤충을 박멸시켰을 뿐만 아니라 이들을 먹고 사는 송어와 연어를 또한 멸종시켰다. 곤충의 죽음은 곤충을 먹이로 하는 새들의 죽음을 야기하고, 송어와 연어의 죽음은 그것을 먹고 사는 야생 동물의 죽음을 가져왔다. 결국 미라미치 강은 죽음의 강이 되었다. 이렇듯 생태계의 파괴는 곧 인간에게도 해를 끼칠 수밖에 없다. 인간이 곤충에게 겨눈 화살이 바로 인간 자신의 가슴을 향해 돌아온 것이다.

레이첼 카슨은 농업용 화학 약품이 토양과 지표수, 농작물에 스며들면, 먹이 사슬을 거쳐 새와 물고기를 멸종시키고 사람을 암과 신경계 질환에 걸리게 하며, 해충의 천적까지 죽일 뿐만 아니라 해충에게 살충제에 대한 내성을 길러 준다는 것을 논증했다. 인간 자신만을 위해 뿌려진 살충제가 봄이 와도 새 하나 울지 않는 '침묵하는 봄'을 야기할 수 있다는 것이 레이첼 카슨의 경고다.

생명을 거대한 그물로 보는 유기체적 세계관

카슨이 생각하는 생명은 저 홀로 존재하지 않는다. 카슨이 생각하고 있는 생명의 세계는 거대한 연관의 체계다. 해충은 새와 연관되어 있고, 숲은 새와 연관이 되어 있으며, 물고기는 물과 연관되어 있고, 그 물고기들은 물고기를 주식으로 하는 야생 동물들과 연관되어 있다. 생명들이 긴밀하게 연관되어 있다면 인간과 해충은 홀로 독립적으로 존재하지 않는다. 생명들은 저마다 홀로 존재할 수 없다는 것이 이른바 '공생(共生)'의 원리다.

공생의 세계는 거대한 그물망에 비유할 수 있다. 그물코 하나하나는 홀로 존재하지 않는다. 하나의 그물코는 다른 그물코에 의존해 있다. 그러므로 하나의 그물코가 풀리면 다른 그물코도 온전할 수 없다. 그물망은 하나하나의 그물코가 유기적으로 연관되어 있는 체계다.

우리는 흔히 지렁이를 보잘것없는 미물로 인식한다. 그러나 그 미물마저도 인간과 깊이 연관되어 있다. 지렁이 배설물에는 식물의 성장에 필요한 영양분이 많이 포함되어 있다고 한다. 또 지렁이는 겨울철에 지하 약 4m까지 내려가 동면을 하고, 배설할 때는 지표 위에 배설하는 습성을 가지고 있기 때문에 지렁이가 움직이는 자리에는 작은 터널이 형성되는데, 이 터널은 공기와 수분의 통로가 될 뿐만 아니라 여러 미생물과 식물에 영양분을 공급해주는 통로가 된다고 한다. 또한 지렁이는 1년에 1천 배 이상 증식하는 등 증식률이 매우 뛰어나 1~2년간만 퇴비를 주면 산성화된 토양이 살아 있는 토양으로 변하게 된다고 하니 기특한 동물이 아닐수 없다.

그러나 이런 기특한 동물들에게 인간은 몹쓸 짓으로 보은(報恩)을 대신한다. 인간은 조금이라도 자신이 먹을 작물을 더 수확하기 위하여 지독한 화학 비료를 땅에 뿌려 댄다. 그 결과 땅에 침투한 화학 비료에 지렁이들이 죽고, 그것을 먹이로 하는 새들과 오소리가 떼죽음을 당하고, 그것이 강물로 흘러 플랑크톤을 죽이고, 플랑크톤을 먹이로 하는 포식자인 물고기마저 죽인다. 이것은 생명이 거대한 연관의 체계라는 것을 인간이 망각한 데서 빚어진 생태계의 비극이다. 생태계의 비극은 그대로 인간에게 전해지게 마련이다.

불교가 말하는 연기론의 핵심은 '상의상관(相依相關)'이다. 상의상관은 일체의 존재가 '서로 의지하고, 서로 관련을 맺고 있음'을 뜻한다. '너'가 없이는 '내'가 없고, '내'가 없이는 '너'가 없다는 말이다. 결국 자연계의 생명체들은 서로 의지하고 기대어야 할 공동의 운명체다. 지렁이는 인간에게 기대고, 인간은 지렁이에게 기대어야 온전한 삶을 영위할 수 있다. 지렁이가 살지 못하는 땅에서의 인간의 삶 역시 온전할 수가 없다. 인간과 지렁이의 삶이 별개의 것일 수 없기 때문이다.

《기생충 제국》이라는 책의 저자인 칼 짐머는 기생충을 생태계의 '암 덩어리'라고 보는 우리들의 견해가 그릇된 것임을 깨우친다. 칼 짐머는 기생충에게 '생태계의 파수꾼'이라는 새 역할을 부여한다. 기생충이 숙주(宿主, 기생 생물에게 영양을 공급하는 생물)와 경쟁함으로써 결과적으로 숙주와 기생충 모두 건강하게 진화한다는 것이다. 처음에 기생충이 우월한 상태로 숙주를 파고들면, 숙주는 그 나름대로 유전자의 변형을 일으키며 대응한다는 것이다. 이런 물고 물리는 게임이 기생충과 숙주가 같이 진화하는 원동력이 된다는 것이다. 저자는 기생충과 숙주 사이가 상생과 보완의 관계라는 것을 풍부한 예들을 통해 말한다.

몇몇 기생충은 숙주의 면역 체계를 보호한다. 한 번 주혈흡충에 감염된 사람은 새로 흡충에 감염되기 어렵다는 연구도 있다. 먼저 있던 흡충이 숙주의 면역계를 도와 나중에 도착하는 흡충을 공격하도록 하는 방식으로 숙주 내 흡충의 숫자를 조절하는 것이다. 물론 생존에 유리한 한도 내에서이긴 하지만 기생충은 다양한 방식으로 숙주를 보호하고 있는 셈이다.

칼 짐머에 의하면 기생충이라고 혐오했던 존재마저 실은 인간과 같이 공생하는 존재다. 그는 인간이 오히려 지구라는 숙주에 붙어사는 기생충이라고 주장한다. 인간은 화학 비료와 공해 물질로 생태계를 병들게 했다. 자신의 욕망을 절제할 줄 모르는 인간 때문에 수많은 생물들이 지구상에서 멸종해 가고 있다.

칼 짐머는 "기생충은 숙주를 너무 심하게 손상시키면 스스로 해가 될 것이라는 사실을 진화를 통해 배웠다."면서 "우리 인간이 기생충으로서 더 성공하고 싶다면 훌륭한 선배인 그 대가들에게서 배울 필요가 있다."고 역설한다. 귀 기울일 만한 대목이 아닐 수 없다.

지렁이와 인간이, 기생충과 숙주가 홀로 존재하는 것이 아니라 더불어 존재한다는 것이 불교의 연기론으로 대표되는 유기체(有機體)적 세계관이다. 쇳조각은 일부분을 떼어 내도 그 일부분은 여전히 쇳조각이지만 사람은 그렇지 않다. 생명이 있는 유기체는 쪼개거나 나눌 수 없는 유기적인 전체다. 사람의 일부분인 손가락을 사람이라고 할 수 없는 것은 사람이 나눌 수 없는 전체이기 때문이다.

불교의 연기론은 나와 세상의 존재들이 홀로 존재하는 것이 아니라 거대한 연관의 체계 속에서 '상의상관'한다고 본다는 점에서 유기체적 세계관의 일종이라고 할 수 있다. 미물 하나라도 함부로 살생을 해서는 안 된다는 것도 이러한 유기체적 세계관에서 비롯된 견해라 하지 않을 수 없다.

자연을 도구로 보는 기계론적 세계관

동양에서는 자연을 연관의 체계로 보는 데 반해서 서양의 근대 과학은 자연을 지배와 이용의 대상으로 본다. 이를 위하여 근대 과학에서는 그 이전의 과학자들과는 달리 아무 거리낌 없이 자연에 조작을 가한다.

예를 들면 아리스토텔레스(Aristoteles)는 물의 관찰을 통해서 물이 액체이고, 뜨거운 곳에서는 공기처럼 되고, 맛이 없고, 색이 없다는 결과를 내놓았지만 근대 과학에서는 물의 본질을 알기 위해서 물을 전기로 분해하는 실험을 감행한다. 물의 입장에서 볼 때 그것은 명백히 물에 대한 폭력이요, 조작이다.

노자는 무위자연(無爲自然)을 말한 바 있다. 자연은 인위적인 조작 없이 저절로 존재한다는 것이 노자가 자연을 바라보는 입장이었음을 감안한다면, 물에 전기적인 충격을 가하는 근대 과학의 실험 방법은 노자의 자연관과는 사뭇 다른 세계관의 산물이라고 하지 않을 수 없다.

베이컨(F. Bacon)은 실험을 중시했던 귀납적 방법의 창시자로서 그의 철학은 근대 과학의 방법을 확립하는 데 매우 커다란 영향을 미쳤다. 베이컨의 관심사는 자연 탐구를 통해서 새로운 세계를 건설할 수 있는 도구를 얻는 것이었다. 자연을 이용함으로써 인간의 힘을 증진시키기 위해서는 자연을 알아야 한다는 것이 '아는 것이 힘이다.'라는 베이컨의 말이 함축하는 의미다. 베이컨은 자연을 알기 위해서는 실험적 방법이 가장 유효하다고 생각했다. 개별적 실험을 통해서 일반적인 이론을 추출한다는 베이컨의 귀납법에는 자연을 지배하기 위해서는 자연을 객관적으로 인식해야 한다는 현실적 필요성이 반영되어 있다고 할 수 있다.

데카르트(R. Descartes)는 근대의 정신과 물질을 구분하는 이원론의 창시자로 알려져 있다. 그는 인간의 정신 작용까지도 물질의 반응으로 이해하려는 현대 과학의 '환원주의'의 시조이다. 데카르트는 생각하는 정신 이외의 모든 것을 기계와 같은 것으로 보는 기계론적 세계관을 내놓았다. 기계가 고장 나면 그 고장 난 부위를 찾아 부품을 갈아 끼우면 되듯이 인간이 병이 나면 병의 원인이 되는 부분을 찾아 그 부분만을 따로 떼어 내어 치료하는 근대 의학의 인체 인식도 이러한 데카르트의 전통에서 나온 것이다.

자연은 거대한 연관 체계이다

기계론적 세계관에서는 사물을 거대한 연관의 체계로 보지 않는다. 인간은 인간이고, 자연은 자연일 뿐이라는 기계론적 세계관에 의하면, 자연은 정교한 실험과 분석을 통해서 합리적으로 이해되어야 할 대상이며, 인간의 욕망을 실현시켜 줄 도구요, 수단에 불과하다. 자연을 인간의 욕망을 실현시켜 주는 도구로 보는 서양의 근대적 세계관은 인간에게 엄청난 물질적인 풍요를 가져왔다. 그러나 레이첼 카슨의 《침묵의 봄》이 말하고 있는 것이 무엇인가를 곰곰이 생각해 보라.

자연이 인간의 욕망을 실현시켜 주는 한낱 도구에 불과하다고 생각하거나 자연이 거대한 연관의 체계라는 사실을 망각할 때, 인간이 사는 땅은 봄이 와도 새가 울지 않는 죽음의 땅으로 변한다는 사실이다. 지렁이와 새가 살지 못하는 땅은 인간이 살기에도 적합하지 않은 땅이다. 지렁이가 행복한 땅이 인간이 살기에도 행복한 땅인 것은, 지렁이와 인간이 더불어 사는 존재이기 때문이다.

생명 복제, 특히 인간 복제의 문제는 과학이나 법(法)을 넘어 좀더 본질적인 차원에서 접근해야 한다. 위의 찬반 논의에서 알 수 있듯이, 각각의 견해는 서로 다른 세계관에 기초하고 있으므로 이 문제에 접근하기 위해서는 우선 이들 세계관을 검토할 필요가 있다.

현대의 생태·생명 위기를 초래한 것은 기계적 세계관이라는 주장이 있다. 아래의 (가)와 (나)를 참고하여, (1) 기계적 세계관의 한계는 무엇인가를 밝히고, (2) 유기적 세계관이 그 대안이 될 수 있는가에 관해 자신의 견해를 논하시오.

제시문 (가)　　기계적 세계관은 우주를 수많은 입자(부품)들의 결합체(기계)로 이해한다. 이 견해에서는 세계를 하나의 기계로 보기 때문에 자연 현상을 원인과 결과의 관계로 설명하는 인과율(因果律) 방식을 채택한다. 기계적 세계관은 인간 이성과 자연 과학의 힘을 사유(思惟)와 행동의 기준으로 삼고, 필요에 의한 인위적 욕구 충족을 위해 테크놀로지(technology)의 무한 발전을 요구한다.

제시문 (나)　　유기적 세계관은 세계와 사회를 유기적 존재(생명체)로 이해한다. 생명체는 생동하는 시스템으로 전체와 부분이 상호 작용하고 협력하여 스스로 조직을 유지·발전시키는 존재이다. 유기적 세계관은 순환적이며 동시적인 작용으로 기능을 발휘하는 유기체를 설명하기 위해 상관적(相關的) 방식을 채택하고, '전체

는 부분의 합(合)보다 크다.'라는 전체론의 입장에 서 있으므로
전일적(全一的, holistic) 세계관이라고도 한다.

생태계의 파괴가 어떻게 문명의 붕괴로 이어지는가?

　남태평양의 외딴섬, 이스터 섬은 거대한 석상으로 유명하다. 칠레에서 태평양으로 3,600km 떨어진 이스터 섬에는 '모아이'라고 불리는 높이 3~12m, 무게 20t 이상 되는 거대한 석상 1,000여 기가 흩어져 있다. 가장 큰 석상의 높이는 21.3m, 무게 270t에 이른다. 도대체 누가, 무슨 목적으로 이 석상을 만들었는지, 그리고 여기 살던 사람들은 언제 사라졌는지, 모든 것이 베일에 싸여 있다. 이 때문에 이스터 섬의 문명 붕괴를 둘러싸고 환경 파괴설, 종족 갈등설, 그리고 우주인이 석상을 만들었다는 UFO 개입설까지 나돌았다.

　하와이 대학의 테리 헌트 교수는 이스터 섬이 유럽 인의 노예 사냥과 쥐로 인해 폐허가 됐다는 주장을 편다. 그는 이 섬의 유적지에서 채취한 토양을 방사성 탄소 연대 측정법으로 분석한 결과 이 섬에 사람이 처음 도착한 것은 1,200년께라고 밝혔다. 이를 근거로 그는 이 섬에 살았던 인구가 2만 명이 아니라 많아야 수천 명에 불과했다고 지적했다. 문명을 이룰 만한 규모의 인구가 존재하지 않았다는 얘기다. 그는 이 섬의 멸망과 관련, 1722년 이 섬에 처음 상륙한 유럽 인들이 주민들을 노예로 끌고 갔기 때문이라고 주장했다. 또 폴리네시아 인을 따라온 쥐가 섬의 몰락을 재촉했을 것으로 추정했다. 연구진은 애초 쥐가 없던 이 섬에 13세기에 쥐가 무려 2,000만 마리로 불어났음을 보여 주는 근거를 제시했다. 급속히 불어난 쥐가 야자 씨를 먹어 치워 야자나무가 사라졌다는 것이다.

그러나 이에 대해 《문명의 붕괴》의 저자 제레드 다이아몬드는 적어도 과거에 섬 전체 인구를 통솔하던 어떤 형태의 행정 조직이 존재하지 않고는 이러한 거상을 세운다는 것은 불가능한 일이라면서 단호하게 이 섬의 문명이 환경 훼손으로 인해 붕괴되었다고 말한다.

그렇다면 어떻게 하여 이들의 문명 사회는 사라졌는가? 이에 대한 해답은 유적 발굴 작업, 발굴 토양에 포함된 꽃가루 분석, 탄소 동위 원소를 활용한 연대 측정, 이곳 주민들에 대한 DNA 분석 등을 총괄하여 마련될 수 있다. 이들 자료를 종합 분석한 결과, 우리는 다음과 같은 몰락의 시나리오를 가상해 볼 수 있다.

대략 서기 400년에서 700년 사이에 피지, 사모아, 타히티 등지에 살던 사람들이 새로운 세계를 향해 동으로, 동으로 탐험을 하였을 것이다. 폴리네시아 사람들이 처음 이 섬을 찾았을 당시 이스터 섬은 무성한 아열대 숲으로 덮여 있었다. 수많은 하우하우(hauhau) 나무는 밧줄을 만드는 좋은 재료가 되었으며, 토로미로(toromiro)라는 나무는 땔감으로 아주 적당했다. 또 현재는 전혀 그 흔적을 찾을 수 없지만 그 당시 이 섬에서 가장 흔한 나무는 키가 25m에 달하고 직경이 2m 정도인 야자나무였다. 야자나무의 줄기는 배를 만들기에 아주 제격이었으며, 열매는 식용으로 좋았고 또 수액은 아주 달콤하고 영양이 풍부했다. 당시 이스터 섬에서는 줄잡아 25종 이상의 새들이 서식하고 있었으며, 상당수의 물개들도 보금자리를 틀고 있었다.

또 해안에는 돌고래 무리가 서식하고 있었다. 배를 타고 나가 이 돌고래들을 잡아 단백질을 보충할 수 있었다. 모든 것이 부족함 없이 풍요로웠다. 이러한 환경에서 원주민 수의 증가는 풍부한 노동력을 낳았고, 이 잉여 노동력을 토대로 야심에 찬 공동 사업이 구상되기에 이르렀다. 모아이라는 거대한 석상을 세우는 일이었다. 이 사업은 그들의 생존이 달려있는 아열대 숲의 파괴로 이어졌다. 집과 배를 만들 때보다 훨씬 더 많은 목재들이 모아이라는 거상을 옮기고 일으켜 세우는 데 필요한 받침목과 지렛대와 밧줄을 만드는 데 충당되었다.

꽃가루 분석의 결과에 의하면 15세기가 들면서부터 야자나무가 격감하기 시작했음을 알 수 있다. 이는 모아이의 건설 시기와 일치한다. 숲이 사라짐에 따라 토양 침식이 뒤를 따랐고, 샘과 냇물은 고갈되고, 따라서 곡물 생산도 현저하게 줄어들게 되었다. 쓰레기 야적장 조사에서 16세기가 시작된 직후부터 더 이상 돌고래의 잔유물을 전혀 발견할 수 없는데, 이는 큰 야자나무가 사라짐에 따라 바다에 나가서 해산물을 채취하던 배를 더 이상 만들 수 없었기 때문으로 추정된다. 이후 섬의 주민들은 사냥하기 쉬운 바다새를 식량으로 했고, 이는 다시 바다새의 멸종을 불러 왔다. 이후 부족한 식량을 메우기 위해서 사육하던 닭을 먹었으나, 턱없이 부족한 식량난을 해결하기 위해 결국은 서로 잡아먹는 '식인 풍습'이 나타나게 되었다.

　사람들이 서로 잡아먹기 시작하면서, 공동체 문화는 사라졌다. 이제 인간들은 날마다 서로 사냥하고 사냥당하는 대상이 되었다. 오늘날 불을 지핀 흔적 속에서 많은 인간의 유골이 발견되는 사실이 이를 뒷받침하고 있다. 그 결과 2만여 명에 달하던 섬 전체 인구가 18세기에 접어들면서 2천여 명 정도로 격감하게 되었다. 1722년 당시까지도 해안에는 대략 200여 개의 모아이가 서 있었다. 그러나 1864년에 다시 유럽 인들이 이 섬을 방문했을 때는 대부분의 모아이들이 서로 싸움하는 부족들에 의해 경쟁적으로 쓰러뜨려졌다. 이러한 식인의 풍습은 1722년 처음 유럽 인이 이곳을 방문한 이후에도 지속되었다.

　진화 생물학과 생물 지리학의 세계적인 권위자인 제레드 다이아몬드는 문명을 몰락시킨 재앙의 기본적인 패턴을 5가지로 정리한다. 환경 파괴와 기후 변화, 적대적인 이웃, 우호적이지만 불안정한 교역 상대, 그리고 환경 문제에 대한 사회의 대응이 그것이다. 이스터 섬에는 적대적인 이웃도 없었고, 중대한 기후 변화도 없었다. 결국 이스터 섬의 문명은 생태계의 붕괴로 명멸했다.

　제레드 다이아몬드는 마야 문명의 붕괴도 이스터 섬의 전철을 밟았다고 분석한다. 인구와 자원의 불일치는 산림 파괴, 토양의 침식과 유실로 이어졌고 식량 부족은 전쟁을 불렀다고 한다.

　제레드 다이아몬드는 문명 붕괴의 가능성이 지금 이 순간에도 존재한다고 경고한다. 세계 인구의 5분의 1이 사는 중국의 환경 문제도 그 가운데 하나다. 중국은 매년 10%의 성장률을 기록하고 있다. 그러나 생물의 종 감소, 경작지 감소, 사막화, 습지대의 상실, 목초지의 황폐화, 염화, 토양 침식, 물 부족, 수질 악화 등 그 부작용이 한둘이 아니다. 이렇게 성장을 위한 개발로 지구촌이 몸살을 앓고 있는 현실에서 제레드 다이아몬드는 옛 조상들이 남긴 교훈을 되새기면서 잘못된 오류에 빠지지 말고 과거의 경험을 잊지 말자고 당부한다.

그의 다음과 같은 목소리는 우리 세대에 대한 준열한 비판이다.

자식을 위하여 모든 것을 쏟아 부으면서도 자식 세대가 앞으로 50년을 살아가야 할 세계를 훼손한다는 것은 비상식적인 행위가 아닐 수 없다.

17

다양성을

반영하는

표준화는

가능한가?

전에 신던 운동화의 치수는
270mm였으나, 이번에
다른 브랜드의 운동화를 살 때는
260mm짜리 운동화가 발에 맞은
경험이 있을 것이다.
설사 발 길이는
맞는다 해도 발의 폭이나
발등의 높이가 맞지 않아
발의 통증을 느낀 적도
있을 것이다.
옷을 살 때도 종류나
브랜드 등에 따라
치수가 제각각이기 때문에
직접 입어 보지 않고 구입하면
손해를 보기 십상이다.
'표준화'의 제정은
이런 손해를 미연에 방지하는 데
목적이 있다.

표준화는 이익을 증가시킨다

서울에서 신의주까지 기차를 타고 달릴 수 있는 통일의 날이 왔다고 하자. 당장 기차를 타고 삼팔선의 경계를 넘을 수 있다고 생각하면 섣부른 생각이다. 문제는 그리 간단하지가 않다. 만약 기차의 선로 간격이 북한에서는 1,524mm인데 비해 남한에서는 1,435mm라면 남한의 기찻길과 북한의 기찻길을 잇는 작업은 간단하지가 않다. 남한이나 북한 둘 중의 어느 선로 간격을 표준으로 삼아 선로 간격을 통일할지 외교적 협상부터 해야 한다. 이런 협상에서는 외교력이나 국방력에 있어서 우월한 위치에 있는 국가의 표준이 채택되기 쉽다. 외교적 협상이 난항을 거듭할 경우 표준을 둘러싸고 외교적 갈등이 심화될 수도 있다. 다행히 남한이나 북한이나 모두 선로 간격이 1,435mm이다. 이는 1886년 스위스 베른 국제회의에서 최초로 제정된 '표준 궤간'이다.

표준화의 효과를 극대화시킨 이는 진시황제였다. 진시황은 문자, 도량형, 법률, 행정 조직부터 화폐, 교통, 심지어는 무기까지 통일했다. 진시황이 BC 230년부터 BC 221년까지 9년간 주변 국가들을 차례로 정복하는 과정은 가히 표준화의 대장정이라 할 만하다. 영토의 확장과 표준화의 확대는 서로 상승 작용을 일으키면서 천하통일의 가장 든든한 우군이 되어 주었다.

중국이 역사적으로 각 종족 간에 분열과 대립을 거듭했다고 할지라도 중국이라는 하나의 정체성을 갖게 된 데는 같은 문자와 도량형 등을 사용한다는 일체감이 큰 힘이 되었다. 어떤 민족에게서나 언어는 같은 공동체임을 판단하게 해 주는 가장 핵심적인 표준이다. 조선어 사용을 금지했던 일본 제국주의가 간파한 것도 조선어가 한반도에 사는 사람들을 하나의 민족으로 묶어 주는 강력한 통합의 도구라는 사실이었다. 언어를 흩뜨려야 민족을 분열시킬 수 있다는 것이 제국주의자들의 판단이었다.

전국칠웅(戰國七雄)중 하나였던 진나라의 시황은 당시 다른 6개국을 정복하기에 앞서 전차의 바퀴, 석궁, 화살, 창 등의 무기를 표준화했다. 수레바퀴에 맞춰 도로의 폭도 일정하게 통일했다. 이덕분에 진나라 군사들은 바퀴가 고장이 나면 즉시 표준화된 새 바퀴로 갈아 끼울 수 있었고, 다른 무기들도 파손 시에 즉시 교체하거나 대체할 수 있었다. 당시 말이 끄는 전차는 도로에 깊은 바퀴 자국을 만들고 그 바퀴 자국이 레일 같은 역할을 했기 때문에 차폭이 다른 적국의 전차는 타국의 도로를 달릴 수 없었다. 이런 문제점을 해결하기 위해 영토를 통일한 진시황은 7개 나라가 적국 전차의 진입을 막기 위해 서로 달리했던 마차 바퀴 간의 거리를 6척(약 138cm)으로 통일했다. 요즘 말로 하면 소위 '글로벌화'가 이루어진 셈이다. 마차 바퀴의 표준화가 물자의 교역을 활발하게 하고 문물의 교류를 촉진시켰음은 당연한 일이다.

표준에는 국가 등의 권위에 의해 강제되는 '공적인 표준'과 시장 경쟁 과정에서 자연스럽게 생성하는 '사실상의 표준', 두 가지가 있다. 진시황은 '공적인 표준'에서 엄청난 일을 해 낸 것이다.

성공과 실패를 동시에 안겨 준 표준화

'사실상의 표준'을 잘 보여 주는 예는 포드 자동차의 '포드 시스템'이다. 포드 시스템은 1903년 미국 디트로이트에 포드 자동차를 설립한 헨리 포드가 자동차의 생산 여건을 획기적으로 개선하기 위해 만든 시스템으로, 생산 모델을 단일화함으로써 부품을 표준화하고, 공구의 사용법을 개선함으로써 공정을 표준화한 것을 말한다. 포드가 실시한 생산의 표준화는 '3S' 원칙으로 압축할 수 있다. '3S' 원칙은 '제품과 작업의 단순화(Simplification)', '부품과 작업의 표준화(Standardization)', '기계와 공구의 전문화(Specialization)'다. 포드는 대량 생산과 최저 생산비를 실현하기 위해 1927년까지 오로지 'T 모델'만 생산하는 등 제품을 단순화했다. 또 제품의 단순화는 제품을 구성하는 5천여 개의 부품을 표준화함으로써 가능해졌다. 포드는 여기에 제품의 단위당 생산 원가를 낮추고 부품의 표준화를 유지하기 위해 단일 목적의 기계와 공구에 의한 이동식 조립 공정 생산을 시도했으며, 작업의 세분화와 분업화도 꾀했다.

이같은 포드 시스템에 따라 'T 모델'은 첫해 생산 대수가 6,870대에 불과했지만 1913년 최초의 대량 생산 시스템인 일괄 조립 라인(컨베이어 시스템)을 도입함으로써 1923년에는 연간 생산량이 200만 대 정도로 급증했다. 평균 12시간 반 정도 걸리던 'T 모델'이 1시간 반 만에 조립돼 나온 것이다. 또 발표 당시 판매 가격도 다른 자동차가 2천 달러를 호가할 때 'T 모델'은 절반도 안 되는 850달러까지 낮출 수 있었으며, 이마저 대량 생산 방식을 통해 1925년에는 250달러까지 내렸다. 이에 따라 'T 모델'은 1927년 단종될 때까지 1500만 대나 팔리는 대기록을 세우게 됐다.

그러나 포드 자동차의 신화를 이룩했던 'T 모델'은 다양화를 추구하는 시장의 구조 변화에 능동적으로 대처하지 못하는 바람에 경쟁사인 GM의 제품 차별화 전략에 밀려 결국 실패했다. 또 컨베이어 속도에 맞춰 작업을 강요함으로써 노동자들을 단순한 기계의 일부로 전락시키고 사기 저하를 불러일으켰으며, 고도의 기계화로 인해 노동자들의 숙련의 필요성이 감소되면서 노동의 질을 하향화시켰다. 특히 컨베이어 시스템은 하나의 공정이 정지되면 전체가 멈추는 시스템이어서 노사 분규에 치명적인 약점을 지니고 있었다.

'재미나는 골에 범 난다.'는 속담도 있듯이 결국 포드 사에 성공의 신화를 안겨 준 표준화가 성장의 발목을 잡은 것이다. 그러나 포드 사의 표준화는 결국 실패로 끝났지만 포드 사의 경우 말고도 표준화로 인한 성공 사례는 풍부하다.

노예 해방을 기치로 내걸고 전쟁터에 나선 북군과 이에 맞서는 남군이 격돌한 남북 전쟁에서 승부는 소총에서부터 갈렸다는 흥미로운 주장도 있다.

전쟁터에서 소총이 고장 나는 일은 흔히 있는 일이다. 방아틀뭉치가 고장 난 총과 노리쇠 뭉치가 고장 난 총이 있다면 적어도 한 정은 사용할 수 있어야 하는 게 오늘날의 상식이다. 노리쇠 뭉치가 고장 난 총의 방아틀뭉치를 방아틀뭉치가 고장 난 총에 끼우면 되기 때문이다. 그러나 당시의 총은 방아틀뭉치와 노리쇠 뭉치를 갈아 끼울 수 없게 되었다. 다시 말해 호환성이 없었다. 이런 상황에서 엘리 휘트니는 1809년 모두 1만 정에 달하는 소총을 미 국방부에 납품했다. 국방부를 직접 방문, 소총 10정을 분해한 뒤 조립을 해 보이며 '표준화된 소총'의 효율성을 설득했고, 국방부 측이 이를 받아들였다. 그러나 호환성이 없던 남군의 소총은 부품이 고장 날 경우 다른 총기의 부품으로 대체해 사용할 수 없었다. 단 1개의 부품이라도 파손될 경우 소총을 통째로 버려야 하는 비효율성이 발생했다. 결국 호환성이 뛰어난 소총을 가진 북군은 이 표준화 덕분에 전쟁에서 승리를 얻어낼 수 있었다는 것이다. 물론 총 하나가 전쟁의 승패를 갈랐다는 것은 지나친 확대 해석이다. 그러나 이 예화는 표준화의 위력이 얼마나 큰 것인가를 실감하게 해 준다.

당시 북군은 표준화를 역으로 뒤집어 적을 괴롭히기도 하였다. 당시 링컨 대통령은 철로의 간격을 남부보다 8.5인치 넓게 했다. 기술적으로는 남부의 규격이 더 효율적인 것이었으나 북군의 물자가 남군에 쉽게 넘어가지 못하게 함으로써 남군을 고립시키려는 전략이었다.

자동차의 경우 통행 방식이 다르면 교통사고로 이어질 가능성이 크기 때문에 세계 각국이 법규로 방식을 정해 놓고 있다. 또 보행자의 통행 방식에도 나라마다 일정한 원칙이나 관행이 있다.

자동차의 통행 방식은 도로 오른쪽을 이용하는 우측통행 방식과 그 반대 방향인 좌측통행 방식이 있다. 미국과 유럽의 대부분 국가는 우측통행 방식을 채택하고 있고, 영국과 일본 등의 나라에서는 좌측통행 방식을 채택하고 있다. 자동차가 우측통행이면 사람도 우측통행이고, 자동차가 좌측통행이면 사람도 좌측통행을 하는 것이 세계적인 관행이다. 결국 미국에서는 자동차와 사람이 모두 우측통행을 하는 반면 일본은 모두 좌측통행을 한다. 그런데 한국에서는 사정이 복잡하다. 자동차는 모두 우측통행인데 철도와 서울 지하철 1호선은 좌측통행, 2~8호선은 우측통행을 한다. 여기에 4호선의 경우 당고개~남태령 구간은 우측통행을 하다 과천선(선바위~범계)과 안산선(금정~오이도)에서는 좌측통행으로 바뀌기까지 한다. 이렇게 좌우측 통행이 뒤섞여 있다 보면 혼란이 발생한다. 이런 혼란을 미연에 방지하자는 데서 표준화의 필요성이 대두된다.

다양성을 반영하는 표준화

민들레의 학명은 'Taraxacum platycarpum'이다. 이 민들레는 금잠초(金盞草), 지정(地丁), 포공초(蒲公草), 포공영(蒲公英) 등으로 불리기도 한다. 함경도 지방의 방언으로는 미음들레, 무슨들레라고 하고, 경상도에서는 문들레라고 부른다. 이상화의 시 〈빼앗긴 들에도 봄은 오는가〉에서 '맨드라미 들마꽃에도 인사를 해야지'라는 구절에서의 '맨드라미'는 대구 지방에서 사용하는 민들레를 지칭하는 방언이라고 한다. 이렇듯 다양한 방언과 다양한 언어의 공존은 의사소통을 방해한다. 언어의 차이를 줄여 의사소통의 효율성을 제고해 보자는 데서 학명과 표준어가 만들어졌다.

그런데 각 지방의 방언이 의사소통에 장애 요인이 된다는 것을 알면서도 세계의 국가들이 언어의 다양성을 허용하는 것은 왜 일까? 혹시 언어의 문제는 통치 차원 이외의 또 다른 차원이 있기 때문은 아닐까?

한 방언이나 언어는 한 민족의 역사와 같이 유구한 역사를 지니고 있다. 그것은 지난 수십만 년 동안 그 민족과 운명을 같이 해온 문화적 전통이다. 《사라져 가는 목소리들》의 저자 다니엘 네튼은 다양한 언어들의 사멸 위기를 경고하고 대책을 모색한 책이다. 책은 방언의 가치를 설득력 있게 역설한다.

태평양 팔라우 섬의 어부들은 수백 종의 물고기 이름과 서식지, 어로 관습, 어로 기술 등과 더불어 전 세계의 과학 문헌에 기재되어 있는 것의 몇 곱절이나 되는 어종들의 음력 산란 주기를 알고 있다고 한다. 북극 지역에 거주하는 이누이트 족은 어떤 종류의 얼음과 눈이 사람과 개, 또는 카약의 무게를 지탱할 수 있는지를 파악하기 위해 얼음과 눈의 강도에 따라 각기 다른 이름을 붙였다. 또한 필리핀의 민도로 섬에 1만 2천 명 정도가 모여 사는 하우누 족은 450종 이상의 동물과 1천 500종의 식물을 구별할 수 있으며 그 중 1천 종 이상의 식물을 야생에서 채취하고 약 430종의 식물을 재배한다. 토지에 대해서도 10종의 기본 토질과 30종의 이종 토질을 구분하며 토양의 굳은 정도에 따라 네 가지의 다른 용어를 쓴다. 이들은 서로 다른 토질을 아홉 가지의 색깔로 구별하며, 땅의 지형을 다섯 가지로 분류할 뿐 아니라 땅이 경사진 정도를 세 가지 다른 방식으로 나타낸다.

해양학자는 팔라우 어부들의 지식을 통해 해양 자원을 관리하는 기술을 배워야 하고, 지질학자는 이누이트 족으로부터 북극의 기후와 빙하의 구조에 대해 배워야 한다. 또한 동식물을 연구하는 학자들이라면 하우누 족의 지식을 배워야 할 것이다. 토착민들의 이러한 지식 중 상당 부분은 수천 년 동안 이들의 언어 속에서 구전으로 전해져 왔으며 이들의 언어가 사라짐과 동시에 이러한 지식도 잊혀 가고 있다. 언어 속에 담긴 독특한 문화적 요소의 상당 부분이 언어의 사멸과 함께 사라진다는 것이다.

의사소통의 효율성을 제고하자는 취지로 보자면 언어의 표준화도 중요하지만 방언 속에 담겨 있는 인류의 지혜도 값진 것이다. 언어의 다양성은 곧 문화의 다양성이다. 다양성이 문화의 역동성임은 재고의 여지가 없다.

문화관광부는 2004년 2월 27일 지방화와 분권화 시대에 맞게 지역어에 대한 폄하를 없애고 지역 언어를 통해 표준어를 풍성히 하며 통일에 대비하기 위해서도 지역어를 어문 정책의 대상에 포함시킬 것이라고 밝혔다. 국가가 존재하는 한 국가의 공식 언어는 필요하다. 그러나 공식 언어의 필요성이 지역 언어의 불필요성으로 곧바로 이어지는 것은 아니다. 지역 언어의 다양성이 문화의 풍부함을 말해 준다고 할 때 문화관광부의 발표는 환영할 만하다.

김용호는《몸으로 생각하다》를 통해 이렇게 말한다.

커뮤니케이션을 통한 일치 욕구는 통상 표준을 선점하기 위한 권력욕과 함께 나타난다. 권력자들은 자신의 코드에 강제로 편입된 사람들을 짝사랑하면서 일치감을 느끼는 것이다. 표준화는 월등한 권력에 의한 획일적 커뮤니케이션 체계를 수립한다. 이러한 방식은 얼마 전까지만 해도 효율적이었다. 그러나 다양한 소수 집단이 부상하고 있는 오늘날에는 획일적 표준 자체가 숱한 갈등의 비용을 유발하는 비효율적 방법이 되어가고 있다.

그는 세계는 다양성을 살리면서 동시에 호환성을 높이는 방향으로 가고 있다며 '동질성 회복'이 아니라 '이질성 포용'이 통일의 새로운 구호가 되어야 함을 역설한다.

제시문을 읽고 주어진 논제에 따라 답안을 작성하시오.

* 신제품을 개발할 때 요구되는 표준화와 다양화의 필요성을 각각 기술하고, 그 제품에 적용될 표준화와 다양화의 정도를 어떤 기준에 의해 결정해야 하는지에 대해서 논술하시오.

제시문 현대 사회에서 사용되는 대부분의 첨단 제품들은 표준화된 부분과 그렇지 않은 부분을 동시에 가지고 있다. 예를 들면 컴퓨터와 주변기기들을 연결하는 장치는 표준화되어 있지만, 동일한 용도의 기기들이라도 그 모양과 기능이 다양화되어 있다.

일반적으로 신제품의 개발에 있어서 표준화의 지나친 적용은 다양성을 위축시킬 수 있고, 다양성의 확대는 표준화의 효과를 저해하는 결과를 낳을 수 있다. 따라서 표준화와 다양성을 합리적으로 조화시킬 수 있는 기준이 필요하다.

다양성의 가치는 무엇인가?

유전학의 권위자인 미국의 존 C. 애비스 조지아 대학 교수는 그의 저서 《유전자의 변신 이야기》에서 동식물을 통틀어 근친 간 짝짓기, 즉 동종 교배(同種交配)가 왜 유전적으로 나쁜 결과를 초래하는지 설명하고 있다. 동종 교배는 이종 교배보다 동일한 형태의 대립 유전자들을 발생케 하여 개체에 해를 끼칠 가능성이 높고, 상황에 적응하는 유연성이 부족해 환경 변화에 적응하는 데도 문제가 있다는 것이다.

동종 교배의 문제점을 지적하면서 다양성이 창조의 핵심이라고 믿는 교수가 있다. 2002년 서울대 총장에 취임한 정운찬 총장이 바로 그다. 그는 취임 후 신입생을 구·군별로 할당하는 지역 할당제를 도입하겠다고 선언했다. 교수들은 위헌 소지가 있다며 반대했고, 결국 지역 균형 선발로 절충했다. 2008년 서울대는 정원의 3분의 1을 지역 균형 선발로 뽑게 된다. 정운찬 교수는 자신이 지역 할당제를 도입하게 된 배경에 대해서 재미있는 일화를 소개했다.

1966년, 서울대 경제학과에 입학했더니 50명 중에 17명이 경기고 출신이었어요. 돌이켜 보면 같은 경기고 출신에게서보다 다른 학교와 시골 친구들에게서 많이 배웠습니다. 아버지를 일찍 여읜 나에게 '운찬아, 아버지 성묘 안 가나? 같이 가자!' 하는 녀석은 시골에서 온 친구였거든요. 밖을 보아도 미국 유수의 대학들이 지역 쿼터·국가 쿼터·아시아 쿼터 등 쿼터제가 다 있어요. 중국의 주요 대학들은 아예 지역 할당제를 합니다. 그래서 총장이 되자마자 옛날부터 생각했던 것을 해 버린 겁니다.

같은 지역 고등학교 출신의 학생들이 모인 집단보다 가급적이면 다양한 지역의 고등학교 출신의 학생들이 모였을 때 대학이 생산적 배움의 터전이 될 수 있다. 이른바 '동종 교배 방지론'이라는 정운찬 총장이 도입한 지역 균형 선발 전형은 성공했다. 정시 모집 학생보다 지역 균형 선발로 모집된 학생들의 성적이 더 좋다는 결과가 이를 말해 준다. 대학이 갖가지 나물과 밥에 고추장까지 고루 섞인 비빔밥처럼 다양해야 서로 다른 경험과 새로운 생각을 나눌 수 있다는 게 정운찬 총장의 믿음이다.

유전자의 다양성을 확보하지 못할 때 재앙이 닥칠 수 있다고 제레미 리프킨은 그의 저서 《바이오테크 시대》를 통해 경고한다. 그는 1845년에 있었던 아일랜드의 대기근을 예로 든다.

아일랜드는 1840년대에 인구가 800만을 넘어 유럽에서 인구 밀도가 가장 높은 나라였다. 아일랜드 사람의 주식은 감자였는데, '룸퍼스'라는 하나의 품종이 가장 널리 재배되었다. 1845년에 농부들은 여느 때와 마찬가지로 '룸퍼스' 감자를 심었지만, 감자 역병이 발생하는 바람에 거의 모든 감자가 죽어 버렸다. 그 피해는 실로 막대했다. 역사가들의 추산에 따르면, 굶어 죽은 사람이 최고 100

만 명이나 되며 이민을 간 사람도 150만 명이나 되었다고 한다. 만약 다양한 유전자를 가진 다양한 종의 감자를 재배했다면 재앙은 미연에 방지할 수 있었을 것이다.

세계의 각 지역마다 개량된 여러 재래적 품종이 있는데도 농민들이 하나의 품종만 획일적으로 심는 이유는 무엇일까? 주로 경제적 압력 때문이다. 한 가지 품종만 심으면 수확하기가 용이하고, 품질이 좋고, 쉽게 해를 입지 않는 저항력이 생기고, 생산성도 높아질 가능성이 있기 때문이다. 한 가지 품종만 심는 경향은, 녹색 혁명이라고 불리게 된 것이 등장하면서 1960년대에 본격적으로 시작되었다. 결과는 어떨까. 녹색 혁명 이래 도입된 단일 품종 재배 방식이 세계 전역에서 생물의 다양성과 안정적인 식량 공급에 악영향을 미쳤다는 것이 전문가들의 진단이다. 유엔 식량 농업 기구에 의하면, 한 세기 전에 농작물이 가지고 있었던 유전자의 다양성은 현재 75%가 사라진 상태인데, 이는 주로 상업적인 영농 방식 때문이라고 한다.

녹색 혁명과 마찬가지로, 유전자 혁명 역시 유전자 획일화 문제의 원인이 될 수도 있다. 유전학자들이 복제나 조직 배양과 같은 기술, 즉 완벽하게 똑같은 개체를 만들어 내는 방법을 사용할 수 있기 때문이다. 실제로 유전 공학을 통해서 보통 젖소보다 3배나 많은 젖을 짜낼 수 있는 젖소를 만들기도 하고, 야생의 닭에 비해 훨씬 빠른 속도로 성장하는 닭을 만들어 낼 수도 있다. 경제적 압력 때문에 가축업자들은 이런 가축을 선호하지 않을 이유가 없다. 그러나 새로운 바이러스 출현했을 때는 상황이 달라진다. 하나로 통일된

유전자 집단은 그렇지 않은 집단에 비해 훨씬 더 재앙에 취약할 수밖에 없다는 것이다

유전적 다양성이 자연을 활력 있게 하듯이 인간의 조직도 활력을 위해서는 다양성을 필요로 한다. 조직을 이루는 구성원들이 제각기 다른 개성을 가질 때, 그 조직은 다양한 환경에 능동적으로 대처할 수 있는 힘을 가질 수 있기 때문이다. 기업들은 다양성의 가치에 주목하여, 노동력의 다양성을 기업의 효율성 증대와 연관지어 설명하면서 구성원 간의 차이를 수용하고 이를 적극적으로 고무시키고자 하는 노력을 증가하고 있다. 다양성을 기업 경쟁력 강화의 수단으로 받아들이는 것이다.

혁신 기업의 대명사로 통하는 3M은 다양성(Diversity)을 유난히 강조하는 기업이다. 보이든 보이지 않든 시장에는 항상 기회가 존재하는데, 이를 잘 파악하기 위해서는 다양성이 필수적이라는 것이다. 다양한 경험과 배경, 아이디어를 지닌 인재들을 확보함으로써 고객을 이해할 수 있으며, 이를 통해 차별적인 가치 제공이 가능하다는 것이 3M의 주장이다.

유전적으로 동일한 인자의 결합이 열성 인자를 배출할 가능성이 크다는 생물학적 원리처럼, 생각과 문화가 같은 집단들끼리만 무리를 이뤄서는 경쟁력을 높이기 어렵다. 타인의 '차이'와 '다름'을 인정하고 흡수함으로써 다양성을 내면화할 때 인격의 진화와 문명의 진보가 이루어진다고 할 수 있다.

18

과학의 언어와

시적 언어는

어떻게

다른가?

아리스토텔레스의 형식 논리학은

인간의 사유에서 모순을

몰아내기 위한 논리학이다.

"A는 A이다."라는 동일률(同一律),

"A는 ~A가 아니다."라는 모순율(矛盾律),

"A도 아니고 ~A도 아닌 것은 없다."는

배중률(排中律)이

형식 논리학의 대전제이다.

김동명은 그의 시 〈호수〉에서

'내 마음은 호수요'라고 노래한다.

마음은 비물질적인 것이요,

호수는 물질적인 것이므로

물질적인 것과 비물질적인 것을

동일하게 취급하는 것은

논리적으로 부당하다.

그러나 시를 하나의 오류로 보는 것은

문학의 언어를 잘못 아는 데서 오는

오류다.

과학의 언어의 명료성과 시적 언어의 애매모호성

'내 마음'과 '호수'는 논리적으로 동일하게 연결될 수가 없지만 비유적으로 충분히 연결이 가능하다. 호수의 잔잔하고 맑은 수면이 '내 마음'의 상태와 유사하다고 생각될 때, '시인은 내 마음은 호수요'라고 노래할 수 있다. 만약 내 마음을 일상적인 언어로 표현한다면 '내 마음은 호수의 표면과 같이 맑고 깨끗하다.' 정도로 나타낼 수 있을 것이다. 그러나 '내 마음은 호수요'라는 시적 언어 표현이 '내 마음은 호수의 표면과 같이 맑고 깨끗하다.'라는 일상적 언어 표현과 동일하다고 할 수는 없다. 시적인 언어 표현이 일상적 언어 표현보다 더 많은 뜻을 함축할 수 있기 때문이다.

호수에 돌을 던지면 잔잔한 파문이 퍼져 나가듯이, 누군가 내게 사랑이라고 하는 돌을 던지면 내 마음에도 잔잔한 파문이 인다. 마음의 그 조용한 떨림이 곧 사랑이 아니겠는가. '내 마음은 호수요'라는 시 구절은 그러므로 이런 조용한 마음의 떨림으로서의 사랑마저도 함축하고 있다고 볼 수 있다.

시의 언어는 함축적이다. 시의 언어가 함축적이라는 것은 시어가 시의 표면에 언급된 이상의 의미를 지닌다는 뜻이다. 이상화가 '빼앗긴 들에도 봄은 오는가'라고 노래했을 때 사용된 시어 '봄'은 일상적 언어로서의 '봄[春]' 이상의 의미를 지닌다고 볼 수 있다. 일본 제국주의에 나라를 빼앗긴 한국의 민족에게 그것은 곧 '해방'과 '광영'을 의미한다. 봄은 움츠려든 생명체들이 자신의 왕성한 생명력을 마음껏 구가하는 시기이다. 그러므로 봄은 일제의 강권주의에 움츠러들었던 민족의 기운과 생명을 마음껏 발산하는 시기를 의미하기도 한다. 이렇게 시어는 시의 표면에 언급된 의미 그 이상의 의미를 표현한다고 할 수 있다.

표면에 언급된 언어를 '기호'라고 하고 그 기호가 품은 뜻을 '의미'라고 한다면 시어에서 '기호 : 의미＝1 : 다(多)'의 관계라고 할 수 있다. 이렇게 기호 하나에 여러 가지 의미가 대응되다 보니 시어는 애매모호할 수밖에 없다. 그 애매모호성 때문에 사람들은 시가 어렵다느니, 시가 무슨 말을 하는지 모르겠다느니 불평을 늘어놓기도 한다. 시의 난해성은 시어가 가지는 이러한 애매모호성에 기인한다고 할 수 있다.

이에 반해 과학의 언어는 기호와 의미의 관계가 일대일로 분명하게 대응되는 관계라고 할 수 있다. 그렇기 때문에 과학의 언어는 명료하고 단순하다. 물을 전기 분해하여 수소와 산소를 얻는다고 했을 때, 물이 의미하는 바가 명확하지 않다면 과학적 명제는 명제로서의 객관적 설득력을 잃는다. 아예 '물'이 가지는 의미적 애매모호성을 극복하기 위해서 과학자들은 물의 물리·화학적인 개념을 규정하여 'H_2O'라고 표기한다.

물이 H_2O라고 표기되면 그것은 국경을 초월하여 모든 사람들에게 예외 없이 보편적 의미를 지닌다. 여기서 보편적이라 함은 하나의 기호가 모든 사람들에게 동일한 의미의 무게를 지닌다는 것을 의미한다. 그러나 인간의 일상적 삶에서 하나의 기호가 가지는 의미의 무게는 사람에 따라서 다르기 마련이다.

정지용의 시 〈유리창〉을 보자.

> 유리(琉璃)에 차고 슬픈 것이 어른거린다.
> 열없이 불어서 입김을 흐리우니
> 길들은 양 언 날개를 파다거린다.
> 지우고 보고 지우고 보아도
> 새까만 밤이 밀려나가고 밀려와 부딪치고,
> 물먹은 별이, 반짝, 보석처럼 박힌다.
> 밤에 홀로 유리를 닦는 것은
> 외로운 황홀한 심사이어니,
> 고운 폐혈관(肺血管)이 찢어진 채로
> 아아, 늬는 산(山)새처럼 날아갔구나.

이 시에서의 화자는 유리창 밖의 별을 죽은 아들로 생각하고 있다. 공중에서 반짝거리는 별빛을 마치 아이가 눈물을 글썽이고 있는 모습처럼 화자는 느낀다. 그러나 인간은 별에 닿을 수가 없다. 바로 그 어찌할 도리가 없는 거리가 삶과 죽음의 거리다. 아들의 환영인 별을 화자는 유리창을 통해 애처로운 심정으로 바라본다. 유리는 안과 밖을 차단한다. 그러나 유리는 그 투명성으로 안과 밖을 연결한다. 안은 살아 있는 화자가 있는 공간이며, 밖은 죽은 아이의 환영인 별이 있는 공간이다. 유리창을 닦으며 화자는 죽은 아들의 환영을 본다. 만약에 안과 밖을 차단하는 것이 유리창이 아니라 벽이었다면 어땠을까. 벽은 차단의 기능만을 할 뿐, 안과 밖을 연결해 주지 않는다. 유리창이 있었기 때문에 산 자와 죽은 자가 연결될 수 있었던 것이다. 화자에게 있어서의 '별'과 '유리창'이란 기호는 각별한 의미의 무게를 지닌다. 멀쩡히 아들이 건강하게 살아 있는 사람들이 '별'과 '유리창'이라는 기호에서 느끼는 감정과는 전혀 다른 차원의 의미의 무게를 이 시는 싣고 있는 것이다.

시적 언어의 사물성과 산문 언어의 도구성

《문학이란 무엇인가》라는 글에서 사르트르(J. P. Sartre)는 시적인 언어와 산문의 언어를 사물과 도구의 개념을 빌어 설명한다. 사르트르는 도구는 투명하고 사물은 불투명하다고 한다. 우리가 무엇인가를 하기 위해 사용하는 도구는, 그것이 어떤 목표에 도달하기 위한 수단이므로 평상시에는 전혀 우리의 눈길을 끌지 못한다. 가령 진공청소기가 잘 작동할 때는 우리는 전혀 그것들에 관심을 갖지 않는다. 그러나 일단 고장이 나면 "대체 이것이 왜 이 모양일까?" 생각하면서 우리의 시선은 진공청소기에 가서 머문다. 이때 도구로서의 성질을 잃어버린 고장 난 진공청소기는 나의 시선을 통과시키는 투명성이 아니라 내 시선이 거기에 가 부딪치는 불투명성이다. 이제 고장 난 진공청소기는 도구의 성질을 잃어버리고 사물이 된 것이다.

　모든 도구는 '무엇을 위하여'라는 성질, 즉 용도성(用度性)을 갖고 있다. 옷은 사람의 피부를 보호하기 위한 용도가 있고, 망치는 못을 박기 위한 용도가 있다. '무엇을 위하여'라는 용도성의 유무(有無)에 따라 도구적 존재와 사물적 존재가 구별된다. 그런데 이처럼 용도성을 가지고 있는 도구적 존재가 도구성을 상실할 때, 그때 비로소 거기에 가려져 있던 사물적 존재성이 드러난다. 고장 난 도구는 비로소 우리의 눈에 띄고, 우리에게 특별한 조치를 취하도록 종용하고, 우리의 시선이나 관심을 통과시키는 게 아니라 우리의 시선에 부딪친다. 이것이 사물의 불투명성이다.

　반대로 도구는 평소에는 인식되지도 않고 눈에 띄지도 않는다. 바로 그것이 사물의 투명성이다. 용도성을 가지고 존재하는 도구가 사용 불가능해졌을 때 우리는 비로소 그 대상을 그것 자체로서 바라본다. 도구가 전혀 지장 없이 기능을 하고 있었을 때 그것은 자신의 존재를 두드러지게 나타내 보이지 않는다. 그런데 우리는 어떤 대상을 그것 자체로서 바라볼 때 그것을 인식하게 된다. 대상을 똑바로 주시하면서 우리는 그 대상의 형태나 상태 등을 알게 되고 그것의 성질을 파악하게 된다.

　'투명성'과 '불투명성'의 개념으로 도구적 언어와 사물의 언어를 규정해 보자. 우리가 하나의 장미를 바라보면서 장미와 관련된 추억을 떠올린다면 우리의 시선은 장미를 통과하여 과거의 한 시점을 보는 것과 다름없다. 이때 장미는 보는 이의 시선을 통과시키는 투명한 존재요, 과거의 한 시점을 떠올려 주는 '도구'로서 존재하게 된다. 그러나 우리가 장미 자체의 빛깔과 향기에 취한다면 장미는 우리의 시선을 가로막는 '불투명성'이 된다. 이때 장미는 무엇을 상기시켜 주거나 어떤 관념을 떠올리게 해 주는 도구가 아니라 그 자체로서의 사물인 셈이다.

언어는 하나의 기호로 어떤 대상을 지칭한다. '꽃'이라는 기호는 반드시 어떤 사물과 연관된다. 우리가 '꽃'이라고 발음하면 우리는 '꽃'이라는 언어 그 자체에 주목하기보다는 그 기호가 가리키는 사물을 생각한다. 이때 '꽃'이라는 언어는 우리의 시선을 통과시키는 투명한 것, 즉 도구라고 볼 수 있다.

우리는 일상생활에서 언어를 도구처럼 사용한다. 음성 기호도 마찬가지다. '꽃'이라고 발음했을 때의 '꽃'이라는 음성의 중요성은 소리 자체의 사물적 성격에 있기보다는 어떤 대상을 가리키는 도구로서의 성격에 있다. 그러나 어떤 사람이 '꽃'이 가리키는 대상보다는 '꽃'이란 말 자체에 관심을 기울인다면 그는 언어를 도구로서 대하는 것이 아니라 사물로서 대하는 것이다. 그의 시선이 '꽃'이라고 하는 기호 너머의 사물을 보는 것이 아니라 '꽃'이라는 언어에 부딪쳐 튕겨져 나오기 때문이다. 인간의 시선을 통과시키지 않고 튕겨 내는 성질, 바로 그것이 사물로서의 언어다.

과학의 언어와 시적 언어는 어떻게 다른가?

화가는 색깔과 형상이 지시하는 대상보다 색깔과 형상 자체에 심취하듯, 시인은 언어가 가리키는 대상보다 언어 자체에 심취한다. 그러나 언어 자체는 하나의 도구이며, 이 도구의 목적은 의사소통에 있다. 언어가 의사소통의 도구인 것은 그것이 사물에 대한 명명(命名)이기 때문이다. 그러나 언어는 도구로서의 성격만을 갖는 것은 아니다. 사람들은 종종 어떤 말이나 글 앞에서 내용보다 언어 자체에 문득 마음이 빼앗길 때가 있다. 이때 우리는 언어를 통과해 언어 너머의 것을 보는 것이 아니라 언어 그 자체에 매혹된다. 언어 자체에 매혹될 때 언어는 투명한 도구로서의 성격을 잃고 우리의 시선을 튕겨내는 불투명한 사물이 된다. 시란 바로 이렇게 언어를 언어 그 자체로서의 사물로 보는 태도에서 만들어진 것이요, 산문은 언어를 도구로 보는 데서 만들어진 것이라고 사르트르는 설명한다.

언어는 일차적으로 의사소통을 위한 도구인데 시인들은 언어를 의사소통을 위한 도구로서만 보지 않는다. 그들은 언어 자체의 미적인 가치에 주목한다. 그러나 과학자들은 언어를 반드시 그 어떤 대상을 지칭하는 기호로서 사용한다. 한 치의 오차도 없이 어떤 내용을 전달하는 기호로 언어가 사용된다는 것이 과학 언어의 특징이다. 의사 전달의 도구로서의 과학의 언어가 객관성과 엄밀성을 지향함은 물론이다.

2005학년도 중앙대학교 수시 1학기

(나)에서 말하는 과학 지상주의의 오류를 어떻게 탈피하는 것이 좋은지를 글 (가)의 논지에 맞추어 추론하시오.

제시문 (가) 마음의 눈은 상상 속에서 즉각적으로 현존하지 않는 감각 대상을 그려볼 수 있다. 따라서 단지 현존하는 세계 속에 구속되어 있는 육신을 초월한다. 마음의 눈은 논리 작용을 통해 감각 운동적 대상을 내적으로 조작할 수 있으며 따라서 실제적인 운동 계열을 초월해 있다. 마음의 눈은 의미 작용을 통해 육신의 본능적이며 충동적인 해소를 지연시킬 수 있으며, 따라서 유기체의 동물적이고 인간 이하의 측면들을 초월해 있다.

이성의 눈이 육신의 눈에 그러한 것처럼 관조의 눈은 이성의 눈에 그러하다. 이성이 육신을 초월하는 것과 똑같이, 관조는 마음을 초월해 있다. 이성이 전적으로 육신의 지식으로 환원될 수 없고 그것으로부터 도출될 수 없는 것과 마찬가지로, 관조는 이성으로 환원될 수 없을 뿐만 아니라 이성으로부터 도출될 수 없는 것이다. 이성의 눈이 초경험적인 것처럼, 관조의 눈은 초합리적이며 초논리적이며 초정신적이다.

제시문 (나) 과학 지상주의자는 "육안으로 볼 수 없는 것은 경험적으로 확인할 수 없는 것이다."라고 말하는 데 그치지 않고, "육안으로 볼 수 없는 것은 존재하지 않는 것이다."라고 말하는 데까지 나아갔다. 그것은 "오감의 영역에서 지식을 얻어 내기 위한 훌륭한 방법이 있다."고 말하는 데서 "따라서 마음과 관조에 의해 얻은 지식은 타당하지 않다."고 말하는 데까지 나아갔다. 과학 지상주의는 그저 육안과 육안의 숫자적 수량만이 진정하다고 말한다. 그 밖의 모든 것—심안, 관조의 눈, 신, 부처, 브라흐만 그리고 도(道)—들은 어떤 것도 '저 밖의 대상 세계에' 있는 대상을 나타내지 않기 때문에 무의미한 것이라고 말한다. 과학 지상주의는 신을 잴 수 있는 척도를 얻을 수 없었기 때문에 영성을 터무니없는 소리이며 무의미한 것이라고 선포했다. 따라서 그들에 의하면 그리스도는 착각에 빠져 있고, 부처는 정신분열증 환자였으며, 크리슈나는 환상 속에 빠져 있었고, 노자는 정신병자였던 셈이다.

과학의 시대에 예술적 경험은 어떤 유용성을 지니는가?

미국의 뉴멕시코 대학의 진화 생물학자 랜디 톤힐 연구팀은 라이브사이언스닷컴 최근호에서 "사랑이란 게임에서 매력의 법칙은 무의식적인 상태, 즉 생물학적인 행동과 관련 있다."고 밝혔다는 기사가 2006년 5월의 어느 일간지에 실렸다. 연구팀의 설명에 의하면 매력은 건강과 임신 가능성의 정보를 담고 있기 때문에 선남선녀는 얼굴과 몸의 대칭성에 매료된다는 설명이다. 연구팀은 15년 가까이 얼굴과 몸의 대칭성을 조사한 결과 "남자와 여자 모두 대칭적인 사람을 건강하고 매력적인 상대로 평가했다."고 밝혔다. 또 대칭적인 배우자와 결혼해 자녀를 낳으면 대칭적인 후손을 가질 가능성이 높다.

텍사스 대학의 연구팀은 허리와 엉덩이 비율이 0.7인 여성이 남자에게 가장 인기 높다고 밝혔다. 연구팀은 "이런 체형을 가진 여성은 후손을 돌볼 충분한 에너지를 가질 수 있다."고 밝혔다. 대칭적인 얼굴과 이상적인 체형은 테스토스테론과 에스트로겐 등 성호르몬에 의해 좌우된다. 만약 성호르몬이 적절하게 분비된다면 남성과 여성은 매력적인 얼굴과 체형을 가지게 된다. 또 몸무게와 관계없이 이상적인 허리와 엉덩이 비율을 가진 사람은 심장병이나

암, 당뇨병 등에 덜 취약하며 여성의 경우 임신에 어려움이 없는 것
으로 분석됐다.

인체의 대칭성을 인간의 매력 포인트로 말하는 과학자들의 말은
충분히 공감을 주지만 어쩐지 인간이 어떤 대상에게 매력을 느끼
는지 그 복잡한 심리적·감정적 시스템을 이해하기는 역부족이다.
한 대상에 대한 과학적 서술이 실용적인 측면에서 다른 양식에 의
한 서술을 제쳐 놓고 진리로 간주되는 것이 오늘날의 현실이지만
과학적 서술은 가능한 수많은 서술 양식들의 하나일 뿐이다.

과학자들은 평균적인 인간들이 어떤 대상에 매력을 느끼는가는
말해 줄 수 있을지 모른다. 그러나 평균적인 인간이란 하나의 추상
적 개념에 불과하다. 어떤 사람은 전혀 대칭적이지 않은 몸을 가진
사람들에게도 매력을 느낀다. 어떤 사람들은 키가 큰 사람을 좋아
하기도 하고, 또 어떤 사람은 그 반대의 부류의 사람들에게서 매력
을 느낀다. 세상에는 수많은 사람들이 존재한다. 그 사람들이 어떤
이성에게 매혹을 느끼는지, 그 복잡다단한 심리를 간단히 정의하
기는 쉽지 않다. 과학자들이 말해 줄 수 있는 것은 대체로 사람들은
이러이러한 성향을 평균적으로 가진다는 이야기를 해 줄 수 있을
뿐이다.

여성이 경제력이 있는 배우자를 원하는 것을 생물학자들은 석기
시대부터 수천 세대에 걸쳐 계속된 오랜 적응의 결과로 설명한다.

생물학자들의 설명에 따르면 여성이 평생 만들어 내는 난자의
숫자는 400개에 불과하다. 반면 남자는 한 시간에 1,200만 개의 정
자를 생산한다. 그리고 남자는 한 번에 3억 개의 정자를 내뿜는다.

난자와 정자가 결합해 수정난이 만들어지면 여성은 9달 동안 뱃속에서 아기를 키우고 출산 뒤 2년 동안은 젖을 주어야 한다. 여성은 임신부터 아이가 젖을 뗄 때까지 3년 동안 아이를 키우고 돌보는 일 외에는 거의 아무것도 할 수 없다. 그동안 여성은 남성의 협력이 절대적으로 필요하다. 남자가 아이와 자신을 위해서 의식주를 해결해 주어야 하는 상황에서 경제적 능력이 없는 남자를 만나거나 가정적이지 못한 남자를 만나는 것은 여성의 입장에서는 치명적이다. 바로 이런 치명적인 상황을 피하기 위해서 여성들은 경제력이 있는 남자를 선호한다는 것이 생물학자들의 설명이다.

그러나 이런 설명 또한 인간이 어떤 상대에게 끌리는가를 평균적으로는 설명해 줄 수 있을지 모르지만 사랑을 느끼는 인간의 복잡다단한 심리를 설명하기엔 역부족이다. 과학으로 인간을 다 이해하고 기술할 수는 없다. 인간뿐만이 아니다. 어떤 나무의 물리·화학적 특성을 분석했다고 해서 그 나무의 모든 것을 알았다고 자부할 수는 없다. 물론 그 나무에 대한 물리·화학적 분석은 인간에게 매우 큰 유용성을 제공한다. 그러나 유용성이 인간에게 유일한 가치일 수는 없다. 나무가 가지는 정서적 가치 또한 인간에게는 빠뜨릴 수 없다. 한 그루의 나무에 얽힌 추억이 한 사람의 기억을 형성하고 그 기억이 한 사람의 정체성을 형성한다. 그리고 하나의 나무에 얽힌 추억은 지구상에 존재하는 사람의 수만큼 다양하다. 예술이 관심을 갖는 것은 평균적인 개념이 아니라 바로 이런 개인적인 체험이다.

각 개인들이 세계 내의 사물에서 경험했던 모든 정서적 체험들을 형상화한 것이 다름 아닌 예술이다. 과학은 사물에 대한 지각적 경험만을 서술하지만 예술은 정서와 느낌 등 사물에 대한 비지각적 경험마저도 표상할 수 있다. 예술을 통해서 우리는 우리의 인식 자체를 반성하고, 미적인 감동을 느끼며, 도덕적, 철학적 문제를 반성하고 비판하면서 새로운 가치를 구현해 간다. 과학이 인간을 풍요롭게 한 것은 의심할 나위 없는 사실이지만 진정한 풍요의 의미는 무엇이며, 물질의 풍요만이 인간에게 행복을 줄 수 있는가를 캐묻는 것은 문학이요, 예술이다. 바로 문학과 예술의 그 반성적 질문으로 해서 인간은 좀더 풍부한 가능성을 꿈꿀 수 있다. 물질적 결핍을 채워 줄 수 있는 것은 과학일지 몰라도 진정한 충족의 의미를 묻는 것은 문학과 예술의 몫이다.

19

기술이 사회를

결정하는가,

사회가 기술을

구성하는가?

대중들은 막연히 과학 기술이
삶을 편리하게 한다는 상식에 안주하고 있다.
또 과학 기술은 인간의 편리성을
증진시키는 방향으로 발전한다고 생각한다.
그러나 과학 기술이
대중들의 삶의 편의를
증대시키는 방향으로 발전하는가에
대해서는 이견이 있을 수 있다.
기술의 발전이 삶의 질을
향상시키고 사회의 진보를
보장한다고 생각하는 사람들도 있지만
기술이 사회의 통제를 벗어나
오히려 인간을 기술의 노예로
전락시킨다는 주장을 펴는 사
람들도 적지 않다.
기술과 사회의 관계에 대해서
진지한 성찰이 요구되는
대목이라 할 수 있다.

기술 결정론이란?

　기술 철학자들은 기술과 사회의 관계를 개념화하기 위해 여러 가지 설명의 틀을 제공했다. 그 대표적인 것이 '기술 결정론'과 기술의 '사회적 구성론'이다.

　기술 결정론은 말 그대로 기술이 인간의 사회적 환경을 결정한다고 보는 입장이다. 예를 들어 타자기라는 새로운 사무 기술이 등장하면서 비서들은 능동적인 지위에서 지시 받은 문서를 기계적으로 작성하는 수동적 처지로 전락했다든가, 세탁기와 같은 가사 기술의 발전으로 여성들이 가정에서 해방되었다든가, 피임 기술이 여성에게 출산과 양육의 다양한 선택권을 보장해 줌으로써 여성 해방에 일조했다는 주장이 이른바 '기술 결정론'의 입장이다. 기술 결정론의 주장은 몇 가지로 요약할 수 있다.

　첫째, 기술 결정론은 기술이 그 자체의 고유한 발전 논리, 즉 공학적 논리를 가지고 있기 때문에, 기술의 발전은 구체적인 시간과 공간에 관계 없이 동일한 경로를 밟는다고 가정한다. 기술 결정론에서는 기술 그 자체가 사회와, 더 나아가 인간과도 무관하게 발전한다고 간주하며, 심지어는 기술이 독자적인 생명력을 가지고 있다고 본다. 기술 결정론적인 입장에서는 기술의 발전 경로는 단일한 것으로 어떤 특정 기술을 만들어 내는 데 유일하게 가장 좋은 설계 방식이나 생산 방식이 있다고 본다.

사회적 구성론이란?

그러나 기술의 사회적 구성론이라고 불리는 이론 체계는 이러한 통념에 대해 반박한다. 이 이론 체계에서는 어떤 특정의 기술이나 인공물을 만드는 프로젝트에 참가하는 여러 행위자들—엔지니어, 자본가, 투자은행, 정부, 소비자 등—의 이해 관계나 가치 체계가 기술이 특정한 형태로 결정되는 과정에 중요한 역할을 한다는 것이다.

가령 대단위 아파트 건설을 두고 공청회를 연다고 해 보자. 시민 단체들은 삶의 질을 고려하여 친환경 개발을 주장하고, 건설업체들은 영리성을 주장해서 고층 아파트 위주의 개발을 주장한다고 할 때, 어떤 기술이 채택될 것인가는 그 기술이 가지는 우수성에 있지 않고, 그 기술을 주장하는 집단의 이해 관계에 달려 있다고 볼 수 있다.

하나 이상의 여러 개의 기술이 주도권을 장악하기 위해 서로 경합을 할 때, 우리는 흔히 더 나은 기술이 선택되어진다고 생각하기 쉽다. 하지만 기술의 사회적 구성론의 이론 체계를 지지하는 이론가들은 기술을 결정하는 것은 기술 그 자체가 아니라 그 기술에 관련된 사회 집단들의 정치적·경제적 힘이라고 주장한다.

홍성욱은 그의 저서 《공학 기술과 사회》를 통해 기술의 사회적 구성론과 관련하여 흥미로운 사례를 제시한다. 핀치(Trevor J. Pinch)와 바이커(Wiebe E. Bijker)의 '자전거' 연구가 그것이다. 이 두 과학 기술 사회학자는 어째서 다이아몬드 형태의 틀과 고무 타이어를 쓰고 두 바퀴의 크기가 비슷한 안전 자전거(safety bicycle) 모델이 지금은 보편적이 되었는지에 대해서 묻는다. 이런 문제에 대한 상식적인 답은 대체로 지금 우리가 쓰는 모델이 다른 모델보다 편하고 안전하다는 것이다. 지금 살아남은 기술이 다른 기술보다 더 효율적이기 때문에 경쟁에서 이겼다고 생각하는 것이 대중들의 상식이다. 그러나 핀치와 바이커는 자전거가 어떻게 오늘의 모습을 하게 되었는지 그 발전 과정을 두고 정밀한 분석을 했다.

자전거의 발전 과정을 분석할 때 가장 중요한 요소는 자전거를 둘러싼 다양한 사회 집단이다. 여기에는 자전거를 만든 기술자, 남성 이용자뿐 아니라 여성 이용자, 스포츠 자전거 이용자, 심지어 자전거 반대론자도 포함된다. 이들은 모두 특정한 자전거 디자인에 대해 그들 나름의 선호와 이해 관계를 가지고 있었다. 스포츠 자전거 이용자들은 56인치짜리 커다란 앞바퀴가 달려서 페달을 밟아 격한 운동을 할 수 있는 모델을 좋아했다. 그렇지만 앞바퀴가 큰 자전거는 대개 긴 치마를 입었던 당시 여성들에게는 불편했기에 여성 이용자들을 위해서 특별히 설계된 모델을 개발해야 했다. 이렇듯 자전거를 어떤 식으로 개발할 것인가를 두고 다양한 사회 집단의 이해 관계가 서로 달랐다. 이렇게 서로 다른 사회 집단은 자신의 이해 관계에 따라 동일한 기술이 지니고 있는 문제점을 서로 다르게 파악하며 이에 대한 해결책도 다르게 제시한다. 따라서 기술이 발전하는 과정에서, 사회 집단들 사이에는 그 기술이 가진 문제점과 해결책이 다르다는 점 때문에 갈등이 발생한다.

이러한 갈등이 복잡한 협상을 통해 해소되는 과정을 거치면서 어느 정도 합의에 도달하게 되면 안정적인 기술적 인공물의 형태가 선택된다. 사회적 구성론자들은 이 합의의 과정이 사회적 과정임을 강조한다. 자전거 변천 과정에서도 자전거 경주와 같은 사회적 요소가 논쟁의 종결에 중요한 구실을 했다는 것이다. 당시에 자전거 경주가 사람들의 관심을 끌면서 공기 타이어를 장착한 안전 자전거가 다른 자전거보다 빠르다는 것이 경주를 통해 입증되었다. 이 과정에서 초기 자전거 설계에서 중요하지 않던 속도가 자전거의 핵심적인 특징으로 새로이 부각되었는데, 그 결과 더 빠른 속도를 낼 수 있는 안전 자전거 쪽으로 경쟁이 종결되었다는 것이다.

기술 디자인을 종결하는 데 중요했던 또 다른 요소는 여성 자전거 애호가들이었다. 자전거를 격렬한 스포츠로 여기던 남성들은 큰 앞바퀴가 있는 자전거를 선호했지만, 여성들은 치마라는 복장 때문에 앞바퀴가 작고 타이어가 쿠션 기능을 해주는 안전 자전거를 선호했다. 그러므로 안전 자전거가 다른 자전거보다 우월하다는 결론은 기술적 논리에 의해서가 아니라 사회 집단, 이들의 이해관계, 그리고 자전거라는 인공물 사이의 상호작용에서 나온 여러 가지 우연한 사건들에 의해 구성된 것이라고 볼 수 있다.

둘째, 기술이 사회를 결정할 뿐, 사회 구조는 기술의 논리에 아무런 영향도 미치지 않는다고 기술 결정론자들은 주장한다. 가령,

등자(stirrup)가 봉건제를 낳았고, 인쇄술이 르네상스를 만들었으며, 기계가 자본주의를 낳았다는 주장 등이 그것이다.

등자란 말을 타는 사람이 발을 고정시키는 마구의 일종인데, 이 등자가 도입되면서 말을 탄 채로 창이나 칼을 들고 싸우는 것이 가능해졌고, 그 결과 기병이 부상했으며, 이 기병들이 성장을 해서 중세 영주가 되었다는 것이 중세 기술사를 연구한 화이트 주니어의 주장이다. 결국 등자라고 하는 기술이 봉건제를 결정했다는 주장이다.

그러나 기술 결정론을 비판하는 입장에서는 등자를 사용했던 프랑크 족과 앵글로색슨 족 중 프랑크 족만이 8세기 전반에 봉건제를 성립시켰다는 사실을 든다. 다시 말해 한 사회에 새롭게 도입된 기술이 그 사회의 변화를 유발하기 위해서는 개인 혹은 집단적인 행위자의 선택과 행동이 있어야 한다는 것이다.

셋째, 기술 결정론자들은사회와 무관하게 자율적으로 발전한 기술은 사회의 변화에 막대한 영향을 미치며, 그 기술의 발전이 모든 사회 집단에게 보편적인 이익이 된다고 간주한다. 그러나 정보 기술이 모든 사람에게 행복과 편리를 가져다 주지 않는다는 사실은 소위 '정보 격차'를 통해서도 드러난다. 정보화가 진전될수록 정보 부자(information rich)와 정보 빈자(information poor)라는 새로운 권력 관계가 형성되고 있는 것이 현실이다. 이 정보의 불균형은 소득 기회의 불평등으로 이어질 수도 있다. 가령 어떤 사람이 부동산이나 주식에 관련하여 고급 정보를 많이 가지면 가질수록 그는 그 정보를 이용하여 더 많은 재산을 증식할 수 있기 때문이다. 이런 경우 기술은 모든 사람에게 공평하게 편익을 증대시켰다고 볼 수 없다. 이런 점에서 본다면 기술이 인간에게 장밋빛 미래를 안겨 준다는 기술 유토피아에 대한 견해도 성찰이 요구된다. 정보화 기술은 지배 집단의 이데올로기로 사용될 소지를 충분히 안고 있기 때문이다.

기술 결정론과 사회적 구성론을 모두 비판하는 브루노 라투르의 기술관

프랑스의 과학 기술학자인 브루노 라투르(Bruno Latour)는 기술이 사회적 필요에 따라서 바뀔 수 있다고 보는 사회적 구성론의 입장과 기술이 자율성을 가지고 인간을 지배한다는 기술 결정론의 입장을 모두 비판한다.

라투르는 총기의 예를 든다. 미국에서 총기의 사용을 엄격하게 규제하자고 주장하는 사람들은 총이 사람을 죽인다고 주장한다. 총이 없으면 일어나지 않을 살인 사건이 총 때문에 발생하기 때문이다. 반면 총기 사용을 규제하자는 쪽에서는 사람을 죽이는 것이 총이 아니라 사람이라고 강조한다.

문제가 총이라는 기술에 있다는 것이 기술 결정론의 입장이고, 문제가 사람에게 있다는 것이 사회적 결정론의 입장이다. 라투르는 이 두 가지 입장을 모두 비판한다. 그는 사람이 총을 가짐으로써 사람도 바뀌고(기술이 인간을 결정하고) 총도 바뀐다(인간이 기술을 결정한다)는 것이다. 총을 가진 사람은 총을 가지지 않은 사람에 비해서 할 수 있는 일이 달라지고(기술이 인간을 결정하고), 마찬가지로 총도 사람의 손에 쥐어짐으로써 옷장 속에 있는 총과는 다른 존재가 된다(인간이 기술을 결정한다). 즉 총과 사람의 합체라는 잡종이 새로운 행위자로 등장하며, 이 잡종 행위자는 이전에 사람이 가졌던 목표와는 다른 목표를 가지게 된다는 것이다. 예를 들어서, 원래는 다른 사람에게 겁만 주려 했는데, 총이 손에 쥐어져 있기 때문에 살인을 저지르게 되는 식이다.

정보기기도 마찬가지다. 그것이 원래는 정보의 수집과 관리의 차원에서 도입된 기술일지라도, 그것이 일단 도입되면 기술이 인간성을 변화시켜 애초에 없던 기술의 속성이 부가될 수도 있다. 가령, 감시 카메라의 경우 인간이 그 기술을 결정하여 방범의 도구로 도입하여 사용할 수 있지만, 반대로 그 기술이 인간성을 변화시켜 감시 카메라가 개인의 사생활을 침해하는 도구로도 악용될 가능성이 있는 것이다.

기술은 단일한 발전 경로를 가지며, 그 이익이 모든 사람들에게 공평하게 돌아간다는 기술 결정론의 낙관주의는 결코 인간의 복지 증진에 도움이 되지 않는다. 그러나 기술을 상대적으로 바라보고 그것의 영향성을 과소평가할 수만도 없다. 우리가 더 민주적이고 더 바람직한 사회를 만들기 위해서는 기술의 기능과 역할에 더 큰 관심을 가지라는 것이 라투르의 기술 철학이 우리에게 주는 교훈이다.

2002년 고려대학교 수시 1학기 |

아래의 제시문을 읽고 전체적으로 관련되는 주제에 대하여 자신의
견해를 논술하시오.

___

제시문 (가) 컴퓨터가 없으면 음악도 영상도 없다. 그러니 눈을 뜨면 가장
먼저 하는 일은 컴퓨터를 켜는 일이다. 물론 자기 전에 마지막
으로 하는 일도 그것을 끄는 일이다. 창이 없는 이 방에서 컴퓨
터는 내 창이다. 거기에서 빛이 나오고 소리가 들려오고 음악
이 나온다. 그곳으로 세상을 엿보고 세상도 그 창으로 내 삶을
훔쳐본다.

― 김영하, 「바람이 분다」

제시문 (나) Andrew Feenberg의 〈Critical Theory of Technology〉에서 발
췌한 영문 제시문을 요약하면 '노동, 교육, 환경 등 사회적 문
제가 발생하는 것이 기술에 기인하는 것이 아니고, 비민주적
가치관이 기술 발전과 연결되어 나타나는 것이라고 설명한다.
따라서 기술의 발전을 민주적인 정치 결과를 초래하기 위한 수
단으로 활용해야 한다는 것을 역설하고 있다.'는 내용이다.

제시문 (다) 산업 국가의 경제 활동의 대부분은 기후의 영향을 거의 받지
않는다. 집중 치료 병원, 지하 채광, 실험실, 통신, 중공업, 마
이크로 전자 산업 등의 부문은 아마 기후 변화의 영향을 받지
않을 것이다. 사업지를 선정하면서, 이를테면 바르샤바로 할
것이냐 홍콩으로 할 것이냐를 결정하면서 기온을 중요한 요소
로 고려해야 하는 사업은 거의 없을 것이다.

제시문 (라)　17세기에 이르러 추시계의 발명으로 공공 장소의 대형 시계를 비롯한 다양한 시계가 등장하기 시작하였다. 이제 시간을 지킨 다는 것은 시간을 할애하고 또 시간을 배분하는 것으로 변했다. 사람들은 자신의 신체적 리듬을 따르기보다는 시계의 기계적 시간을 따르기 시작한 것이다. 허기질 때보다는 정해진 시간에 식사를 하였고, 졸릴 때보다는 취침 시간에 잠자리에 들었다.

　　　　　　　　　　　　　　　　－빌 맥레인, 「물고기는 물을 먹는가?」

제시문 (마)　Oran R. Young의 〈Global Governance〉에서 발췌한 영문 구 절을 요약하면 '전 세계적으로 환경에 대한 시민 운동이 연계 를 맺어 활발하게 전개되는 것은 바로 기술의 발전이라는 물질 적인 조건이 충족됨으로써 확산된다.'는 내용이다.

과학 기술은 누구의 이익을 증가시켜 주는가?

　PC가 처음 나왔을 때 애플의 매킨토시는 MS 운영 체제를 사용하는 IBM PC보다 기술적으로 우수하다고 평가되었지만 시장 경쟁에서 IBM에 밀렸다. 결국 MS 운영 체제를 사용하는 IBM PC가 시장을 장악했고, 소비자들은 기술적으로 뒤진다고 해도 어쩔 수 없이 IBM PC를 사용할 수밖에 없게 되었다.

　매킨토시와 IBM PC처럼 두 개의 기술이 시장에서 서로 경쟁을 하다가 그 중 하나가 경쟁에서 도태되어 사라지게 될 때, 매킨토시와 같이 시장에서 도태된 기술을 '실패한 기술'이라고 한다. 비디오 플레이어가 처음 만들어졌을 때, 비디오 테이프에는 두 가지 방식이 있었다. 베타 방식과 VHS 방식이 그것이다. 결국 두 기술이 경쟁을 하던 끝에 VHS 방식이 승리를 거두었다. 그런데 실패한 기술인 베타 방식이 기술적으로 열등하다고 생각하면 오산이다. 베타 방식은 1970년대 소니가 개발한 비디오 테이프 플레이어의 방식으로 화질이 뛰어나고 복사를 해도 화질의 저하가 거의 없었다. 반면에 VHS 방식은 베타 방식보다 기술적으로 떨어졌지만 시장 지배력이 큰 업체들이 VHS 방식의 기술에 합류하면서 결국 베타 방식과의 경쟁에서 승리하게 된다. 이 경우 베타 방식은 실패한 기술이다. 그러나 이때의 실패란 시장에서의 실패이지 기술에서의 실패는 아니다. 베타 방식이 화질이 뛰어나고 복사를 할 때 화질의 저하가 거의 없다면 소비자들에게는 VHS 방식보다는 베타 방식이 사용상의 이익을 가져다 준다고 할 수 있다. 그러나 기술 개발자들은 소비자의 이익보다는 개발자의 이익, 더 정확하게는 자신을 후원해 준 자본가의 이익을 먼저 고려한다는 사실을 잊어서는 안 된다.

우리는 일반적으로 기술이 모든 이에게 공평하게 이익을 가져다 줄 것이라고 생각하지만 현실은 그렇게 간단하지가 않다. 기술 개발자들이라면 소비자들의 이익과 아울러 개발 당사자들의 이익도 고려해야 한다. 그러나 '팔은 안으로 굽는다.'라는 속담처럼 양자택일의 순간에는 반드시 후자 쪽을 먼저 선택한다는 점을 생각한다면, 기술이 모든 이들의 이익을 보편적으로 증가시켜 줄 거라는 생각은 하나의 편견에 지나지 않을지도 모른다.

18세기 공리주의자 벤담(J. Bentham)이 고안한 팬옵티콘(panopticon)을 생각해 보라. 팬옵티콘은 죄수를 손쉽게 감시하도록 고안된 원형 감옥이다. 어두운 중앙의 감시탑을 중심으로 죄수의 밝은 방을 배치하면 간수는 죄수를 볼 수 있지만 죄수는 간수를 볼 수 없게 된다. 죄수는 간수의 보이지 않는 시선 때문에 늘 감시받고 있다고 느끼게 되므로 외적 강제가 없이도 스스로 행동을 통제하게 된다. 프랑스의 철학자 미셸 푸코는 "팬옵티콘은 바로 현대 문명을 뒷받침하는 권력"이라고 단언한다.

팬옵티콘과 같은 감시 기술은 권력자에게는 도움이 될지 몰라도 통제의 대상이 되는 사람들에게는 억압의 기술로 둔갑할 수 있다. 오늘날의 첨단 정보 기술도 권력자들이 자신의 권력을 유지하는 데 사용될 수 있다는 점에서 기술이 모든 사람들에게 긍정적 결과를 가져다 줄 것이라는 낙관론에는 반성이 필요하다.

기술이 모든 사람들에 긍정적 결과를 가져다 주지 않는다면 기술의 개발로 초래될 영향을 사전에 평가해서, 긍정적 영향은 극대화하고 부정적 영향은 극소화시킬 필요성이 있다. 이처럼 과학 기술이 경제·사회·문화·윤리·환경에 끼치는 영향을 파악해 과학 기술의 바람직한 발전 방향을 모색하여 그 부정적 영향을 최소화하려는 시도를 '기술 영향 평가'라 한다. 기술 영향 평가의 기본 전제는 과학 기술을 일부 전문가들의 독점물이 아니라 사회 전체가 참여해 논의해야 하는 대상으로 보는 것이다. 과학 기술 정책의 기획과 집행을 과학 기술자들에게만 맡겨둘 게 아니라 인문·사회 과학자들은 물론이고 일반 시민도 참여함으로써 기술의 긍정적 영향을 극대화하자는 것이 기술 영향 평가의 취지다. 미국에서는 1972년 미국 의회 안에 기술 영향 평가국을 설치했고, 이와 유사한 조직이 프랑스, 영국, 독일의 의회에 설립됐다. 우리 정부도 2001년 7월 발표된 과학 기술 기본법에서 기술 영향 평가의 제도적 장치를 마련했다.

한편 과학 기술 관련 공공 정책의 영역에도 이제 민주주의의 원리가 적용되어야 한다는 주장이 갈수록 확산되고 있다. 과학 기술 관련 공공 정책을 전문가와 시민들이 함께 토론하는 '합의회의'도 그 주장 중의 하나다.

합의회의란 일반 시민들로 구성된 시민 패널이 사회적으로 관심을 불러일으키는 과학 기술에 대해 함께 의논해 보는 공간이다. 이 패널에 참여하는 시민들은 다양한 견해를 지닌 전문가들로부터 정보를 제공 받고 이들과 토론하여 의견 수렴 과정을 거쳐 채택한 최종적인 정책 권고안을 사회에 공표한다. 합의회의는 전문가 집단에 국한됐던 과학 기술 관련 정책 결정 과정을 일반 시민들에게도 개방한다. 이런 합의회의에 참여함으로써 시민들은 과학 기술로부터 소외받지 않고 과학 기술이 시민들에게 줄 수 있는 이익을 극대화할 수 있다.

1970년대 중반부터 유럽·북미에서 확산되어 온 '과학 상점'도 과학 기술의 시민적 이익을 극대화하려는 시도 중의 하나다. 과학 상점은 주로 대학의 교수, 대학원생과 연구원들이 지역 주민들의 수요에 기반한 연구 개발 활동을 함으로써 대학의 과학 기술 활동이 지역 사회와 밀접하게 연계되도록 한다. 과학 상점은 지불 능력이 높지 않은 환경단체, 노동단체 등의 사회단체나 영세 기업체들로부터 연구거리를 요청 받아 무료로, 또는 최소한의 비용만을 받고 그들이 당면한 과학 기술적 문제들을 해결하고자 노력한다. 가령 우리 마을에 어떤 공장이 들어온다고 했을 때 전문적 지식이 없는 마을 사람들로서는 그 공장의 영향력을 평가할 수 없다. 이럴 때 그들이 자문할 수 있는 곳이 과학 상점이다. 요컨대 과학 상점은 과학 기술 지식이 공공성을 잃지 않고 지역 주민의 복지를 위한 방향으로 활용되도록 하는 중요한 사회적 제도인 것이다. 마침 우리나라에서도 젊은 과학 기술자들이 '시민 참여 연구 센터'라는 이름으로 대전에 과학 상점을 열기도 하였다.

자본가의 이익을 늘려 주는 기술이 아니라 연구의 이익을 지역 주민들에게 돌려줌으로써 과학 기술의 공공성을 확보하고, 지역 주민들이 정말로 필요로 하는 연구를 수행함으로써 과학 기술이 전문가만의 것이 아니라 사회적 약자의 생존권과 자연 환경을 파괴하지 않고 모두가 더불어 살아가는 세상을 위한 도구가 되게 하자는 것이 과학 상점의 존재 이유다.

20

종교 없는

과학은

온전할 수

있는가?

'빅뱅(big bang) 이론'은 우주가 어떻게

창조되었는가를 말해 주고 있고,

성경의 창세기 또한 우주가 어떻게 창조되었는가를

말해 준다. 1930년대의 손진태가 채록한

〈창생가(創生歌)〉라는 무가(巫歌)에는

"태초에 하늘과 땅이 붙어 있었다.

미륵님은 사방에 철기둥을 세워

하늘과 땅을 나누게 했다.

이때 해와 달이 각각 두 개씩 있어서

낮은 너무 뜨겁고, 밤은 너무 추어서

미륵님은 해 하나를 떼어

큰별, 작은별을 만들고, 달 하나를 떼어

북두칠성과 남두칠성을 만드셨다."라고 씌어져 있다.

이런 점으로 미루어 본다면 과학과 종교 모두

"세계는 어떻게 창조되었는가"에 대해

궁극적인 해답을 얻으려고 하고 있음을 알 수 있다.

그러나 그 해답을 찾으려는 방법과

자세에 있어서 과학과 종교는 극히 대조적이다.

종교는 믿음의 차원이요, 과학은 사실의 차원이다

종교는 성자의 깨달음이나 신의 계시에 의해 창조의 원리와 세계의 질서에 관한 사실들을 알았다고 하는 반면에, 과학은 관찰과 검증을 통하여 법칙을 찾아내고 다시 이를 보완해 가면서 진리에 접근한다고 한다. 성경을 문자 그대로 믿는 사람들은, 모세가 시나이 산에서 받았다는 '십계명'은 신이 직접 내린 것, 즉 계시라고 믿지만, 과학적으로 그 사실을 증명할 수 없는 이상, 계시는 하나의 믿음이요, 허구에 불과하다는 것이 과학자들의 주장이다.

종교는 '믿음'의 차원이요, 과학은 '사실'의 차원이다. 믿음은 검증과 증명을 요구하지 않는다. '지구는 둥글다'와 같은 명제는 경험적으로 검증이 가능한 사실 차원의 명제요, '꽃은 아름답다'와 같은 명제는 경험적으로 검증이 불가능한 믿음 차원의 명제이다. 믿음의 명제는 세계의 사물 대한 객관적 이해를 가져다 주지는 못한다 할지라도 인간이 세계의 사물에 대해 어떤 태도를 가지고 있는지를 설명해 준다. '꽃은 아름답다'와 같은 믿음의 명제는 '꽃'에 대한 인간의 태도, 즉 생명은 아름다운 것이며 고귀한 것이라는 신념을 천명하고 있다. '사랑은 오래 참는 것'이라는 명제 또한 객관적 사실을 말하는 것이 아니라 사랑은 어떤 것이어야 한다는 인간의 신념을 표명한 것에 불과하다.

성경과 같이 종교의 담론을 구성하고 있는 언어는 사실의 언어가 아니라 믿음의 언어다. 인간은 타인에 대해 어떤 자세를 지녀야 하는가, 고통을 어떻게 받아들여야 하는가 하는 인간과 삶에 대한 당위적 주장을 담고 있는 것이 종교의 명제다. 종교는 '마땅히 어떠어떠해야 한다.'는 당위의 사실에 대한 표명이며, 과학은 '사물이 어떤 식으로 존재한다.'는 객관적 사실에 대한 표명이다.

'인간은 이성적 동물이다.'라는 명제는 '인간은 이성적으로 행동해야 한다.'라는 당위의 믿음을 표명하고 있다. 인간이라면 마땅히 어떠어떠해야 한다는 믿음의 체계가 윤리학이요 종교다. 윤리학은 인간의 행동과 실천에 논리적인 가치를 부여하지만 종교는 논리를 뛰어넘는 초논리적 가치를 부여한다. '인간이라면 도둑질 하면 안 된다.'라는 명제는 명백히 논리적인 설명이 가능한 윤리적인 명제다. 도둑질을 하면 남에게 피해를 주고, 남에게 피해를 주는 것은 도덕적으로 옳지 못한 일이므로 도둑질을 하면 안 된다는 논리가 윤리학의 설명이다.

종교에서의 도그마

그러나 기독교의 '십계명' 중의 하나인 '내 앞에서 다른 신을 섬기지 말라.'와 같은 명제의 진위는 도저히 논리적인 설명이 불가능하다. 십계명은 초월적인 존재가 내린 계시이다. 계시는 신이 내린 것으로 절대적인 진리라는 것이 종교의 주장이다. 이 주장대로라면 누가, 언제, 어떻게, 어떤 방법으로 계시를 주었느냐고 묻는 것은 신에 대한 모독이라고 간주된다. 신께서 내린 것이므로 응당 믿어야 한다는 것이 바로 '도그마(dogma)'이다. 도그마는 '독단(獨斷)'이라고 번역되기도 한다. 인간의 구제를 위해서 신(神)이 계시한 진리가 독단이다. 도그마는 논리적인 설명이 불가능하지만 절대적인 권위를 가진다는 점에서 초경험적이고 초논리적이다. 종교를 가진다는 것, 신앙심을 가진다는 것은 도그마를 믿음으로 수용하느냐 하지 않느냐에 달렸다. 예수가 신의 아들이라는 것은 무신론자에게는 분명 '도그마'요 독단이다. 그러나 신앙인에게 그것은 부인할 수 없는 절대적인 권위를 지니는 믿음일 수밖에 없다. 신앙인과 비신앙인의 차이는 도그마를 믿음으로 수용하느냐 하지 않느냐에 달려 있다고도 할 수 있다.

그런데 종교인이 아닌 평범한 사람들도 일상에서 도그마적인 사유를 가질 수 있다. 가령 어떤 엄마가 자기의 아들을 보고 "우리 아이가 세상에서 제일 예쁘다."라고 말했다면 바로 그 엄마가 아이에게 가지고 있는 사유가 곧 '도그마'다. 엄마에게 아들은 종교와도 같은 것이다. 부모에게 자식은 그 무엇과도 바꿀 수 없는 절대적인 가치다. 그 절대적 가치는 무엇으로도 훼손될 수 없다. '우리 아이가 세상에서 제일 예쁘다.'는 명제는 그 사랑의 절대성을 표명한 것이지 사실의 객관성을 표명한 것은 아니다. 그 명제는 아이에 대한 엄마의 주관적 신념을 표명한 것이다. 그러나 '우리 아이가 세상에서 제일 예쁘다.'는 명제를 주관적이라 해서 그런 명제들의 가치가 폄하되는 것은 아니다. 거의 모든 엄마들이 자신의 아이를 세상에서 가장 예쁘다고 생각하는 경향이 있다면 '우리 아이가 세상에서 제일 예쁘다.'는 명제는 나름대로의 진실을 담고 있다고 말할 수 있다.

우리는 여기서 사실과 진실을 구별할 필요가 있다. '우리 아이는 시력이 2.0이다.', '우리 아이는 혈액형이 B형이다.'와 같은 명제는 검증이 가능한 사실의 명제다. 그러나 '우리 아이가 세상에서 제일 예쁘다.'와 같은 명제는 검증이 불가능하다. 그러므로 그것은 사실의 명제로 볼 수 없다. 하지만 그 명제는 엄마는 자신의 아이에게 지극한 사랑을 가질 수밖에 없다는 나름대로의 진실을 담고 있다. 이처럼 사실의 차원에서는 거짓일지 몰라도 진실의 차원에서는 참인 것, 바로 이것이 종교적 명제다.

'누군가 오른쪽 뺨을 때리면, 왼쪽 뺨마저 내밀라.'라는 성경의 명제는 사실과 논리의 차원에서는 거짓이다. 논리적으로 타당한 것은 오히려 '이에는 이, 눈에는 눈'이라는 명제다. 두 개를 가져갔으면 두 개를 되돌려 받고, 네 개를 가져갔으면 네 개를 되돌려 받는 것이 현실의 논리가 아닌가. 그러나 한쪽 뺨을 맞으면 다른 쪽 뺨마저 내놓으라는 것은 엄격히 모순된 논리요, 형평의 원칙에 맞지 않는 불균형의 논리다. 그러나 이 명제는 '비록 네게 해를 입히더라도 그를 사랑으로 대하라.'라는 또 다른 진실을 안고 있다. 그것은 현실의 논리, 사실의 논리가 아닌 사랑의 논리라고 할 수 있다.

종교가 다루고 있는 것은 사실의 논리가 아니라 사랑의 논리다.

사실의 논리에는 비약이 없다. 논리와 법칙이 요구하는 길을 엄중히 따라야 한다. 사랑이 화학 물질의 작용이라는 설명에는 비약이 없다. 과학자들은 사랑이 무엇 때문에 일어나는지를 분명하게 설명하고 있기 때문이다. 그러나 사랑의 논리에는 비약이 따른다.

독일의 화학자 가브리엘 프로뵈제와 롤프 프로뵈제가 함께 쓴 《침대 위의 화학》은 사랑을 몸속에서 일어나는 감정의 화학 반응으로 설명한다. 저자는 가상의 연인 미하엘(남성)과 비앙카(여성)를 통해 사랑을 하면서 느끼는 여러 가지 감정이 호르몬의 작용에 의한 생화학적 반응이라는 것을 독자들에게 상기시킨다.

미하엘과 비앙카가 키스하고 포옹할 때 두 사람의 심장은 빨리 뛰고 호흡도 가빠진다. 신체 활동을 활성화하는 호르몬인 노르아드레날린이 체내에서 분비되기 때문이다. 곧이어 흥분 상태를 억제하는 아드레날린이라는 호르몬이 생성된다. 미하엘의 성적 욕망은 남성 호르몬인 테스토스테론의 영향을 받는다. 여성 호르몬인 에스트로겐과 프로게스테론은 비앙카의 임신에 영향을 미친다. 출산 이후에는 모유의 생산을 활발하게 하는 프롤락틴이 분비된다. 또 행복 호르몬인 도파민이 만들어지지 않으면 미하엘과 비앙카의 사랑의 감정이 발전하기 어렵다. 반대로 미하엘의 체내에서 도파민이 지나치게 많이 분비된다면 미하엘은 바람둥이가 될 수 있다. 이렇듯 화학 물질은 사랑과 같은 감정까지 지배하고 있다는 것이 과학자들의 설명이다. 그러나 저자는 사랑이 화학 작용에 의해 100% 설명될 수 있다고 단언하지는 않는다. 책의 마지막 부분에서 미하엘은 비앙카에게 속삭인다. "중요한 것은 화학 작용에 의해 결정되지만 사실 나머지는 모두 기적이야." 남녀의 사랑을 과학으로만 설명할 수 없다는 이야기다.

모세가 지팡이로 바다를 갈랐다고 하는 것이 기적이고, 예수가 장님의 눈을 뜨게 했다는 것이 기적이다. 논리적으로 설명할 수 없는 것, 합리적인 설명의 차원을 벗어나는 것이 기적이다. 엄청난 홍수로 세상이 모두 잠겼다는 성경의 〈창세기〉에 나오는 노아의 방주 사건도 논리적인 설명이 불가능하다면 기적일 수밖에 없다.

노아의 방주로 추정되는 고대 선박 잔해가 이란 엘부르즈 산 정상 인근에서 발견되었다고 2006년 6월 29일 CNN, ABC 등 미국 언론이 일제히 보도했다. 그러나 기독교인들이 이런 기사에 흥분을 하는 것은 성급한 일이다. 노아의 방주로 추정되는 선박의 잔해를 발견한 연구팀이 성서 연구 단체인 BASE(Bible Archaeology Search and Exploration) 소속이라는 것이다. 유물론자들이 정신의 물질성을 언급할 수밖에 없듯이 BASE 소속의 연구원들은 모든 자료를 창조론적으로 해석할 수밖에 없다.

진화론이냐 창조론이냐의 논쟁은 아직도 끝나지 않았다. 미국 연방 지방법원이 창조론을 교과 과정에 넣으려던 펜실베이니아 주에 대해 위헌 판결을 하면서 미국 내에서도 창조론과 진화론 논쟁이 재연되고 있다.

존스 판사는 2005년 12월 20일 '지적 설계론(intelligent design, 지적인 존재가 이 우주를 설계했다는, 창조론의 연장선상에 있는 이론)'은 "창조론에 이름을 달리 붙인" 것으로서, 과학이 아니라는 결론을 내렸다며 2004년 10월 미국에서 처음으로 도버 교육 위원회가 지적 설계론을 과학 교과 과정에 삽입한 것은 교회와 국가의 분리를 규정한 수정 헌법에 위배된다고 판결했다.

현재로서는 다윈의 진화론이 우세를 보이긴 하지만 창조론이냐 진화론이냐에 대한 명백한 결론을 이끌어 내기란 쉽지 않다. 과학은 하나의 가설로서 언제든 반증 가능성이 있는 논리 체계라는 점에서 진화론을 100% 진리라고 볼 수 없지만 그렇다고 해서 곧바로 창조론의 옳음이 증명되는 것은 아니다.

성서를 문자 그대로 믿는 '성서 문자주의자'들은 진화론이 종교적 신념과 맞지 않는다고 믿는 반면, 무신론적인 과학자들은 진화의 과학적 증거는 유신론과 공존할 수 없다고 주장한다. 특히 최근 빠르게 발전하는 생명 과학이 생명의 물질적 토대에 대해 많은 규명을 하면서 과학과 종교의 대립과 반목은 더욱 첨예화되고 있는 실정이다.

종교 없는 과학은 온전할 수 있는가

가브리엘 프로뵈제와 롤프 프로뵈제가 《침대 위의 화학》에서 "중요한 것은 화학 작용에 의해 결정되지만 사실 나머지는 모두 기적이야."라고 말한 것처럼 삶에는 항상 알 수 없는 신비의 영역이 남게 마련이다. 모든 영역을 남김없이 설명할 수 있다는 것은 분명 과학의 오만이다. 그러나 과학이 설명할 수 없는 부분이 모두 종교의 영역이라고 하는 것도 언어도단(言語道斷)이다. 과학의 발전은 전에는 설명할 수 없던 영역을 설명의 영역으로 끌어온다. 그러나 과학이 아무리 설명의 영역을 확장할 수 있다 하더라도 과학은 분명 사실의 영역을 설명할 수 있을 뿐이다. 생명은 어떻게 해서 만들어졌는가에 대해서 과학이 명쾌한 설명을 할 수 있을지라도 생명을 어떻게 다루어야하는가, 생명의 궁극적 목적은 무엇인가를 말해 주는 것은 종교다. 생명은 생명의 객관적 현상에 대한 설명과 아울러 그것을 어떻게 다루어야 하는가 하는 윤리·종교적 해명이 곁들여질 때 완전한 것이 될 수 있다. 종교 없는 과학이 온전할 수 없는 이유가 여기에 있다. 과학이 모든 것을 해결해 줄 수 있을 것이라는 믿음을 가진 사람이라면 "종교 없는 과학은 장님이고, 과학 없는 종교는 절름발이"라는 아인슈타인의 말을 깊이 있게 음미해 볼 필요가 있다.

다음은 서로 다른 견해를 가진 두 사람의 대화이다. 두 가지 입장
중 하나를 택하여 상대방의 주장을 비판하면서 자신의 논리를 전
개하라.

제시문

A : 과학이 발달하자 자연 현상을 설명하는데 더 이상 초자연
적인 요인들이 필요하지 않다는 것이 밝혀졌어. 그런데도 불구
하고 자네가 빅뱅(우주의 대폭발)을 설명하는데 신에게 도움을
청하는 이유는 무엇인가?

B : 그것은 자네가 신봉하는 과학으로는 모든 것을 설명할 수
없기 때문이네. 이 세계는 신비로 가득 차 있어. 아무리 낙관적
인 생물학자라 하더라도 생명의 기원을 설명하는 문제에 부딪
히면 당황하지 않을 수가 없을 거야. 자네는 아주 정교하고 멋
지게 만들어진 시계를 보면서 그것이 누군가에 의해 만들어지
지 않았다고 생각할 수 있겠는가?

A : 과학의 발달은 신이 설자리를 점차 앗아가고 있는 것이 사
실이네. 이미 퇴물이 다 되어버린 초자연적인 개념에 여전히
의지하려는 자네를 솔직히 이해할 수 없네.

B : 이해할 수 없는 것으로 말하자면 나도 마찬가지야. 논의를
위해서 자네의 말처럼 신이 물리적 세계에 직접적으로 관여하
는 것은 아니라고 가정해 보세. 과연 그렇다고 해서 이 세계의
궁극적인 기원이 존재하지 않는다고 말할 수 있겠는가? 한 번

더 양보해서 자네의 말처럼 제1원인으로서의 신의 존재를 증명하는 것이 과학적으로는 불가능하다고 가정하세. 그렇다고 해도 그것은 신의 존재를 부정할 수 있는 결정적 증거가 될 수 없네. 신의 존재를 과학적으로 설명할 수 없는 것은 어찌 보면 당연한 것일세.

A: 자네는 지금 신은 존재할 수밖에 없기 때문에 존재한다고 주장하고 있네. 그러나 신 자체를 떠나 신의 존재를 믿을 어떤 다른 이유도 없다면, '신이 우주를 창조했다'로 부르짖는 것은 설득력을 가질 수 없네.

왜 과학의 시대에도 미신은 사라지지 않는 것인가?

한 사람이 출세하느냐 못하느냐는 어떤 대학에 입학했느냐의 여부에 달려 있는 것은 아니다. 그러나 한 사람의 출신 대학으로 그 사람의 능력을 평가하는 이른바 '학력 사회'에서는 유명 대학의 합격 여부는 그 어떤 통과 의례보다 중차대한 일이다. 그래서인지 대학 수학 능력 시험을 앞두고 우리 사회에서는 여러 가지 해프닝들이 벌어지곤 한다. 대학 수학 능력 시험을 전후해서 엄청난 양의 '엿'이 팔려 나간다. 이른바 '대학 합격 기원 엿'이다. 잘 붙는 엿처럼 그렇게 대학에 합격하라는 의미다. 같은 의미로 어떤 어머니들은 아들이 희망하는 대학의 정문에 엿을 붙이며 합격을 기원하기도 한다. 또 이 시기에 인터넷 상에서는 인터넷 부적이 엄청나게 팔리기도 한다. 시험 날 악귀를 쫓고 시험운을 잡는 영험한 힘을 가져다 줄 거라는 믿음을 가진 사람들이 주요 구매층이다.

'엿은 잘 붙는 점성을 가진다. 그러므로 엿을 먹은 사람에게도 엿과 같은 성질이 전염된다. 그러므로 엿을 먹는 사람도 어딘가에 잘 붙는다.'라는 것이 엿이 대학 합격을 가져다 줄 것이라고 믿는 사람들의 논리다. 바로 이 논리가 비슷한 것이 비슷한 것을 낳는다는 유감주술(類感呪術)의 원리다. 엿을 먹은 사람은 엿과 비슷하게 점성이 생기고, 참기름을 먹은 사람은 참기름처럼 미끈거리는 성질이 생긴다는 것이 바로 유감주술적 사고방식이다. 그러나 엿을 먹는다고 해서 엿처럼 끈쩍거리는 성질이 생기는 것도 아니고 참기름을 먹는다고 해서 참기름의 성질이 생기는 것은 아니다.

엿의 끈적거리는 성질은 엿의 자연적 성질이고, 대학에 합격하는 행위는 사회적 행위다. 한 사물의 자연적 성질이 한 인간의 사회적 행위의 원인이 될 수 없다. 다시 말해 엿을 먹는 행위가 대학 합격이라는 결과를 필연적으로 야기하는 것은 아니다. 그러나 미신적 사고방식에서는 필연적인 인과 관계가 없는 두 항을 연결시킨다.

제주도에 가면 '돌하르방'이라는 석상이 있다. 그런데 대부분의 하르방 코가 뭉개져 있다. 코는 남성의 성기와 유사하게 생겼다. 그래서 코는 남성의 성기에 비유되기도 한다. 그러므로 여자가 이 석상의 코를 먹으면 남자 아이를 낳는다는 생각이 바로 비슷한 것(석상의 코-남성)이 비슷한 것(남자 아이)을 낳는다는 유감주술적 사고방식이다.

TV 드라마 〈장희빈〉을 보면 장희빈이 인현왕후의 짚 인형을 만들어 송곳으로 찌르는 장면이 나온다. 짚 인형을 찌르는 행위가 인현왕후에게 위해를 가하는 것으로 이어질 것이라는 잘못된 믿음이 낳은 결과다. 이런 사고방식을 주술적 사고방식이라고 한다. 주술적 사고방식은 서로 인과 관계가 없는 두 가지 현상을 인과 관계가 있는 것처럼 짝을 지운다.

가령 옛날 사람들은 가뭄에는 기우제를 지냈다. 기우제 기간 중에 마을 사람들은 자기 집 처마 끝에 버들가지나 솔가지로 마개를 단 물병을 거꾸로 매달거나, 강물에 나가 키에 물을 퍼서 까부르기도 했다. 또 물동이에 강물을 길어서 산 위에 있는 기우제 터로 가서 절을 하고 쏟아 부으면 비가 내린다고 옛날 사람들은 생각했다. 여기서 물병을 거꾸로 매다는 행위가 원인이 되어서 비가 쏟아지는 결과를 야기할 것이라는 믿음이 '비슷한 것이 비슷한 것을 낳는다.'는 주술적 사고방식이다. 그러나 첨단 과학의 시대인 오늘날 누구도 물병을 거꾸로 매다는 행위가 비를 야기한다고 믿지 않는다. 그러나 과학의 시대라고 해도 미신적 행위와 주술적 사고방식이 모두 사라진 것은 아니다. 첨단 과학의 시대에도 여전히 그 위력을 발휘하고 있다는 이야기다.

증권 거래소의 직원들 중에는 매주 금요일이면 특정 셔츠를 입어야 하고, 지하철역에서 나올 때 특정 개찰구만을 이용하는 사람 등 사소한 것들을 철저히 지키는 사람들이 있다고 한다. 그렇게 하지 않으면 그날 뭔가 불길한 일이 일어난다고 믿는 미신 때문이라는 것이다.

변화가 잦고 불안정한 우리 사회의 현실이 점이나 사주팔자와 같은 미신에 빠지게 한다. IMF 이후 고용이 불안정한 현실에서 '점집'에 고객이 많아졌다는 사실, 선거 기간 동안 입후보자들이 '점집'에 잘 드나들고, 수험생의 부모들이 점집에 잘 드나든다는 사실로부터 왜 사람들이 미신적 행위에 매달리게 되는지 그 심리적 배경을 유추해 볼 수 있다. 대체로 정년이 보장된 공무원보다 정치·사회적 영향을 많이 받는 사업가, 농부보다는 바다에서 일해야 하는 어촌 사람이 점을 더 많이 보는 이유도 여기에 있다.

누군가에게 고민을 털어놓고 허심탄회하게 대화할 수 있는 의사소통 공간의 부재가 사람들로 하여금 '점집'이나 '역술원'을 찾아가게도 한다. 전문가의 도움이 필요한 고민이나 정신적인 문제가 있을 때 외국에서는 정신과 의사나 카운셀러를 찾아 상담을 한다. 그러나 우리나라에서는 정신과 상담을 하러가는 사람을 마치 정신이상자로 생각하는 풍토가 있다. 이럴 때 사람들은 점집을 찾아가 자신의 고민을 쏟아놓고 역술인의 조언을 들으며 스트레스를 풀기도 한다.

'징크스(jinx)'는 심리학적으로 볼 때 객관적인 인과 관계가 없음에도 불구하고 두 가지 사건을 원인과 결과로 연결짓는 것을 말한다. '머리를 깎고 시험을 보았더니 시험을 망쳤다. 그러니 다음부터는 머리를 깎고 시험을 보지 않겠다.'는 것이 징크스를 말하는 사람의 심리다. 이런 미신적 행동은 특수한 사례를 마치 일반적 사례인 양 착각하는 일종의 과잉 일반화의 결과다. 머리를 깎았다는 하나의 특수한 사례가 시험을 망치는 행위 일반을 야기하는 것은 아니다. 그럼에도 한 번 머리를 깎고 경험한 특수한 사례로부터 머리를 깎고 경험할 수 있는 내용 전부를 규정해 버리는 것은 명백하게 과잉 일반화에 해당한다.

대체로 평소에 불안의 정도가 높은 사람들이 징크스를 많이 만든다. 자신의 실력에 자신이 있는 사람은 징크스에 연연하지 않는다. 안정된 생활 속에 사는 사람들도 미신에 얽매이지 않는다. 미신에 얽매이는 주술적 사회로부터 벗어나 진정으로 의식의 근대화를 이루기 위해서는 대중들의 과학적 사고를 신장시키는 것도 중요하지만 그에 못지않게 우리 사회를 경제적·정치적·문화적으로 보다 안정된 사회로 만드는 노력도 중요하다고 하겠다.

찾아보기

한국의 교양을 읽는다 2-과학편

지은이 | 김보일

1판 1쇄 발행일 2006년 10월 16일
1판 4쇄 발행일 2010년 8월 23일

발행인 | 김학원
편집인 | 선완규
경영인 | 이상용
편집장 | 정미영 최세정 황서현 유소영
기획 | 임은선 박인철 김은영 박정선 김서연 정다이
디자인 | 김태형 유주현
마케팅 | 하석진 김창규
저자 · 독자 서비스 | 조다영 함주미(humanist@humanistbooks.com)
스캔 · 본문 출력 | 이희수 com.
조판 | 새일기획
용지 | 화인페이퍼
인쇄 | 청아문화사
제본 | 정민제본

발행처 | (주)휴머니스트 출판그룹
출판등록 제313-2007-000007호(2007년 1월 5일)
주소 | (121-869) 서울시 마포구 연남동 564-40
전화 | 02-335-4422 팩스 | 02-334-3427
홈페이지 | www.humanistbooks.com

ⓒ (주)휴머니스트 출판그룹, 2006
ISBN 978-89-5862-141-6 03100

만든 사람들

편집 주간 | 이재민
기획 위원 | 강호영 김보일 우한기 이상준
책임 기획 | 황서현 유은경
책임 편집 | 강봉구
표지·본문 디자인 | AGI 윤현이 박주용